主编 王振良

三津谭往

2016

孙爱霞 编

天津社会科学院出版社

图书在版编目（CIP）数据

三津谭往. 2016 / 孙爱霞编. -- 天津 : 天津社会科学院出版社, 2017.12

ISBN 978-7-5563-0434-9

Ⅰ. ①三… Ⅱ. ①孙… Ⅲ. ①天津－地方史－近代 Ⅳ. ①K292.1

中国版本图书馆 CIP 数据核字(2017)第 311381 号

出版发行：天津社会科学院出版社
出 版 人：钟会兵
地　　址：天津市南开区迎水道 7 号
邮　　编：300191
电话/传真：（022）23360165（总编室）
（022）23075303（发行科）
网　　址：www.tass-tj.org.cn
印　　刷：天津浩林彩色印刷有限公司

开　　本：880×1230 毫米 1/32
印　　张：12. 5
字　　数：274 千字
版　　次：2017 年 12 月第 1 版　2017 年 12 月第 1 次印刷
定　　价：58.00 元

租界,不能忘却的记忆

王之望

新时期以还，天津各界专家学者对本土文化的研究投入极大热情和努力,同时得到报刊和出版部门的倾力加持配合,取得了令人瞩目的丰硕成果。其荦荦大端有三：

一是天津方志系列,包括《天津通志》、各区县志和行业志,卷轶浩繁,允称巨制,为天津文化研究积累和奠定了丰厚的基础。

二是研究专刊和专著、论文。专刊如天津文史馆的《天津文史》,天津方志办的《天津方志》,天津社会科学院的《城市史研究》。丛书有:黄炎智主编的《津门群星》,为集中记述当代天津各界明星的系列丛书;万新平主编的《天津通史专题研究丛书》和《天津近代历史人物传略》等。天津社科院历史研究所、文学研究所和天津艺术研究所则分别在天津历史、文学、艺术研究领域拓土耕耘,出版有《天津简史》《天津史话》《天津文学史》《抗战时期的天津文学》《现代天津文学史稿》《百年天津文学》《天津小说十八家论》《三星丽天——天津与京沪文学比较论》《天津文学新论》以及《中国戏曲音乐集成》(天津卷)、《中国曲艺音乐集成》(天津卷)、《中国民族民间舞蹈集成》(天津卷)等等。这些专刊、丛书及其他大量论文、著作,不管是从研究的规模还是深度上,无疑都将天津文化研究大幅度提升到了新的高度和境界。

其三，应当特别提及的是，本市涌现这样一批基层文化工作者:他们利用业余时间,以乡土文化资源为对象孜孜不倦地认真挖掘研究,收效甚显。近几年,不少“草根”学者应邀在问津书院与《每日新报》联合举办的“问津讲坛”讲演,受到社会好评。演讲稿以及大多来自基层的各界专家学术成果，分别收入由一直热心于天津文化史料搜集整理和研究的报人学者王振良先生担任主编的“问津文库”,现已陆续出版数十种之多。这些研究成果扎根学术“泥土”,深接人文“地气”,不少成果弥补了专业研究的不足和空白,为天津地方文化研究事业作出了独特贡献。

有人或许会问，何以这么多人热心于本土文化的研究？应该说,这种研究不仅仅为了留住乡愁、品味记忆,也不完全为了满足觅寻和还原天津文化之“根”的需要,更重要的是,通过追溯天津历史发展轨迹,探求天津城市发展规律,以发挥其“鉴古知今、咨政育人”的积极作用。由天津社会科学院孙爱霞博士编的《三津谭往.2016》,作为2016年问津讲坛讲稿的结集,尤具有非同寻常的意义。

大多历史文化名城都有其独具一格的文化个性与品格。作为近代北方滨海地区的重要历史文化重镇，天津从建城伊始就具有突出的包容性、开放性特点。其居民不是那种以单一土著人口为主组成,而是由来自安徽、河北、山西、山东等周边地区移民汇聚而成,又因其傍海临河的区位优势,颇得南北文化相互交汇之风气。迨及租界设立,舶来文化遂蜂拥而至。列强为了达到其“永远”霸占和经营租界的目的，将其从中国大量掠夺的财富中拿出一部分用于租界建设,吸引本国侨民和各界人士前来居住。与此同时,也将西方的城市建筑、商贸金融、工交邮政、教育科技、医疗卫生、传媒电讯、餐饮娱乐、宗教仪礼和其他生活方式带进了租借。一时间,天津成了西洋文化的万国博览会。于是乎我们看到,老城厢鼓楼、文庙与五大道小洋楼相映成趣,狗不理包子、十八街麻花、耳朵眼炸糕与小白楼西餐各展美味,戏院茶楼与影院、歌舞厅、跑马场竞相纳客。租界内不单居住过后来的美国总统、四星将军,也生活过大批中国下野政客、铁血军阀、前清逊帝、宫廷太监,以及富商巨贾、名医大师等等。在与诸多“送上门来”的西洋文明冲撞融合中,开阔了天津人的视野、胸怀和格局,于传统文化肌理中溶納入新世代的新元素,促进了天津近代化发展,俾使天津成为中国近代史上北方最为繁华的“畿辅首邑”。

然而,当我们游览洋溢着欧洲文艺复兴文明的意式风情街、徜徉于洋行林立的解放北路、观赏风格各异的五大道小洋楼的时候,却很难如同观瞻其他名胜古迹那般轻松，涌上心来的不啻五味杂陈:一方面对于昔日租界文化的鼎盛繁华和匠心巧运由衷地品味、赞叹;另一方面则“别是一番滋味在心头”,内心深处不期然掠过一种难以抚平的痛楚。而当步入大沽口、聂公桥、老龙头、东局子、老西开、望海楼、义庆里、普爱里等处旧址,不禁睹物生情,因联想及当年发生的那些历史事件而不能不油然萌生出一种屈辱感和悲愤之情。

所谓“租借”,若单从字面上看,似乎很公平合理,还颇有点自愿双赢的意味。但实际上,完全是列强凭借坚船利炮和血腥屠杀硬生生从中国切割劫掠的结果，是帝国主义对我国发动侵略战争的产物。第二次鸦片战争、甲午战争和八国联军侵华后，英、法、美、德、日、俄、意、奥匈帝国和比利时等国，胁迫战败的清政府签订不平等条约，相继在老城厢东南区域及海河沿岸强行划定租界地，天津遂由一城变成十城。列强在租界内享有行政自治和治外法权，拥有所谓“绝对主权”，且建有八国“兵营”，九城无异于各自为政的九个“国中之国”。天津租界不仅成为列强策划种种阴谋、对中国进行政治干预和进一步扩大侵略的桥头堡，进行经济掠夺和宗教文化渗透的“巢穴”，而且成为列强勾结中国反动当局摧残和镇压革命势力的基地。如果不是中国人民前仆后继、持续不断地坚持反帝反殖斗争，终于在新中国成立之前彻底收回租界，列强必然还会继续“租借”下去，而且还会寻机扩张其“租借”范围，甚至像日寇那样使之成为制造华北动乱、进而发动全面侵华战争，图谋实现其鲸吞整个中国的狼子野心。

落后就要挨打，就会任人宰割与欺侮！这绝非套话，而是活生生的历史。《三津谭往.2016》以天津的九国租界为主题，完整地讲述了这段屈辱而痛苦的历史，有助于人们牢记历史教训，振奋爱国精神，为实现中华民族走向伟大复兴的强国梦而努力奋斗。

《三津谭往.2016》体例规范，编选合理，史料翔实，诠释了大量独特的天津历史文化信息，为《问津文库》又增添一本好书，为天津人留住了不能忘却的记忆。

2017 年 11 月

目 录

序言：租界，不能忘却的记忆 / 王之望 001

九国租界与天津城市发展 / 尚克强 001

九国租界：中西文化的交汇点 / 任悦 李海燕 021

日租界的社会生活 / 万鲁建 027

揭秘当年日租界的社会生活 / 任悦 李海燕 059

英租界的划分与形成 / 刘海岩 065

话说英租界——五大道的小洋楼为嘛这么好看 / 任悦 李海燕 079

俄租界旧事 / 曲振明 085

当年俄国人用乾隆行宫改了个花园 / 任悦 李海燕 119

法租界的历史建筑 / 张翔 125

“大铜钱”印证法租界的繁荣 / 李海燕 200

意租界的前世今生 / 王勇则 205

海河之畔“罗马假日”的浪漫 / 任悦 李海燕 247

奥租界的烟云过往 / 周醉天 253

最“短命”租界的烟云过往 / 任悦 李海燕 268

德租界及德国人 / 周利成 275

老天津的“德国制造”/ 任悦 李海燕 303

美租界和美侨 / 耿科研 309

美国人没管过美租界 / 任悦 李海燕 332

仓库、电车与工厂:比租界的历史演变 / 徐凤文 337

“团购”来的比利时租界 / 任悦 李海燕 355

附录:荣辱论

——2016年度问津讲坛综述 / 周醉天 360

后记:不欲风华成往迹 一从文字认前身

——租界与天津 / 孙爱霞 375

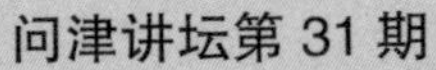
问津讲坛第31期

（2016年2月27日）

九国租界与天津城市发展

主讲人：尚克强

尚克强　天津师范大学历史文化学院教授。从事天津近代史、天津租界史教学与研究30多年。1995年与刘海岩合著《天津租界社会研究》，这是第一部研究天津租界的学术著作。2008年出版《九国租界与近代天津》，对租界与天津城市发展的方方面面做了探讨。2011年至2014年间，被聘为大型人文纪录片《五大道》的历史顾问。

九国租界与天津城市的发展

尚克强

从 1860 年开埠之始，天津就出现了租界。在以后的 40 多年中,天津出现了英、法、美、德、日、俄、奥、意、比九国租界,成为我国租界最多的城市。天津租界从划分到最后收回,历时 85 年。等到收回租界的地产、资产等具体事务办妥,已是 1948 年 10 月，可以说租界与近代天津的历史相始终，而且租界的存在对天津的影响是多方面的。本文就租界的划分和租界对天津城市建设的影响作一简述。

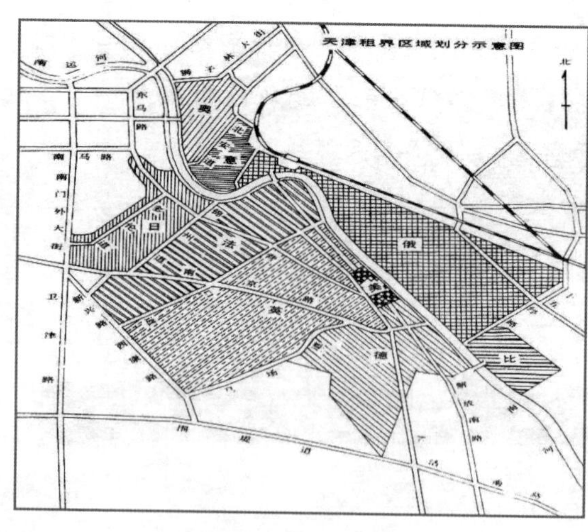

九国租界示意图

一 九国租界的划定

列强每次掀起强占租界的狂潮，无不是借助于侵华战争的余威。首先是第二次鸦片战争和英、法、美租界的划定。英、法两国早在战前就看准了天津的特殊区位。1860 年《北京条约》极为重要的内容有两点：一、各国公使进驻北京；二、增开天津为通商口岸。条约签订后，英国即派人勘定天津英租界的界址，又凭一纸照会，取得了划定租界的权利。不久，英国首任驻津领事孟甘将所划定的土地重新丈量，确定了英租界的四至，面积是 489.025 亩的界址，这是在天津出现的第一个外国租界。随后，法国驻华公使哥士耆来津，亲自对法租界进行划界，划定了 439 亩的界址。最早的英、法租界位于城南紫竹林一带，因此被称为紫竹林址界。天津租界几经扩张，但这里始终是最核心的地带。

从现在史料来看，天津美租界的划分应该在 1862 年 4 月或以后的事。美国租界的面积是 131 亩，名义上是由美国领事管辖。但由于美国正处于南北战争时期，来天津的美国商人很少，加之美国政府后来倾向于设立公共租界，因此，天津美租界一直没有得到美国政府的批准，长期处于无人管理的状态。

天津租界划分的第二个高潮出现在甲午中日战争之后，德、日租界开始划定，而英租界借机大扩张。

中日《马关条约》签订之后，列强掀起了瓜分中国的狂潮，天津德、日租界就出现在此时。德国以“干涉还辽”有功，要求在汉口、天津开辟租界。1895 年 10 月《德国租界设立合同》规定，德国“永远在天津设立租界”。德租界位于美租界以南海河西岸，占地达 1034

亩。1896 年 10 月，日本逼迫清政府签订了《公立文凭》，1898 年又签订了《日本租界条款》和《另立文凭》，划分海河西岸 1667 亩土地为日本租界[1]。日租界整体上处于天津城东南，紫竹林租界以北，有濒临海河的航运优势，且较其他租界更靠近中国政府管辖区域。英国见到德租界面积是它的两倍以上，强力逼迫清政府，要求英租界向西南方面扩张(由现大沽路推向南京路)，占地面积 1630 亩。至此英租界总面积达到 2119 亩。

天津各国租界林立局面的形成，是在八国联军占领天津期间。1900 年八国联军入侵津京，是 19 世纪末帝国主义联合发动的大规模侵略战争。1900 年 7 月 14 日天津城陷落，随后，八国联军对天津城及附近地区实行分区军事占领，实现了完全的殖民统治，这也为各国疯狂强占租界提供了最直接的条件：

俄国以胜利者的姿态宣布对它占领的海河东岸大片土地“保留绝对主权”，要求划分租界。1900 年 12 月与清政府签订《天津租界合同》，将 5474 亩的土地划入俄租界。意大利、奥匈帝国也是先实行军事占领，然后转为租界。意大利在海河东岸与铁路之间的租界有 780 余亩，奥匈帝国则在紧靠意租界以西的海河东岸占地1030 亩。连根本没有参加八国联军的比利时也乘机在俄租界以南历史悠久的大直沽一带划分租界，比租界的面积是 747.5 亩。在这些租界中，意、奥、比租界是各自在中国唯一的一块租界。俄国在中国还有一块汉口租界，面积只有 414.6 亩，天津俄租界是其十几倍。

与此同时，地处海河西岸的英、法、德、日各国租界也趁机大肆

---

①[台]“中央研究院”近代史所编：《四国新档·英国档》第 567 页。

扩张。英国租界越过墙子河(现南京路)向西南方向大扩张,称为“墙外推广界”,面积达 3928 亩。这时,原美租界也并入了英租界,成了英租界的“南扩充界”。这样,英租界的总面积达到 6178 亩,成为天津最大的一块外国租界。在全国,也是除上海租界外,面积最大的外国租界。法国租界这时也向墙子河方向推进,这 2000 亩土地被称为“扩展界”,至此,法租界的总面积达到 2439 亩。德国租界趁机向西南扩展,总面积达到 4200 亩。日本也乘机向东北方向扩充了 400 亩,而且声明把 1500 多亩的南市地区设为“预备租界”。最后,日本租界的面积达 2157 亩。总之,在 20 世纪最初的一两年中,天津被抢占的租界面积达到 16600 亩,占最后形成天津租界总面积的三分之二。这也是中国近代史上时间最集中、规模最大、参予国别最多的一次租界大扩张。

以上九国租界总面积达 23000 余亩, 相当于天津城厢面积(156.24 公顷)的 9.82 倍。

各租界面积统计表(单位:亩)

侵占年代 国别	1860–1862	1895–1897	1900–1903	共计	备注
英国	489	1630	4059	6178	包括美租界,不包括佟楼以南赛马场一带
法国	439		2000	2439	不包括非法侵占的老西开
美国	131				后并入英租界
德国		1034	3166	4200	
日本		1667	490	2157	不包括非法侵占的六里台一带
俄国			5474	5474	
意大利			780	780	
奥匈			1030	1030	
比利时			747.5	747.5	
总计 23005.5 亩					

二 租界与天津城市建设的发展

租界是半殖民地中国丧失主权的重要特征，它是指列强在指定的通商口岸划出一个特殊的区域。在这里，租界开辟国除了每年按亩数向清政府交极少的租金外，他们在这块“永租”的土地上享有完全独立于中国主权之外的行政管理权。在这里，不仅中国的军队和警察不准进入，列强还拥有司法、警务、税收等各方面的特权，形成了名副其实的“国中之国”。根据《辛丑条约》，天津租界还设有英、法、美、德、日、意、奥、俄八国兵营，这一切都给天津人民带来了极大的曲辱。租界制度完全是一种侵略制度。

列强还利用在租界的种种强势，垄断和控制着天津的对外贸易，把持着天津海关，操纵着我国北方的金融市场。各国商人从租界的房地产业中获取暴利。天津租界还是列强对华进行鸦片贸易、走私贸易以及贩卖华工的重要场所。由于天津的特殊地位，又驻有多国军队，所以天津租界成为列强历次发动侵略战争的桥头堡。日本军国主义更使之成为制造华北动乱，进而发动全面侵华战争的基地。

但是，历史的发展往往不是沿着一条直线，而是迂回和曲折的。在一定条件下，事物是可能走向它的反面。列强在开辟租界之初，是要建立独立于中国主权之外，也独立于天津旧城区之外由洋人居住的西方城区。随着大量移民的到来，他们的官员和商人要居住，他们的传教士要布道，他们的洋行、银行要经营……，于是先有洋房、碴石路的出现，接着自来水、电灯、电车、开启桥、体育场、跑马场陆续出现了。租界最初的建设者无形中把西方近代城市建设的理念和成果引进了天津。

租界的划定都是在天津旧城厢以外。租界的发展,使天津城区的面积迅速扩展。特别是随着海河的治理和“吹泥填地”的进行,使意、英、法、日、德各租界的大面积低洼地形成了新市区。1840年,天津的建城面积为9.4平方千米,1911年达到16.2平方千米。这个时期形成了最早贯通英、法租界的中央大道—中街(即现解放北路),20世纪初又形成了贯穿旧城区、日租界和法租界的主干道(今和平路),对天津以后全市的道路走向都有深刻的影响。1882年天津出现了第一条碴石路,1914年出现了沥青柏油路,1918年中街铺了第一条沥青混凝土路。另外,各主要路面也大力铺设了大口径排水管道工程。街道的规划与建设,以及排水工程,是近代城市区别于中世纪城市的基础,天津已经向近代化城市迈进。

天津租界形成后,地跨海河两岸,东西岸的交通成了城市发展的巨大阻碍。而海河又是繁忙的水道,海轮要一直行驶到城厢东西两岸的码头。这就决定了海河上不能修建传统的木桥、石桥,必须修建能够开启的铁桥。于是大型可开启的铁桥出现了,最重要是金汤桥、金钢桥、万国桥,其中万国桥更是达到当时世界先进水平。

在公用事业方面,天津是我国近代邮政的发源地。1878年天津海关书信箱向公众开放,我国近代邮政由此诞生。1877年天津试架电报线获得成功,首开近代中国电信之先河。不久天津电报总局成立。1879年,天津出现了我国自设的第一条电话长线线路。

1888年,天津出现了紫竹林油汽灯公司,第二年开始供应租界道路照明。几乎同时,租界开始使用电力,电力照明和路灯逐步推广。

有轨电车最早出现于美国(1888),十几年后,即1905年天津

民族路80号原意租界张鸣岐旧居

就开始了电车轨车的铺轨。1906年,第一条围绕旧城四条马路的电车通车。天津是我国最早通行电车的城市,到20年代,已经形成了完整的有轨公共交通系统。

1897年，英商仁记洋行设立了自来水厂,转年开始供水。天津是我国北方最早使用自来水的城市。后来,自来水事业有了较大发展,北京最早的自来水厂,就是由天津发展过去的。在全国各大城市中,天津是自来水普及率名列前茅。

在天津各租界划定之后,当局对建筑规格、风格先后都规定,于是各个租界的建筑就呈现出不同的风格特点。特别是进入20世纪以后,随着天津城市的迅速发展,一批外国建筑师纷纷来天津发展。他们给天津建筑业带来了新的理念。这些建筑师有不同的文化背景，而天津各国租界的存在又为他们提供了可能施展的客观条件。天津的“小洋楼”如此多姿多彩,以致被称为“万国建筑博展会”是与天津独特的历史条件分不开的。

在天津,各种风格的建筑琳琅满目,而且绝大部分都完好的保存下来,成为天津城市文化的一大特色。这些建筑大致下有如下10余类：哥特式，主要是教堂建筑，如现存的最早的教堂建筑一紫竹林教堂(1872年,现营口道东头)、英国圣公会建立的安

泰安道7号原英租界开滦大楼院内之四合院

立甘教堂(1903 年,现泰安道与浙江路口);罗马风式,最著名的是西开教堂(1913 年)和德国俱乐部(1907 年,现政协俱乐部);西洋古典复兴式,如开滦矿物局(现泰安道前中共天津市委大楼)与法国公议局(1931 年,现承德道市文化局,全国重点文物保护单位);西洋古典折中主义,如劝业场大厦(1928 年,全国重点文物保护单位)与国民饭店(1923 年);英国都铎式,如戈登堂(1889 年落成);意大利文艺复兴式,如汤玉麟故居(1930 年);浪漫主义式,如利顺德饭店(1895 年,全国重点文物保护单位);第二帝国风格的意大利式,如现马可波罗广场周边带塔楼的住宅(全国重点文物保护单位);带曼塞尔式的法式建筑,如工商学院主楼(1923 年)(全国重点文物保护单位);俄罗斯式,如华俄道胜银行(1896 年);现代式建筑,如渤海大楼(1934 年)与利华大楼(1936 年);尼德兰式,如袁氏宅第(1918 年);西班牙式,如孙震方宅、静园、达文式宅。英国半木料式,如原英国乡谊会门房;象征主义建筑,如百福大楼(1926 年)与刘冠雄宅。

新华路120号原法租界麦信坚旧居

三 多国色彩的历史文化街区的形成

租界在开辟之初,列强是要按照通商殖民的愿望,在这里建成一块完全独立于天津城区之外的“飞地”,而且完全不让华人入住。但他们的目的没有达到。

租界不同于一般的殖民地或租借地,它是嵌入中国通商口岸的一块城区。尽管洋人在这里拥有很大的特权,但它不可能完全独立于天津城市之外,不可能脱离天津城市的母体。而且愈来愈多的华人入住,更是无法阻挡的潮流。各个租界区的建设和发展,早已不是依租界当局的意志为转移。特别是到20世纪20年代,在天津城市经济发展大趋势的推动下,各个租界区已经明显地按照天津城市发展的需要而形成了不同规模和功能的城区或街区。比如,以现解放北路为代表的金融外贸区,以“小白楼”为代表的国际化自由商业区,以劝业场为代表的新型商业中心区,以意租界和“五大道”为代表的高级住宅区。而这些街区的形成正是近代天津城市的

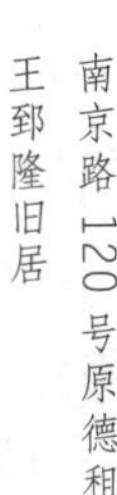

南京路120号原德租界王郅隆旧居

突出特色。

(一)我国北方最大的金融、外贸中心——现解放北路

现解放北路是天津租界最早形成的街区，是我国北方最大的金融、外贸中心。这条路处于海河与大沽路之间,当时被人们称为中街。从现解放桥起至现曲阜道,长1.8千米,是天津最有特色的一个街区。

1860年以前,这里是旧城区以南数千米以外的一些菜园、荒地和低洼地,直到1886年这里才建成了八所两层楼房。不过,十九世纪八九十年代,越来越多的外国侨民集中居住在这里。1887年,维多利亚公园开放了。1889年,戈登堂建成开放。于是,这里很快形成了英租界的行政管理中心。

到了20世纪初,中街(现解放北路)的发展进入了全新阶段。随着天津租界的大规模扩展和天津对外贸易事业的急速发展,中街的功能发生了重大变化:由原外国侨民特别是英国人的居住区,演变为金融外贸区。这主要是取决于中街的区位优势。中街东侧百米之遥是沿海河码头而建的河堤路（现张自忠路），面向码头的建筑几乎全是大型仓库，最早到天津的外国洋行也大多开设在河坝，后来著名的太古洋行、怡和洋行、仁记洋行、新泰兴洋行都把洋行的门面都开在中街，形成最早的天津外贸中心。

而洋行的建成，必定带来大量的汇兑业务与结算等金融需求，于是数十家外资和中资银行都向这里集中，甚至毗邻而建。影响最大、实力最强有汇丰银行（英）、麦加利银行（英）、花旗银行（美）、中法通商银行、东方汇理银行（法）、横滨正金银行（日）、德华银行、华比银行等，不少中资银行，如中国银行、大陆银行、盐业银行、中南银行等也向这一带集中。据 1947 年统计，当时的中街有中外银行 26 家，其两侧附近有 13 家，两者相加占当时天津银行总数的 78.5%，金融中心的地位十分突出。

（二）洋味十足的自由商业区——“小白楼”

“小白楼”是天津特有的地名，主要指原美国租界。1860 年以后开辟的美国租界的范围是：东临海河，西至现大沽路，南至现开封道，北至彰德道，面积仅有 131 亩。

由于美国当局对天津美租界没有进行过实质性的管理，这里长期处于无政府状态。从十九世纪六十年代直至二十世纪初，四十年中几乎无人管理和收税。1902 年以后，英租界扩充，英租界当局也没有把这一片混乱无序的地区作为自己的发展重心。因此，这里既无现解放路、五大道那样完整的规划，也没有严格的市场税收管理。但却为商业的自由发展，特别是为“无国籍”的白俄、犹太人经商创造了条件，也使得这里的商业明显带有多国色彩。

“小白楼”地区的繁荣，也得益于它的地理位置，即其正处于天津市金融贸易区与高级住宅区之间。"小白楼"以北是现解放北路金融中心,中外银行林立;南侧是德国租界。德租界虽然建立时间不长,但是由地势开阔,人口密度小,尤其是紧靠"小白楼"威尔逊路(现解放南路)德国俱乐部(现市政协俱乐部)附近,是天津外侨居住最集中的地段之一。俄国十月革命以后,大批来津的白俄都集中住在这里。在天津五大道建成前,一大批北洋人物,如徐世昌、黎元洪、张勋都住在这一带。在"小白楼"西南,跨过现南京路就是著名的高档居宅区——五大道。在五大道规划中,不准建商店、戏院和其他娱乐场所。五大道居民买日用杂品,需要穿过现成都道去黄家花园一带,而要买进口商品黄油面包、俄式香肠、吃西餐、看原文电影,就一定要去小白楼。

以上种种条件,促使"小白楼"地区形成了商业、餐饮、娱乐各业极为集中的地区,而由于集中了大量的外国侨民,"小白楼"也形成多国色彩的文化街区。

(三)马可·波罗广场建设与意式建筑群的形成

在天津的各个租界里,意大利租界开辟较晚,面积也不大。然而意租界的开发却相当迅速,很快就形成了天津租界最早的富人居住区,而且建成了意大利本土之外最大的一处地中海式建筑群。

意租界的开发,在地理区位上有不少有利条件:一,这里离火车站最近,下火车之后到意租界大马路(现建国道)不过二、三百米,最远处也不超过一千米。在汽车尚未普及的民国初年,这正是一个步行街或乘马车的距离。在民国初年的社会动荡中,北京的军政界人物来津暂住,大都选中这个进出北京极方便的地方。二,民国初年至七七事变前,天津各行政机关、市政府都在现河北区中山路一带。与居住条件优越的意租界相距很近,天津的不少官员包括三任市长都住在这里。三,这里通往市区各处的交通十分方便。1906 年以后通行的有轨电车从意租界东侧穿行,连通各个商业区。同时,意租界西、南方向都有海河绕过,象个半岛座落在海河东岸。在现大沽桥、广场桥、北安桥、进步桥均未修建的情况下,意租界的核心地带处于半封闭状态。如果不是本界的车辆或行人,没有必要从中穿行。这种区位有利于它保持一个静谧的环境,这种环境正是高级住宅区所需具备的条件。由于意租界开发较早(民国初年),入住这里的人物多数在 1912 年至 1925 年间。这个时期,"五大道"和劝业场地区包括赤峰道住宅区,还在初建之中。很多军政要人如曹锟、段祺瑞、倪嗣冲等,包括梁启超,都首选入住意租界。

在意租界开发初期,青年军官费洛梯一人身兼多职,作了许多工作。他既是工程师、卫生专家,又是公用事业顾问,对意租界的街道走向和房屋设计提出有远见的主张。费洛梯规定各座沿街楼房的图纸不准重复使用,使意式花园别墅形态各异。他还对房屋设计的艺术性和整体景观的协调提出要求,后来为居服务的俱乐部、花园、菜市、消防队等公共设施也逐步完备,使这里形成了一个完整的居住区。

在意租界,最突出的、最有代表性的标志性建筑是马可·波罗广场和广场周围三组带有凉亭的建筑群。广场是意大利城市中市民集会、休闲的中心,一般靠近教堂和行政中心。罗马的广场就有数百个,威尼斯的圣·马可广场更是举世闻名,这是在中国城市建筑中从来没有出现过的景观。费洛梯在规划时,特意在两个十字交叉的主干线上(现民族路与自由道、民生路与自由道)建设了广场,而且以意大利著名旅行家,也是沟通中意两国文化的使者—马可·

波罗和意大利最伟大的诗人但丁命名。马可·波罗广场完全引入了意大利城市广场的理念。它的中心是一座高十余米的科林斯巨柱，柱下围着喷水莲池，柱顶是铜铸双翼和平神象。以这座石柱为中心，整个广场是不断向外拓展的同心圆，一直到人行道，弧形的围墙把广场围成一个大圆圈，周边的建筑也呈圆形排列。入住的华人不习惯“广场”的称呼，而是把它叫“圆圈”。位于偏东的但丁广场叫“东圆圈”，偏西的马可·波罗广场被称为“西圆圈”。

广场周边的住宅楼群建成于 1908 年至 1916 年间，呈现出流行于 19 世纪后半期地中海的浪漫风格。这些建筑引起人们注意的最大特点是俏立于楼顶上风姿绰约的凉亭。这七座不同方位的凉亭，有的是方形，有的是圆形。支撑凉亭的柱式也各有不同，亭柱间的拱券又有方形、椭圆式、尖拱式之分。凉亭屋顶出檐很大，这在阳光灿烂的意大利会起到遮阳的效果。

在这些建筑中，广场西北角(民族路 80 号)的一所庭院更具代表性，它一度被称为“女神别墅”。这座白色小楼共有住房 14 间，在镂花围墙与楼房之间是秀丽的小花园，角楼上的方形三联尖拱别具风格。与“女神别墅”相对的一面，即广场东南角的意园花园。花园面积不是很大，但求精致与舒适。花园靠近广场的主体部分是罗马式凉亭、喷水池和花坛，偏南侧则是运动场。1934 年以前，每到冬天泼水为冰，是天津有名的溜冰场。这里会有意园工部局乐队伴奏，1928 年 2 月 21 日《大公报》报道：前日“与会者 200 人，化妆男女，华人闺女居强半数”。由于这里的居民绝大多数是华人，所以公园东侧修了中国儿童游乐场、避雨亭和葡萄架。1934 年回力球场建成后，公园东侧成了幽深静僻之处。马可·波罗广场被带角亭的漂亮小楼环绕，靠东南则留出绿荫一片，给人们的视野留出空间。雕像、立柱、广场、公园、角亭相映成趣，构成了十分浓郁的地中海风格的建筑群。

（四）新型的城市商业、娱乐业中心——劝业场地区

劝业场地区是天津的中心区，这里不仅是商业中心、餐饮业中心、娱乐中心，也是市内交通的枢纽。它的形成可以追溯到20世纪初期。1902年，法租界的西侧，由现大沽路扩张到南京路以东的广大地区。直到1920年前后，现辽宁路以北仍有一片露天的粪场，现劝业场商厦是先农公司用来存放建筑材料的空地。促使这一片低洼荒地发展起来的直接原因，是有轨电车的通行。天津是我国第一个通行电车的城市。1906年，有轨电车开通。到20年代中期，已经形成了全市有轨交通系统。后来以劝业场为代表的中心路口，正是东、西、南、北四个方向电车的交叉转向的枢纽，也正是各路来客转乘的中心，这为形成全市的商业中心提供了客观条件。

全市商业中心向劝业场一带的转变更是天津城市经济发展的必然结果。原来，天津的商业中心在估衣街、东北角一带，但随着英、法租界的发展，城市重心明显地向南转移。尤其是法租界，它没有英租界那样实力强大的金融、外贸优势，只好鼓励发展商业，增加税收。而且从民国初年起战乱不断。1920年后爆发了直皖战争、直奉战争，天津华界无一例外地卷入战乱，大批商店遭到洗劫，这使老城区的富户大量迁入租界。老城区著名的金店、呢绒绸缎庄、茶庄、大药店、鞋店纷纷迁入日、法租界。政治动乱的因素成了天津城市经济重心南移的直接原因。

在天津新型商业、娱乐业中心形成的过程中，劝业商场大厦的建成和开幕是一个标志性的事件。

劝业场的创造者是原德商买办高星桥，他看好现劝业场这块地皮的前景，以每亩2万两的高价买下这5亩2分地，合银10万44两。不久，他又将劝业场对面的现交通饭店的地皮高价买下。1928年2月3日，商场破土动工。一个月后，对面的交通饭店也动工了。两处工程的脚手架竞相耸立，引起全市的关注。大厦的设计师是法国人幕乐，建筑风格是西洋古典折中主义，它吸收了西洋古典的多种形式，使得建筑物显得活泼、多变。当年12月商厦完工，21日举行盛大的开幕典礼，一时九衢轰动。几乎同时，与劝业场成犄角之势的交通饭店建成。1931年，与之相对应的惠中饭店建成，加上稍早建成的兴业银行大楼，这四座建筑构成天津市中心的标志。

天津劝业场不仅是全市的商业中心，而且是全市的大众娱乐中心和餐饮中心：这里存在着一个由北洋大戏院、春和大戏院、中国大戏院组成的庞大的京剧表演阵地；有光明、明星、华安、天宫等电影院；有以表演曲艺为主的大观园、小梨园；有专门演出评剧的权乐戏院。以上这些演出场地，相距不过百米。演出场地如此大密度的集中，在全国都属罕见。而以登瀛楼、蓬莱春、丰泽园、都一处为代表的大小饭庄、菜馆，多达60多家。进入20世纪30年代，劝业场地区的发展进入全盛时期，从早到晚，商场里、街道上到处人流如潮，熙熙攘攘。每到周末或假日，剧院、影院中更是人满为患。新开辟的劝业屋顶上游乐的人群会达到3000多人。这里是真正的大众消费和娱乐中心。

（五）五大道历史文化街区的形成

“五大道”是人们对于马场道、睦南道、大理道、重庆道和成都道这五条道路组成的一个街区的简称。这个街区面积有 1.25 平方米，纵横共 22 条道路，现有各类建筑 2000 多幢。其中有大批英、法、意、西班牙等各式风格的建筑，目前被列为市级保护的风貌建筑有 470 多幢。由于中外建筑师的共同努力，特别是华人的大量投资建设，使“五大道”形成了至今在中国城市中还堪称典范的现代居住区。

“五大道”的建设，集中在 20 世纪 20—30 年代。现在的“五大道”街区，是 1903 年英租界第二次扩张的结果，由于地处当时的墙子河(现南京路)以外，所以被称为“墙外推广界”，“五大道”正是其主要组成部分。这里原来是起伏不平的低洼地和少数菜园、坟地。在20 世纪最初的十几年里，英租界当局还拿不出具体的开发方案。1916 年，英租界纳税人会议，要求对其做出规划。随后，一个建筑高级住宅区的设想提出了，这显然是受到当时正在欧美流行的花园城市的设计理念的影响。一位英国建筑师安德森 1918 年向纳税人会议提交了“推广界”的规划和方案，方案最核心的内容是如何创造一个有利于健康的居住环境，满足人们对空气、阳光和娱乐的需要。在距今 100 年前，在人们提出“生态环境”理念的 70 年前，提出营造一个健康的居住环境，这无疑是非常领先的思路。在这一带的规划中，提出了许多要求与措施，不仅对林荫道的走向作了规定，对建筑类型、建筑材料，乃至屋顶、房檐都有明显要求。同时，规划中要求实行强制性的卫生设施要求，建立地下排水、排污系统，彻底结束旱厕、粪车时代。后来在一些条例中又规定，在“五大道”的中心区建筑必须是欧式的，只能建住宅，不准建商店，而且每处独居建筑占地不得少于 0.4 亩，房屋占地不得超过 60%，其余 40%为绿化空地。《条例》对于房的高度、围墙的高度、处理设计都作了规定。至于每户的造价，则不能低于3000两白银，这些规定使得“五大道”地区只能建成造价很高又设计美观的花园别墅式住宅和个别的高级公寓式住宅。

值得指出的是，“五大道”建筑的高潮年代是1925—1930年前后，这正是天津城市经济快速发展的全盛时期。这时天津正成为我国北方的经济中心，工业、外贸、金融各业都处于北方的领先地位。这里集中了一大批拥有大量资金的各类人物，他们有实力，也有意愿向这个高级住宅区投资。应该说，“五大道”的兴建，正是天津经济实力的表现。“五大道”的开辟和发展离不开天津城市的发展，也反映了近代中国社会的方方面面。它不仅是一处建筑风貌区，而且包含着丰富的历史文化内容。

“五大道”建设初年，正值民国初年和北洋时期，大批逊清的皇族贵胄躲到天津“五大道”，如庆亲王载振、军机大臣荣庆、总管太监小德张都入住五大道。稍晚，从政治舞台上退下的曹锟、国务总理张绍曾、末任国务总理潘复、海军总长刘冠雄、吉林督军孟恩远、江西督军陈光远、湖北督军王占元等军政人员也纷纷入住“五大道”。有人统计，住在天津租界中的北洋富公（师长以上人员）有500人左右，“五大道”地区应占半数以上。

入住“五大道”稍晚的，是实业界和银行界的人物。在天津投资现代企业的代表人物，大多也住在“五大道”，如永利碱厂创办人李烛尘、启新洋灰公司总经理周叔弢、仁立毛纺公司总经理宋斐卿、中天电机厂总经理李勉之等等。著名银行家资耀华、卞白眉也都住在这里。

1941年12月太平洋战争爆发，日本侵略军查封了北平协和医学院。协和的大批专家转移到天津，“五大道”地区成了他们的首选之地。以内分泌学专家朱宪彝、中国肿瘤医学之父金显宅、中国神经外科创始人赵以成、著名骨科专家方先之为代表的一大批协和教授几乎都住在这里。

在这个仅 1 平方千米多一点的街区,集中了中国近代史上这么多的代表人物,这在全国都是罕见的。在这些小洋楼、出现过无数次的历史变迁,反映着天津城市的变化发展,折射着太多的历史积淀。2004 年“五大道”获建设部批准的中国人居环境范例奖,2015 年“五大道近代建筑群”被国务院批准为国家重点文物保护单位。

九国租界:中西文化的交汇点

新报记者 任悦 李海燕

津城三月,春暖花开。一年之计在于春,好春色预示一年的好光景。《每日新报》与问津书院联合推出的"问津讲坛"新一年的好故事也开讲啦。2016 年的第一期,我们讲点儿咱们天津人爱听、爱看的故事和爱逛的地界儿。都说近代历史看天津,天津是最早与西方文明接触的中国城市之一。当年,在天津有各国设立的租界,租界内建造并保留了各种风格的洋楼。这些不仅成为现在的旅游资源,也是历史的记忆。特殊历史环境下诞生的租界,对这个城市的发展起到了什么作用?我们来听专家细说。

今天走上问津讲坛的是天津师范大学历史文化学院教授尚克强。他从事天津近代史和租界史教学与研究。从 1982 年起带领学生对天津旧租界进行考察与现场教学达 30 多年。1995 年他与刘海岩合著《天津租界社会研究》,这是对天津租界进行系统研究的第一部学术著作。2011—2014 年担任大型人文纪录片《五大道》的顾问。

天津——租界最多的城市

去北京看四合院,来天津看小洋楼。天津在中国近代史上扮演着一个重要的角色,曾被各侵略国瓜分为九个租界区,洋楼别墅林立,歌厅酒吧遍地,洋人、政要、军阀、权贵、名流云集,使天津一度成为中国最"洋气"的城市之一。如今的天津,战火纷纷的年代早已远去,但这些租界区仍保留着小洋楼千余座,散发着欧式建筑的典雅别致,更讲述着中国近代百年历史的风云变幻。天津是全国租界最多的城市。在中国近代历史中共存在过 27 个租界,天津就占了 9 个,其中意大利、奥匈帝国和比利时在中国只有一个租界,它们也都集中在天津。

出现这样的局面与天津的地理位置有关。天津与北京近在咫尺,是北京的门户。列强发动侵华战争,天津是必攻之地,而租界的强占,正是历次侵华战争的结果。1860 年英法联军攻占了天津,随即出现了英、法、美三国租界,1895 年甲午中日战争之后,德、日强开德、日租界;1900 年八国联军占领天津,列强更掀起了中国租界史上规模最大的强占狂潮。这时,不仅新划分了意、奥、俄、比四国租界,而且英、法、德、日各租界趁势大肆扩张,以至天津租界总面积超过了 1500 万平方米,相当于城厢区的 9.82 倍。

租界里那些新鲜"玩意儿"

租界是近代中国丧失主权的重要特征，租界制度完全是一种侵略制度。但历史的发展往往是迂回曲折的,租界开辟之后,天津对外开埠了。在天津对外贸易迅猛发展的同时,我们这座城市也十分艰难又不可阻止地向世界开放了。随着大量国外移民的到来,外国官员和商民要居住、洋行要经营……于是,先有洋房、渣石路的出现,接着自来水、沥青路、电灯照明、有轨电车、开启桥、体育场陆续出现了。早年谭嗣同到天津,第一次见到铁桥、轮船、火车、电线就很震惊。历史像一只无形的巨手,把近代城市建设的理念和成果引进了天津。

租界洋楼里的那些人和事

到了 20 世纪二三十年代,天津的城市经济发展进入了全盛时期,大批西方建筑师和学成归国的中国建筑师纷纷来此开设了建筑事务所。由于天津租界是各国专管的,因此租界内的公共建筑和住宅建筑形成了多国风格。矗立在解放路的古典复兴主义的银行建筑、五大道上多姿多彩的各国风格住宅建筑,以及原汁原味的地中海式建筑群,都给天津留下了深刻的历史印记。

然而,租借内大批洋房的主人并非洋人。起初列强不准华人入驻租界,但随着城市的发展和对税收的考虑,租借当局无法阻止大批富有的华人入驻。20 世纪 20 年代以后,各个租界都形成了实力强大的华人社会,华人投资的比例越来越大。在最富庶的英租界,华人占居民总数的 90%以上,成为租界中最主要的纳税人。一大批新型银行家、实业家和知识分子更成为华人社会的主要代表人物。在著名的五大道 2000 幢洋房中,其主人绝大多数是华人,洋人的住宅屈指可数。在后起的天津城区建设中,华人是最重要的投资者和建设者。

租界给城市留下了什么

租界开辟之初，列强按照其通商殖民的愿望，在这里建成一块完全独立于天津城区之外的“飞地”。然而租界不同于一般的殖民地，它是嵌入中国通商口岸的一块城区，因此尽管洋人在这里拥有很大的特权，但是它不可能完全脱离于天津城市的母体。在近代天津城市发展大趋势的推动下，租借逐步发展为天津城市的有机组成部分。到20世纪20年代，各个租界区已明显按照天津城市发展的需要而形成不同规模和功能的城区或街区，比如以现解放北路为代表的金融外贸区，以“小白楼”为代表的国际化自由商业区，以劝业场为代表的新型商业中心区，以意租界和五大道为代表的高级住宅区……这些街区的发展正是近代天津城市的突出特色。

随着与世界各国联系的迅速扩大，除了大宗的工业产品外，天津逐步形成了我国北方外来文化的传播窗口。早在19世纪70年代，天津就出现了西医和全国最早的西医医院，然后又出现了全国最早的西医学堂。近代教育的传入则规模更大，且水平更高。1895年北洋西学学堂——中国第一个新型大学在天津创建。20世纪20年代，天津建立了世界一流水平的北疆博物院。1895年，篮球最早从天津传入中国，许多竞技体育项目在这里传播开来，在天津举办了多次“万国足球赛”“万国运动会”。1906年天津出现了全国第一家专业电影院——权仙电戏园，“电影” 这个名词就是在此时出现的。音乐的传入，使天津成为中国音乐史上的先锋。1927年平安电影院（现音乐厅）举办了大规模的“裴多汶”（贝多芬）音乐会，1928

年又举办了“许培德”(舒伯特)逝世百年音乐会,1930年天津各界组成联合交响乐团演出了贝多芬第五交响曲(命运)。天津还举办多次“万国音乐会”。这一切都说明,近代天津的城市文化空间和格局都出现了深刻的变化。“中西交汇”,成为近代天津城市文化的一大特色。

租界是中国近代饱受帝国主义侵略的鉴证，和中国人民永久屈辱的记忆。然而租界在建设中使用了西方发达国家比较先进的城市规划、建设、管理方法及观念,显示了西方科学技术和城市管理的先进成果。租界既是帝国主义侵略中国的象征,也是传播西方文明的窗口,客观上促进了天津城市的进化历程。

(刊于2016年3月20日《每日新报》第11版“人文新刊·讲场”)

问津讲坛第 32 期

(2016 年 3 月 26 日)

日租界的社会生活

主讲人:万鲁建

万鲁建 1980年生，山东省曹县人。天津社会科学院历史研究所副研究员、历史学博士，中华日本学会理事、天津市历史学会理事。主要致力租界侨民史、天津地方史、近代中日关系史研究。著有《近代天津日本侨民研究》《潜伏在中国——中日战争的幕后间谍》(合著)，编译有《近代天津日侨回忆录》《津沽漫记:日本人笔下的天津》等多种，发表学术论文四十余篇。

日租界的社会生活

万鲁建

租界是近代中国开埠以后伴随着不平等条约的签订而出现的，其所具有的侵略性是毋庸置疑的。另一方面，租界又是西方各国依据各自国家的城市模式在海外建设的一个“飞地”。在这个“飞地”上，他们将国内城市建设的规划设计移植到租界内，并鼓励侨民移居，使得租界出现了不同于中国传统的近代文明，客观上也促进了中国走向城市化和近代化的道路。由此，使得租界呈现出一种复杂的存在。由于租界大都是由外国领事或侨民组织的工部局之类的市政机构来行使权利，且拥有治外法权和领事裁判权，使得租界成为不受本国政府控制的国中之国。其租界内的社会生活，也具有鲜明的特点。

一 天津日租界概况

天津日租界设立于甲午战争之后，1896 年中日两国签订的《公立文凭》第一款规定："添设通商口岸，专为日本商民妥定租界，其管理道路以及稽查地面之权，专为该国领事。"第三款又规定："中国政府亦允，一经日本政府咨请，即在上海、天津、厦门、汉口等处，设日本专管租界。"①同年 11 月 22 日日本驻华公使矢野文雄到天津与北洋大臣、直隶总督王文韶面商设立租界之事。此后围绕租界的设立，两国经过近两年的中日交涉，最终双方在 1898 年 8 月 29 日签订《天津日本租界条款》，其中第三款规定："允许日本在天津设立专管租界。"其租界定为："东界以福音堂之北界起，沿河至溜米厂、邢家木厂之北横街河沿止，计长八十五丈；南界由福音堂之北界起，划一直线向西至土墙止，距英新界一百五十丈；北界由溜米厂、邢家木厂之北横街河沿起，现有道路绕出屋后空地计零丈，向西直至现有道路，迤逦向西至海光寺东南角河沟外，顺路抵土墙止。所有沿路之界址，均留地三丈，以备筑路展宽之用。再由该处土墙迤下至南界计零丈。西南两界，遂均以土墙为止，然须留出五丈道路。"另据《另立文凭》，"中国允将溜米厂至朝鲜公馆南墙路外，沿一直线，西接日本现定之界，作为日本预备租界。"第二款则规定："中国允在德国租界以下划一地段，为日本轮船停泊码头。"②9 月 21 日，日本驻天津领事郑永昌与津海关道李岷深又在天津签订了《天津日本租界续立条款》，并附有《续立文凭》，对租界和预备租界内的道路建设、税关、地价和房价，以及警察和治安等作出了相应的规定。③此后日租界又经过两次扩充，最终确定了其范围，即东

---

①王铁崖编：《中外旧约章汇编》（第一册），三联书店 1957 年版，第 686 页。

②王铁崖编：《中外旧约章汇编》（第一册），第 798 页。

③天津档案馆等编：《天津租界档案选编》，天津人民出版社 1992 年版，第 194—195 页。

天津日租界示意图

临海河；东南面起自今锦州道，与法租界接壤，向西南至墙子河，再向西沿河为界，至海光寺；北面起自闸口，沿今和平路向南，至多伦道，再沿多伦道向西直抵南门外大街，再向南折至海光寺。总面积达到2150亩。

日租界所在区域大都是坑洼和沼泽地，因此租界当局初期的经营主要是填平土地、建造房屋、修筑道路和建设其他基础设施。1899年日本政府根据时任天津领事郑永昌的设计意见，制定了经营租界的方针。1900年3月，日本政府还专门成立居留地经营事务所，但因义和团事变的爆发而受阻。事变后为减少政府开支，日本政府又将工程承包给东京建物株式会社。1903年时任天津总领事伊集院彦吉又专门采取“招抚中国人的政策，允许设置戏场和落子馆，对于其他一切经营也不征税，而且警察严厉管理不逞之徒，使其安全居住、经营。广袤的北旭街两侧的沼泽逐渐被中国的土地所有者及其他人所填埋”。到1904年末，日租界已经陆续建成天仙茶园、中华茶园、支那艺妓屋及大小商店，成为车马络绎不绝之街道。侯家后及其他地方的妓院、料理店及一般商人也有很多转移至此。由此，“北旭街一带颇为繁华，成为不夜城，终日行人不绝，成为租界最为繁华之地。”①特别是在海河边靠近法租界的一侧，大都为日本的洋行所占据，如三井物产会社、武斋洋行、日本邮船会社、建物会社、大仓央行等。甚至日侨开设的商店、饭馆、旅馆、报馆、俱乐部、邮局和日式住宅分布道路两旁，形成早期的日本侨民聚居区。

此后电车的开通更是带动了日租界的繁荣和发展。电车的开通促成了人口和城市资源的转移，天津的城市空间结构也随之发生变化，租界地区兴起的商业区逐渐取代老城区的传统商业街，成为新的近代城市中心。日租界内也形成了沿电车道路两侧分布的商业区。诚所谓“盖天津是发展之趋势，其初围绕旧城，继则沿河流，复次则沿铁路线，自有电气事业则沿电车道而发展”。[②]正如1913年出版的《天津案内》所说：“日租界中最为繁华的是旭街，各种中外店铺鳞次栉比，电车、人马往来络绎不绝，是为日租界之银座街。寿街和旭街相差不多，特别是日本人的各种商店林立，和宫岛街同为租界中之另一繁荣区域；曙街多是日本料理店、旅馆等，昼夜弦声不绝。”[③]民国以后，华界不断发生兵燹、动乱，迫使大批华界市民、商人涌入租界，日租界是他们最早迁居的地区。自然灾害也使得很多难民涌入天津，刺激了天津的建筑工程，同时也带动了各国租界的发展。日租界因靠近中国街区，成为重要的避难所。恒利金店、敦庆隆、老九章等天津有数的大商家也都将店铺设在此处，甚至“荣街以西的第二期经营地和未经营地，也因中国高官富绅躲避兵变而接踵而至，很快建立起豪宅。明石街以西的广大地区

①[日]天津居留民团编：《天津居留民团二十周年纪念志》，天津居留民团1930年版，第374页。

②《天津电车电灯公司问题》，第33页，吴蔼宸编：《华北国际五大问题》。

③[日]富成一二编：《天津案内》，中东石印局1913年版，第14页。

繁华的天津日租界夜景

也因中国街道的频繁兵变，居住者日益增加。几乎没有尺寸闲余”。[①]如此，经过租界当局二十余年的经营，虽然“砖建的洋馆和公寓的美观和繁华虽然不及英法租界，但部分已经超过日本内地的中等城市”。[②]

九一八事变后，受到世界经济危机的影响，日本国内经济遭遇沉重打击，于是日本政府还大力鼓励个人向海外发展。日本大资本和追求利权的日本人正是在此背景下，并在日本军部的推动下涌到中国和华北的。加上所谓的“一旗组”和看到需求乘机而来的商工业者等人，致使来津的日本人激增，房屋出现严重不足。“租界内出现了建筑热，以前从未见过的公寓开始在街道各处兴建，不知不觉间出现了完全是日本胡同风格的住宅群”。[③]当然，在“街区规划、

①[日]天津居留民团：《天津居留民团二十周年纪念志》，第374页。
②[日]八木哲郎著：《天津的日本少年》，草思社1997年版，第52页。
③[日]丰田势子著：《天津租界的回忆》，文芸社2004年版，第98页。

建筑式样以及居民、商店、餐馆上有一定的差别，还制定各自的法规章程。这不仅仅出于那些侨民对于故乡的眷恋，同样也是对中国所要实施的某种权力的体现”。[①]租界内建筑业的兴起，吸引了大批有关建筑业者及相关产业者的到来，并带动了其他产业的发展，由此又吸引了更多的人来租界居住，促进了娱乐业的繁荣。于是，“天津白河河畔的日本酒馆、咖啡馆的霓虹灯装饰着华丽的夜色，唱片播放着东京音头和海光寺音头”。[②]

1937 年 7 月 30 日，日本占领天津，伴随着大批日本企业的进入，来津的日本人也急剧增加，天津到处都能见到日本人的身影，日租界尤甚。“天津市内的日租界内不用说了，外国租界、特别区也不用说了，即便是中国街区，日本的旅馆、西餐馆、饮食店的广告牌都泛滥”。[③]1938 年前来天津旅游的东文雄如此写道：“在日本租界随处一转，就能看到寿司店、粉屋等。料理店是纯日本式的。松岛街的旅馆既能听到弦声，也能听到流行歌曲，到了夜里如果不看各种红色建筑物，犹如置身日本内地某处。”[④]岸田国士也说：“常盘街人非常多，从两侧的房屋透着光亮，很快明白那就是相当于内地的所谓花柳街。”而且“艺妓屋、料理屋、酒馆屋，寿司店、荞麦店、日本点心店鳞次栉比”。[⑤]至此，日租界“无论从规模上、还是从外形上看，都具备了漂亮城市的样子”。[⑥]当然，日租界内还存在大量的烟馆、

---

①李东晔：《权利在空间中的流动——对原天津“意大利租界”的历史人类学分析》，载《城市史研究》第 25 期，天津社会科学院出版社 2009 年版，第 71 页。

②[日]古野直也著：《天津军司令部 1901–1937》，国书刊行会 1989 年版，第 201 页。

③[日]支那问题研究所编：《支那问题研究所经济旬报》第 26 号，1938 年 4 月 1 日，第 7 页。

④[日]东文雄著：《鲜满支大陆视察旅行案内》，东学社 1939 年版，第 172–173 页。

⑤[日]岸田国士著：《本支物情》，白水社 1938 年版，第 63—64 页。

⑥[日]支那问题研究所：《支那问题研究所经济旬报》，1938 年 6 月 1 日，第 18 页。

1943 年日伪当局庆祝日租界归还中国

赌局、妓院。因此，日租界甚至被外国报纸称为“海洛英的首都”或“日商制毒根据地”。

日本占领天津后，英法租界的继续存在，为抗日份子提供了便利，但是激起了日本的不满，于是 1939 年日本借口程锡庚被刺封锁英法租界。太平洋战争爆发后，美英等国相继对日宣战，日本遂接管英法租界。英美等国为团结中国抗战，向国民政府提议从速签署中美和中英有关废除治外法权、交还在华租界的新条约。对此，日本为了赶在美英之前将租界交换给中国，遂于 1943 年 1 月 9 日订立了《日中关于交还租界及撤废治外法权协定》，第一条规定：日本国政府将日本国现时在中华民国领有之专管租界行政权返还中华民国。这是日本为了宣传所谓“日中亲善”而进行的活动。1943 年3 月 14 日，双方又签订了《中日关于日本交还在华专管租界实施细则》，规定第一条：日本将杭州、苏州、汉口、沙市、天津、福州、厦门及重庆专管租界行政权交还中国政府，并自中华民国三十二年三月三十日实施。据此,伪天津特别市公署于1943年3月27日制定了《日本租界处理要纲》,并于同年3月30日,在日租界公会堂举行了日租界“交收”仪式,遂将日租界改为兴亚第一区,时任市公署参事张同亮(原北洋政府财政总长张弧之子)被任命为兴亚一区兼区长,不久日本特务机关又派鞠和旃接任区长。如此,日租界形式上不复存在,其行政管理机构居留民团也取消。但兴亚一区的大权仍旧掌握在日本人之手,区公署的行政人员还需听命于民团长臼井忠三。直到1945年8月日本战败投降,日租界才真正收归中国所有,结束了将近五十年的历史。

二 日侨的社会生活

如前所述,天津日租界设立之前,大部分日侨散居在英、法等租界内或中国街区,“英租界的领事馆连家族也只有10余人,陆海军武官等则大部分住在法租界”。[①]设立之处又因日租界大都是沼泽地,也没有日侨愿意入住。其后随着日租界的开发和整备,日侨才逐渐向界内移居。根据1906年9月末的统计,天津的日侨合计有553户、1840人,其中“居住在日租界的为329户、1379人;英租界为54户、180人;法租界为21户、60人;德、奥、俄租界为10户、23人;租界外即中国街区为76户、198人。”[②]也就是说居住在日租界的日侨已占到其全部侨民的75%,日租界已经成为日本人最主

①[日]天津居留民团编:《天津居留民团二十周年纪念志》,天津居留民团1930年版,第342页。

②[日]外务省通商局编纂:《清国事情》第一□(上),《明治后期产业发达史资料》第292□,龙溪书舍1996年版,第119页。

要的居住区域,留在英租界的大都是商人。此后一直到1937年,这种空间分布都没有发生根本变化。1915年日租界内的日侨约占全部日侨的89.7%。甚至到1936年,这一比例高达90.8%。同时,日侨在日租界所占比例也逐年提高。"1928年在租界内只占居住者14%的日侨,10年后的1937年跃升至38%"[①]。

表2.17 日侨在日租界内的居住街区分布图:(1928年12月底统计)

桥立街	71	吉野街	34	小松街	6	山口街	167
扶桑街	16	常盘街	265	曙 街	540	三岛街	128
桃山街	42	住吉街	36	伏见街	118	花园街	105
橘 街	147	大和街	4	寿 街	563	须磨街	56
秋山街	35	浪速街	126	明石街	149	淡路街	53
吾妻街	102	荣 街	116	闸口街	49	春日街	136
宫岛街	217	新寿街	161	松岛街	185	蓬莱街	36
芙蓉街	255	福岛街	562	旭 街	467	合 计	4957

资料来源:天津居留民团编《昭和三年居留民团事务报告书》,第121-123页。

从上表可以看出,日侨主要居住在旭街(今为和平路北段)、福岛街(今为多伦道)、曙街(今为嫩江路)、荣街(今为新华北路)等繁华区域。在这些区域内,日侨所开设的商店鳞次栉比,基本能够满足其日常生活所需。甚至很多居住在租界外的日侨也前来此处购物、游玩。中原公司建成以后,旭街更是成为日租界标志性的商业区域,吸引了大批日侨购物消费,日租界由此成为一个典型的日本人社区。他们试图在日租界内构建一种本土型的生活空间。在这个空间里,使日本人过着和本土一样的生活。因此,他们的社会生活、休闲娱乐都具有浓厚的日本色彩。

---

①[日]臼井忠三编:《天津居留民团三十周年纪念志》,天津居留民团1941年版,第488页。

日租界寿街(今兴安路)

日本人的文化生活以阅读日文图书、期刊为主。为此,他们首先在天津建立了自己的图书馆。1905 年,由日本共立医院院长井上勇之丞等十余名日侨发起建成。图书馆最初实行会员制,会员每月缴纳会费,可以免费阅览图书,对非会员则需收费。后交由居留民团经营,改为公共图书馆,向所有人开放。根据历年居留民团的事务报告统计,除少数外国人外,入馆者几乎全为日本人。[①]即图书馆的服务对象主要是天津的日侨。后来由于日本儿童人数激增,又开设了专门的儿童图书馆。

日本人还在天津创办了不少日文报刊,以丰富自己的文化生活,宣传日本在津及在华活动情况等。天津最早的日文报纸是西村博于 1902 年创办的《北清新报》。1908 年改名《北清时报》。该报除

---

①参阅天津居留民团编:历年《居留民团事务报告书》。

了介绍中国各地日侨的相关情况外，还报道中国的政治、经济等情况。1910 年该报与《北支那每日新闻》合并为《天津日报》，社长为真藤弃生。作为日租界的官方报纸，最初发行量为 1000 份，后增至 4500 份。在天津的另一份重要报纸是《京津日日新闻》，为森川照太于 1918 年创办，主要报道华北地区政治、经济、社会等情况，最初发行 1800 份，后增至 6000 份。此外，日本人还发行《天津经济新报》、《华北商报》等日文报纸。

日本人创办的杂志，有小宫山繁于 1920 年创办的《天津经济》（月刊），发行 300 份。后高木翔之助于 1934 年创办的《北支那》，发行 3500 份，是天津唯一的通俗月刊杂志，主要介绍华北情况。其后，高木还创办了《北支那经济通信》，以及还不定期发行的《北支经济年鉴》等。此外，天津日本商工会议所发行的一系列不定期刊物和杂志，如《天津商工汇报》《天津贸易年报》《天津日本商业会议所周报》等。

诸多的报纸和杂志，对于丰富日侨的文化生活和了解中国、华北、天津的时事发挥了重要作用。有些报纸还是日侨了解日租界法规、政策的窗口，1907 年居留民团发布公告："……对于居留民团发布的条例和公告，一般是贴在居留民团事务所的门前或者登载在在当地发行的日文报纸上。"①

日本人在天津创办的报纸，具有明显的日本色彩。如果说早期发挥着传递信息和知识的作用。那么伴随着中日关系的日益紧张，尤其是 1937 年日本发动全面侵华战争之后，日本国内开始实行战时统制政策，对报刊的控制尤其严格，天津的日文报纸也是如此。

---

①[日]天津居留民团编：《明治四十年民团事务报告书》，第 59 页。

号称天津第三大报纸的《庸报》,被日本特务机关收购后,成了诶日本宣传“圣战”的工具。日军占领天津后,设置严格的新闻审查制度,除《庸报》外,只有七家中文报纸继续出版。而《天津日报》《京津日日新闻》等日文报刊,被纳入日本的国策统制之下,沦为宣传“大东亚共荣”“中日亲善”的舆论工具。

在日租界内,日侨还举办各种传统的娱乐活动。浪花座是天津唯一的日本剧场,舞台构造、观众坐席的设计全都是日式的,经常从日本或“满洲国”招聘演员及其他相声、讲坛浪花节等艺人演出。①在日租界内还有“元旦、纪元节、天长节三大节日”。据曾经在天津度过童年生活的丰田势子回忆,元旦时家里会做日本过年时特有的年糕,家人围坐在一起庆贺新年,喝屠苏酒。那时孩子们玩扑克、和歌纸牌、“百人一首”游戏。②天长节是日本天皇的诞生日,天津日本总领事馆每年都要举行盛大的招待会。甚至被视为“海外在留臣民(日本人)的唯一娱乐”。③

除了这些文化娱乐设施及活动外,日本人还在日租界内开设了多所学校和医院。日租界当局为了满足日侨子弟教育的需求,设立了从幼儿园到小学、中学的各级学校。这些学校无论是硬件设施,还是师资力量都比较完备。不过随着时局的发展,尤其是抗战全面爆发以后,租界当局已无力继续办学。太平洋战争爆发后,因战线不断扩大,日军兵员紧张,在日本政府所大力渲染的“为大东亚战争献身”的号召下,天津的日本人也投入到“支援”战争的行列中去。学生被动员到货物厂、兵器厂、汽车厂等工厂从事生产,正常

①[日]富成一二编:《天津案内》中东石印局 1913 年版,第 239 页。

②参见[日]丰田势子著:《天津租界的回忆》,文芸社 2004 年版。

③[日]《北清时报》,1909 年 11 月 6 日第 5 版。

日侨的娱乐活动

的学校教育已经无法进行,直至 1945 年日本投降。

对于日侨的医疗卫生,早在 1902 年大日本租界局成立伊始,就将卫生一项加入到租界事务当中,还成立了“居留地卫生组合”,负责租界内的预防、收容、治疗和火葬事务。该组织解散后,租界当局制订了《居留地卫生委员规则》,进行公共卫生治理。1927 年专门设立保净课,将日租界划分成四个作业区域进行公共卫生管理。日本人还设立了各种专科医院,1917 年日租界内除了北支那驻屯军医院外,还有共立医院、井上医院、天津医院、千秋医院、同仁医院、高桥医院、东亚医院等私立医院,“其数量与侨民的人口相比甚至感到过多”。[①]至 1936 年各种专科医院和综合医院达到了 27 家。租

①[日]外务省外交史料馆藏:《外务省警察史》第 34 □(支那之部—北支),不二出版 1999 年版,第 71 页。

界严格的卫生管理制度和良好的生活环境，使卫生得到了保障。“从卫生的角来看，日租界或许是整个天津最全面受到监控的地区”。[①]

三 华人的社会生活

在各国租界当中，外国人享有治外法权，并且主导租界内的各种事务。但租界内占据压倒多数的居民还是中国人。他们甚至在各国租界的开发中也发挥了很大的作用。尤其是居住在租界内的华人有不少是富有的中产阶级，甚至还有很多富商、大买办、贵族和军阀，他们所带来的财富和积极投资房地产业，带动了租界的发展和繁荣。

如前所述，早在1903年，时任天津总领事的伊集院彦吉就采取吸引中国人来租界居住的政策，并游说方若成立利津公司，在临近中国街区的北旭街建造了大量房屋。于是，很多中国人开始纷纷入住日租界。广袤的北旭街两侧沼泽地逐渐被中国土地所有者及其他人所填埋。由此，租界内的中国人口大幅增加。根据1906年秋季的统计，日租界有2244户，10064人，其中日本人只有539户、1769人，而中国人则有1705户，8295人[②]。中国人占到82%。1909年10月日本总领事馆警察署的调查则是，居住在日租界的中国人合计为9693人，男性为6448人；女性为3045人，主要居住在第五

---

①[美]罗芙芸著、向磊译：《卫生的现代性－中国通商口岸卫生与疾病的含义》，江苏人民出版社2007年版，第284页。

②中国驻屯军司令部编、侯振彤译：《二十世纪初的天津概况》，天津市地方史志编修委员会总编辑室出版1986年版，第19页。

区至第九区当中，合计为6682人，约占全体中国人的68.9%。商店数合计为490家，受雇于日本侨民者仅有709人[①]。此后经过二十多年的经营，日租界的人口又有了很大增长。可以说“随着民团法的实施，整顿居留地，我（日本）官宪一视同仁，保障生命财产的安全，移住者逐渐增多。”1928年日租界约有中国人31453人，约占日租界全部人口的86%[②]。

大量中国人的入住，为房地产公司提供了商机，“各房产公司，既乐投资于建筑营业，遂使荒废土地，一变而为广厦华屋林立之街。”[③]致使很多房屋都为中国人所建设和拥有。因此引起了日本人的忧虑，在1925年的居留民会议上，日本议员就曾忧虑地表示，日租界内的土地、房屋“名义上虽是日本人的，但实际上是中国人建设的，可以说没有日本人的土地和房屋”[④]，担心“租界内的土地，随着中国居民的增加，其所有权逐年转移到中国人手中。倘若任其发展，若干年之后，除外务省所辖数万坪土地外，或许终将悉数归于外国人之手”，[⑤]最终“专管居留地将有名无实”[⑥]。

中国人在租界建设和发展所起到的作用，日本居留民团编写的《天津居留民团三十周年纪念志》如此写到：“天津日租界达到今

①[日]《北清时报》，1909年11月20日第2版。

②[日]臼井忠三编：《天津居留民团三十周年纪念志》，天津居留民团1941年版，第488页。

③吴弘明编译：《津海关贸易年报（1865-1946）》，天津社会科学院出版社2006年版，第337页。

④[日]天津居留民团编：《大正14年居留民会议事录》，第19页。

⑤[日]天津居留民团编：《天津居留民团二十周年纪念志》，天津居留民团1930年版，第437页。

⑥[日]臼井忠三编：《天津居留民团三十周年纪念志》，天津居留民团1941年版，第478页。

日租界旭街(今和平路)

天这样的繁荣,当然是在留官民一致多年努力的结果。一方面这些在留官民参与策划计划,成为租界发展的一翼,但也应该看到努力合作的中国方面官民的诚意尽力。这些中国官民或在政界起带推动日本进入的重要作用,或在实业方面充实日租界的发展。……其建设史实际上是交织着日中两国官民血汗的苦斗史。"①

当时居住在租界内的很多并非一般中国人,大都是富裕阶层,不少还是拥有大量资产的商人、买办、贵族、官僚和政客,可谓名流云集。根据1927年的一项统计,天津的华人上层大部分居住在英、法、日、意四国租界。其中英租界为最多75人,日租界位居第二,为52人,即便是固守传统生活方式的士绅、遗老们也有不少搬到租界的洋房去住。大量的清室贵族遗老、军阀官僚以及各地有钱人纷纷移居各国租界,在天津租界形成一个特殊的"寓公"阶层。据统计,这批人在民国初年寓居天津租界者不下500人。②

①[日]臼井忠三编:《天津居留民团三十周年纪念志》,天津居留民团1941年版,第538页。
②罗澍伟:《民国初年天津的寓公》,《城市史研究》第21辑,第419页。

当时，商人大都居住在法租界，中产阶级以下、下层社会的民众居住在中国街。日租界居住的主要是有留学日本经验的人、知识分子，多数是从事面向日本人的住宅建设的投资家，即所谓的中小资本家和留日的知识分子，也有不少是亲日的清朝遗老遗少、下野的军阀政客、富商大贾。如第八镇统制张彪、邮传部尚书陈壁、内务总长孙洪伊、交通总长曾毓隽、陆军总长吴光新、驻日公使李盛铎、陆宗舆、外交总长曹汝霖、内务总长王辑唐等人都住在天津日租界。1930 年中原大战后下野的阎锡山也一度住在此地，并和土肥原贤二过往甚密。再加上日租界又是一个"藏污纳垢"之地，地痞流氓、青帮无赖之流也不少。如天津青帮头目袁文会不仅向妓院征收保护费，还在日租界的警察机构担任官职，同样日租界的官员也与中国黑社会之间相互勾结，并参与中国北方的毒品交易，以牟取暴利。

居住在日租界的前清贵族、官僚、军阀政客等，生活奢侈，追求享乐，经常出入各种晚宴和舞会活动，他们喜欢打麻将、赌博，但因中国政府命令禁止，于是"他们便大摇大摆地去日租界游玩"，"一

日租界宫岛街（今鞍山道）

次就有三五千元的输赢”。许姬传在天津时，去过日租界的一个大赌场：“赌客中我认得的有张岱杉(弧)、李律阁、吴季玉……赌的是四门摊、牌九，这些大赌客可以把‘么三’当作‘二四’，牌九也可以从‘天门’移到‘横塘’(上下门)，如果赢啦得双倍，输啦赔双倍，往往一副牌，一门摊有上千元的输赢。”[①]1917年在日租界开办的“大罗天”游艺场内，“包括京剧院、露天电影、杂耍剧院(有曲艺、大鼓、时调、戏法等)，并建有袭来饭店(兼旅馆)、小卖部，备有烟酒点心，台球房、套圈等赌博游戏。剧院后附设演员宿舍，厨房等”。和当时的张园、桃园并称为天津三处闻名的夜花园。因此，“居住在租界内的逊清遗老和北洋政府的朝野官僚政客，多来此游览休闲”。[②]同时一旦政局有变，他们还可以躲进租界以策安全。当时“北京是政争之地，不知道何时发生变化，便逃到天津的安全地带日租界，日本也优待。去年奉直战争时，就从各地过来很多大官。张作霖、冯玉祥、孙文等各方首领悉数集聚于此。他们日夜游玩。……有时玩到深夜，早晨一直睡到中午”。[③]

日本当局为了加强在当地的统治，非常注意培养亲日势力，极力拉拢清政府的遗老遗少和下野的北洋军阀政客，以便为他们在天津进行政治、经济、社会活动提供便利。当时日本驻屯军参谋三野友吉就“接触中国人很广，在内汇集情报，在外对中国官僚、政客、军人的接触颇多，与中国社会中帮会、流氓、地痞、赌棍、混混之

---

①许姬传：《天津十年》，《天津文史资料选辑》第38辑，第210—211页。

②田金海：《天津大罗天古玩市场的兴衰》，《天津文史资料选辑》总第69辑，第108—109页。

③[日]服部源次郎著：《一个商人的支那之旅》，《大正中国见闻录集成》第20卷，ゆまに書房1999年版，第94—95页。

流，及在津各租界内进行政治活动者，均有联络”。[①]不仅如此，他们还对当时寓居在日租界及天津的遗老遗少和军政界人士提供保护。1927 年阎锡山驻津代表南桂馨居住在日租界时，三野就过来说，“他们绝对注意我在日租界内的安全”[②]。曾任北洋陆军总长的段芝贵于 1920 年直皖战争失败后便曾躲避在日本使馆。1925 年因第二次直奉战争，“各派失意政、官僚纷纷潜逃来津，匿居各国租界，现日租界当局特派员多人调查界内各旅馆栈房，凡有政界要人，在界内居住者，君特加以特别保护”。[③]《益世报》12 月 17 日又报道：“迩来战事勃发，同室操戈阋墙自斗，以致人民涂炭。……均以避居租界为唯一安全地。兹闻日本当局只从此次变乱调查租界之居民，较比原有额数增加二万八千余人，可见拥挤之一般。”而“对于居住该租界内之军政人员，非常注意，已派探调查姓名职务，及其一切行动”。[④]天津日本总领事馆 1921 年的调查证明，有 35 名曾经任总长、督军、将军以上的权贵聚居在英租界，在日租界居住名人的数量和身份略低于英、法等国租界。[⑤]对于这些曾经的权势要人，为防止他们被其他派别所暗杀，日本领事馆还特派警备予以保护。[⑥]以备将来

---

①南桂馨：《我任阎锡山驻津代表时与日人三野来往的经过》，《天津文史资料选辑》第 51 辑，第 99 页。

②南桂馨：《我任阎锡山驻津代表时与日人三野来往的经过》，《天津文史资料选辑》第 51 辑，第 97 页。

③天津市地方志编修委员会办公室等编：《〈益世报〉天津资料点校汇编（一）》，天津社会科学院出版社 1999 年版，第 1548 页。

④天津市地方志编修委员会办公室等编：《〈益世报〉天津资料点校汇编（一）》，天津社会科学院出版社 1999 年版，第 1549 页。

⑤[日]《天津总领事船津辰一郎呈外务大臣租界□居住的中国人调查》1921 年 3 月 4 日，日本外交史料馆“支那国内事情关系杂件”A6-1-0-4。

⑥参见曹汝霖著：《曹汝霖一生之回忆》，中国大百科全书出版社 2009 年版，第 248 页。

为其所用。除此之外，日本甚至还为他们所认为有用之人才提供帮助，如李景林1926年下野后寓居津门，野心不死，随时窥测方向，伺机而动。当企图东山再起时，便是借助日本总领事馆和驻屯军的帮助，从天津前往上海的。①

1924年清朝末代皇帝溥仪被冯玉祥的国民革命军赶出故宫时，在亲日派和日本相关人员的怂恿下，溥仪移居天津日租界居住。在津期间，溥仪和驻天津的日、英、美、法、意等国使馆均有来往，尤其和日本总领事馆关系密切。“每逢溥仪重大节庆之日，日驻军和使馆首脑都亲自登门求见问安”②。其在日租界居住的第一年，时任天津总领事的吉田茂便热情邀请他参观日本小学。并组织日本小学生手持纸旗，夹道高呼万岁，让溥仪大受感动。溥仪本人在后来的回忆录中也写道：“在我往返的路上，日本小学生手持纸旗，夹道向我欢呼万岁。这个场面使我热泪满眶，感叹不已。”③不仅如此，天津日本驻屯军司令官小泉六一中将还特意来到张园向其保证说：“‘请宣统帝放心，我们决不让中国兵进租界一步。’使溥仪大为感动。而且每逢新年或我的寿辰，日本的领事官和军队的将佐们必定到我这里祝贺。到了日本的“天长节”，还要约我去参观阅兵典礼。”④1929年7月溥仪又从日租界宫岛街的张园迁到协昌里的静园，这里原为安福系政客陆宗舆的房子，原名乾园。溥仪改为静园，有“静观变化，静待时机”之意。在日本当局的拉拢和支持下，溥仪在天津的七年间一直居住在日租界。正因如此，他才相信只有日本

①参阅张同礼：《李景林督直及其附蒋经过》，《天津文史资料选辑》第6辑。
②王简斋：《我跟随溥仪二十八年》，《天津文史资料选辑》第42辑，第229页。
③爱新觉罗·溥仪著：《我的前半生》，群众出版社1964年版，第233页。
④爱新觉罗·溥仪著：《我的前半生》，群众出版社1964年版，第234页。

才可能帮助其实现“复辟清国”的梦想。并最终于 1931 年由日本特务大佐土肥原贤二带往日军占领的东北三省，结束了他在天津日租界长达七年的生活。

对于中国人在日租界的居住空间分布来看，日侨主要居住在日租界的中间地带和靠近海河的区域，而中国人则主要居住在靠近中国街区和法租界一带地区，也就是日租界周边地带。最初，日租界“旭街两侧建起了大量华人开设的商店，荣街(今新华北路)以西建起了来自华界的中国官僚、士绅和商人的宅邸，明石街(今山西街)以西则成为普通华人的聚居地”。[①]根据 1928 年的统计，中国人主要居住在旭街、福岛街、松岛街等几条主要街道，人口超过 1000 人的街区有旭街、福岛街、松岛街、须磨街、蓬莱街、芙蓉街等六条街区，总人口为 16875 人，约占全部人口的 41.3%。旭街、福岛街两条主要街区的中国人有 12148 人，约占全部人口的 30%。旭街一条街区的中国人就占了全部人口的五分之一。这就是说，旭街、福岛街作为繁华的商业区，中日两国都有不少商人聚集在这里。但福岛街是日本人最为集中的街区，而旭街则是中国人最为集中的街区，两者还是有所区别的。除了之外，日本人还主要居住在寿街、曙街、常盘街、芙蓉街、宫岛街等街区。这些街区大都位于远离中国街区和法租界的中间街区。中国人则比较集中居住在松岛街、须磨街、蓬莱街、芙蓉街等街区，这些街区则是靠近法租界的东南地区。根据 1936 年的居住街区分布图来看，中国人则集中居住在旭街、福岛街、须磨街、松岛街、芙蓉街等街区，总计达到 13547 人，约占全部人口的 51.3%，超过了日租界全部华人的半数。当时，即便同

①尚克强、刘海岩主编：《天津租界社会研究》，天津人民出版社 1996 年版，第 95 页。

为中国人，由于阶层不同，其居住区域也有明显界限。正如罗芙芸所评价的那样："租界的中国居民也显示出一种类似的社会阶级的分隔，包括了商人、学者和前清官员的精英社区，一些人作为居留民团的成员与日本人交往。但是中国人口也包括数万工人、小贩和服务人员。最贫穷的中国人集中在租界的西北角，沿着与华界的'南市'毗邻的街道。这一地区有大量的小饭馆和主要吸引中国客人的低级妓院。"①

中国人在日租界内的居住街区分布图(1936 年 12 月底统计)

桥立街	436	吉野街	179	小松街	334	山口街	176
扶桑街	449	常盘街	290	曙　街	222	三岛街	476
桃山街	350	住吉街	258	伏见街	561	花园街	635
橘　街	434	大和街	657	寿　街	274	须磨街	2448
秋山街	581	浪速街	617	明石街	856	淡路街	996
吾妻街	15	荣　街	728	闸口街	542	春日街	622
宫岛街	647	新寿街	670	松岛街	1571	蓬莱街	770
芙蓉街	1188	福岛街	2723	旭　街	5607	兴津街	48
合 计	26360						

资料来源:《昭和十一年居留民团事务报告书》,第 99-101 页。

尽管租界居住着很多华人中产阶级，但更多的还是那些辛苦过活的平民阶层。他们或者自己做着小本生意，或者在日本人开设的洋行打工，抑或受雇于日本人家庭。从下述中国人的职业构成表可以看出，无业者占首位，当然这并不是说他们无工作，而是表示这些人都是靠出租房租和拥有雄厚资产的前清遗老遗少或军阀政客。其次是从事小生意的，这也是为什么中国人会集中在旭街、福

①[美]罗芙芸著、向磊译:《卫生的现代性-中国通商口岸卫生与疾病的含义》,江苏人民出版社 2007 年版,第 278 页。

岛街等繁华街区的原因。而官吏位居第三位,说明也有不少中国人受雇于租界当局,负责租界内的基层工作。由此,我们也能说明居住在日租界的中国人不少都是富裕阶层,他们建筑房租给中日一般民众,坐享其成。这也是日租界内华人社会的一个特点。

日租界华人居民职业构成表(1913 年)

男		女		计		户数	
无业	1012	无业	760	无业	1782	小生意	241
小生意	879	官吏	685	小生意	1543	无业	293
拉车	792	小生意	664	官吏	1284	拉车	195
官吏	599	拉车	402	拉车	1194	官吏	145
洋货铺	328	班子	278	班子	523	匠人	73
合计	9830		4828		14658		1964

资料来源:《天津商工汇报》第 70 号(1913 年 7 月),第 22-24 页。

四 交流与冲突

中日两国都属于东亚文化圈,具有天然亲近性,使得两者的关系"剪不断,理还乱"。因此,两国人民在租界内也经历了一个从交流、融洽到逐渐走向陌生,最终分道扬镳的过程。

如前所述,日租界内主要居住的是中日两国人民,尽管双方在居住空间上存在一定的疏离,但是从日租界整个空间分布来看,实际上是一种杂居的状态。正如日本学者贵志俊彦所说:"在 1920 年代之前,两者的居住和活动是交错在一起的,希望的不是对立而是共存"①。特别是日租界内,由于居住着大量的中国人,且很多日本

①[日]贵志俊彦:《近代天津的城市文化与民族主义》,西村成雄编:《现代中国的构造变动 3 民族主义——接近历史》,东京大学出版会 2000 年版,第 183 页。

商店是面向中国人开设的，很多日本洋行和工厂也雇佣大量的中国人。因此，日侨，最初无论是从文化认同还是从现实利益考虑，都将中国人视为可以交往的对象，“至少在日侨的有实力的那部分人中，是希望他们和中国人的关系规范为基本上是普通的商品交易关系，确信两国人士可以结成相互以来的伙伴关系”[①]。因此即便有时因外部原因，或者其他问题而发生不愉快，但伤及不到根本，仍旧会在一起工作和生活。因此，天津的城市精英们如严修等人才会和他的日本客人们喝着茶，讨论教育和现代化的问题，并互相交换书法作品以巩固交谊；天津的盐商望族华学澜及其家族也经常招待日本的军官们，一起喝酒、闲聊，甚至有时候在庭院里玩相扑角力。[②]徐世昌下野寓居天津时，也经常接待来访的日本人，仅 1927 年就接待了 9 人次，其中有总领事、将军、驻屯军司令官和文人等。[③]因此，“最先到来的侨民习惯平等地和当地的中国人、外国人交往，很多人使用汉语、英语”。[④]

1911 年编纂的《华瀛宝典》就是颇为典型的事例。该书是向中国商人介绍日本各方面情况的中文书籍，主编是日本众议院议员天津大宝报馆长松本君平，有内阁总理、各省大臣、陆海军元帅，以及贵族院、众议院和枢密院议长等人的签字；还有银行、产业、政界、商界首脑和众多贵族的序言，介绍了日本国体、行政、风景、金融、工矿业、农业、水产、外贸、交通、卫生、教育、宗教、出版概况，并

---

①[日]桂川光正：《租界日本侨民的中国观——以天津为例》，《城市史研究》第 19–20 辑，第 125 页。

②[美]罗芙芸著、作舟译：《卫生与城市现代性：1900—1928 年的天津》，《城市史研究》第 15—16 辑，天津社会科学院出版社 1998 年，第 197 页。

③参见《徐世昌日记》，稿本，1927 年，天津社会科学院图书馆藏。

④[俄]鲍里斯·喀拉艾弗著：《东来之风》，日文未刊本，第 27 页。

从地理、人种、语言、历史、通商、宗教等方面总结和预测日中关系，希望中国人更多地了解日本，以达到交流和经济交往的通畅。[①]

当时，很多日侨家庭里也都雇用中国人，正如天津担任日本小学校教师的松本正雄所说："当时老师的家中几乎都雇佣中国少年和妇人。"[②]在天津度过童年的近藤久义也在回忆录中说："伙计一家三代都在我家工作。"[③]藤江真文在回忆录中也写道："从城垣外眺望穿过公园的道路，有外国人的孩子、日本人的孩子，在中国阿妈的看护下游玩。"[④]当时日本人开设的工厂、经营的公司、洋行就雇佣不少中国人。"在工厂中，作业员包括熟练工大部分是中国人，厂长和现场领班是日本人"，[⑤]甚至"当时在自己经营公司、洋行的日本人家庭或内地企业的天津支店干部的家庭中，也雇佣很多男女中国人"。[⑥]这种雇用中国佣人的做法，并不局限于天津一地。在上海，尽管大公司支店长家庭一般都雇用日本女佣，但"日本中层家庭一般雇用中国阿姨"[⑦]。而且两者之间有很多交流。据在天津生活十六年之久的近藤久义说，他父亲"和中国人的交往比较多"，所留照片中也有与中国人的合影，甚至"每到一个季节，必定有中国人送来相应的礼品，譬如月饼等"[⑧]。在天津日本人

①[日]日本众议院议员天津大宝报馆长松本君平编：《华瀛宝典》，天津大宝报馆 1911 年印。

②[日]松本正雄著：《谁都无法忘记—我和中国及中国人》，象文社 1973 年版，第 14 页。

③[日]近藤久义著：《爱天津百年》，新生出版 2005 年版，第 177 页。

④[日]藤江真文著：《天津时代□□增田洋行时代》，非卖品 1996 年。

⑤[日]□口隆一著：《终战前后——一个少年期的记忆》，非卖品 2003 年版，第 77 页。

⑥[日]田中良平著：《天津今昔招待席·租界人间像》，有限会社 2004 年版，第 19 页。

⑦陈祖恩著：《上海日侨社会生活史（1868—1945）》，上海辞书出版社 2009 年版，第 272页。

⑧[日]近藤久义著：《爱天津百年》，新生出版 2005 年版，第 224 页。

小学担任教师的松本正雄，除了和佣人阿妈相处融洽外，为着研究中国和了解中国人，还与很多普通中国人进行交流。当时，普通的日本侨民家庭之所以能够雇得起佣人，这与低廉的佣金有关。当时，“俄侨家庭的佣金是每月 12 元”[①]。日本侨民家庭的佣金，据在天津担任教师的松本正雄回忆说“当时阿妈的工资是 8 至 12 元”[②]，八木哲郎则在回忆录中写道，“(1939 年)水灾前佣人的月工资大约 20 元，但现在阿妈一个人的工资就需要 70 元。”[③]十周年志也记载说，“工资便宜，雇佣中国伙计、妈妈等比较容易，日本人家庭雇佣者多”。[④]

然而，这种和平共处的关系，伴随着日本不断扩大对中国的侵略而日益恶化。租界作为列强侵略中国的前沿阵地，中国民众自然也将目光集中到租界地区，并称为他们攻击的目标。天津最早的反日运动是甲午战争时日本海军击沉了载有大量天津籍士兵的中国运兵船高升号，当时很多日侨都躲到了日租界。1909 年因日本人强行改筑安奉线，引发了全民抵制日货运动，在天津，中国街区有人派发抵制日货的檄文，内有“泣告中国同胞，不要购买日货，日人欺我太甚……抵制抵制抵制，千万不可忘却”[⑤]。1915 年日本向中国提出二十条要求，全国掀起反日高潮，“打倒日本”“排斥日货”的呼声响彻全国。天津作为华北地区的经济中心，抵制日货运动也如火如荼。当时，日本居留民团甚至命令，“居住天津的一部分日本人做好

①尚克强、刘海岩主编:《天津租界社会研究》，天津人民出版社 1996 年版，第 190 页。
②[日]松本正雄著:《谁都无法忘记—我和中国及中国人》，象文社 1973 年版，第 18 页。
③[日]八木哲郎著:《天津的日本少年》，草思社 1997 年版，第 196 页。
④[日]天津居留民团编:《天津居留民团二十周年纪念志》，天津居留民团 1930 年版，第 619 页。
⑤[日]《北清时报》，1909 年 12 月 12 日第 2 版。

回国之准备”[①]。不过日本商业会议所却认为,这次排日运动不过是中国政府保护政权的一种策略,而且抵制日货,受伤害的不只是日本商人,一般消费者也会感到不方便,中国政府也会因为关税收入减少而受到损害。并指出:日本新闻界的傲慢态度和无视中国人的权利,是形成此次风潮的原因。因此,百姓的反日风潮是为维护自己政府的感情而作出的姿态,排日并不是中国民众的想法[②]。因此,尽管排日规模席卷全国,天津的日侨认为其不过是一场“特殊的政治运动,日本人和中国人能够成为友善邻邦”,能够“在租界中共存共荣”。[③]

然而,很快日侨的这种乐观情绪便被再一次的抵制日货运动所浇灭。第一次世界大战后,中国作为战胜国不但没有收回权益,反而被迫将德国在山东的权利转移给日本,这使得中国民众再一次掀起抵制日货的高潮。1919 年 7 月 24 日天津成立了各界联合会抵制日货委员会。“所有的中文报纸也都变成了排日报纸,……在中国街区的日本店铺逐渐被毁坏,妇女儿童也有生命危险,只好到租界避难。就是销售给中国商人的日货也被发现烧毁,往来的日货也被没收”。[④]马千里在 1919 年 12 月 17 日的日记中也有“商会大捣乱。学生李之常与刘渭川通过礼拜六以前街市上不见日本货”[⑤]。

---

①[日]臼井忠三编:《天津居留民团三十周年纪念志》,天津居留民团 1941 年版,第 244 页。
②参见[日]《中国和日本》,《天津商工汇报》78 号,1914 年 4 月。转引自桂川光正:《租界日本侨民的中国观——以天津为例》,《城市史研究》第 19-20 辑,第 111 页。
③[日]桂川光正:《租界日本侨民的中国观——以天津为例》,《城市史研究》第 19-20 辑,第 111 页。
④[日]天津居留民团编:《天津居留民团二十周年纪念志》,天津居留民团 1930 年版,第 354 页。
⑤《马千里日记》未刊本。

天津街区"通商完全断绝","一时去中国街区也变得非常危险"[①]。日本人商业会议所书记长武市俊明和大阪朝日新闻通讯员小仓知正也是在视察中国街区的情况时遭到袭击,仅以身免,逃入租界[②]。使得天津的日侨人人自危,不敢外出。天津的日本工商业者态度逐渐强硬起来,希望日本领事馆向中国政府提出如下条件:即处罚暴力殴伤日本人者,给予受害人补偿,省长亲自道歉,解散学生运动联合会和童子军,保证以后不在出现类似情况,为确实有效,帝国臣民因自己采取的必要自卫行动所造成的一切后果,责任在中国政府。[③]

就这样,在日本不断扩大侵略中国的过程中,中日两国民众也开始出现敌对情绪,日侨对中国人持有了一种警戒心,以前那种融洽的气氛已经不复存在。一名在天津生活过的日本人后来回忆说,"有时候当中国孩子玩耍的时候,一听到呼喊的声音,就会马上停止游玩,进入房间,根本都不看我一眼"[④]。甚至,"在庆祝日本占领南京的盛装游行活动中,有人喊着侮辱中国人的言语。由于观众中有很多中国人,即使孩子也感到反感,充满着可耻的、令人气愤的心情"。[⑤]日租界和中国街区的边界除了夜间和有骚乱发生时需要

---

①[日]天津居留民团编:《天津居留民团二十周年纪念志》,天津居留民团1930年版,第354页。

②[日]天津居留民团编:《天津居留民团二十周年纪念志》,天津居留民团1930年版,第354–355页。

③《天津商工协会决议》,见船津总领事:《关于竹市及小仓遭难事件商工协会陈情书等送付之件》,1919年9月6日,载外务省记录《在中国日本商品同盟排斥一件》第七卷,MT3.3.8.5。转引自[日]桂川光正:《租界日本侨民的中国观——以天津为例》,《城市史研究》第19–20辑,第114页。

④[日]丰田势子著:《天津租界的回忆》,文芸社2004年版,第213页。

⑤[日]丰田势子著:《天津租界的回忆》,文芸社2004年版,第115页。

关闭铁门的几条主要道路外，其余都有高墙隔着。马千里在1910年6月17日的日记中记载，“本堂毕业生顾、高二君因行路与日本巡捕起冲突，遭揪辫之辱，且下黑屋三小时，至晚九时始放出”，由此气愤地写道：“今日本待我士人如此可知矣”。可以说，日本人对中国人的轻侮是造成中国人反感日本人的一大原因。正如有人说到，日本人“与其说是入乡不随俗，无视居住在那里的人的价值观，还不如说是赶走原居民，外来者随心所欲带来各自的风俗、习惯”。[①]因此，熟知中国的多田俊司令官对此感到忧虑，他说：“每逢看到在北支趾高气扬的日本人，就担心其行动，并忧虑未来。”于是，他决定“制作《对华基础观念》的小册子，加强规劝在留的日本人”。[②]天津日本总领事馆警察署也认为：“尽管日本号称建设大东亚新秩序进入一个新阶段，但就连日本人也承认，很多中国人只是单单将其作为保全自己的策略，或是作为不抵抗的弱者表面上服从我方。……就是华北政务委员会各机构以及所属的地方团体对日本人的态度，也只是表面合作，并非真正融合。”[③]因此有日本人如此说道：“即使在这里居住十年，汉语也说不流利，也不想努力理解中国人，这样的日本人应该很多吧。如果一直困守在自己的世界里，谁都会疑神疑鬼。”[④]

在这种具有乐土和魔都双重色彩的租界内，日侨因享有治外法权，能够体验到日本国内所没有的快乐。另一方面又要面对中国

①[日]丰田势子著：《天津租界的回忆》，文艺社2004年版，第32页。
②[日]古野直也著：《天津军司令部》，国书刊行会1989年版，第207页。
③[日]外务省外交史料馆藏：《外务省警察史》第35□（支那之部-北支），不二出版1999年版，第254-255页。
④[日]松本正雄著：《谁都无法忘记—我和中国及中国人》，象文社1973年版，第8-9页。

人的包围和持续的排日、抵制日货运动,使他们充满不安全感,时刻处在一种忧虑当中。这种矛盾心理,让他们的异国生活充满艰辛和刺激。犹如置身茫茫大海中的一片孤舟,处于风雨飘摇当中。一有风吹浪打,更是如临大敌。因此,日本侨民虽没有身居岛国那种自然所赋予的危机感。但身处中国人的茫茫人海中,在心里会产生更大的危机感。一旦有风吹草动,很多人只能采取一走了之的办法。而不愿离开的日侨,在担惊受怕之中充满了对中国人的敌意,更加封闭在自己的社会当中。由此,中日两国人民的交流日渐稀少,逐渐形成了一种隔绝的状态。

五 小结

租界作为近代帝国主义列强在中国通商口岸开辟、经营的居留和贸易区域,其行政管理权和裁判权不为中国所掌握,而是由外国领事或侨民所组织的工部局一类的机构所行使。因此租界内的警察权、道路管理权及其他一切施政事宜,也都为租界开设国所统辖。由此,在租界的建设与发展过程当中形成了比较浓厚的殖民色彩。这一情形在中国的日租界尤其表现得明显。

由于日侨掌握着日租界的行政管理权,日租界内的公共建筑和设施也都具有鲜明的日本色彩。大和公园内,有日本公会堂及居留民团事务所,负责租界的日常行政管理。此外还有天津神社、"北清战役纪念碑""彰表烈士石川伍一纪念碑"等赤裸裸表示日本侵略性的建筑物。租界内建有供日本子弟上学的幼稚园、小学和中学,服务于日侨的医院、洋行、商店等,都呈现出强烈的日本特色。更不用说租界内随处可见的日式住宅和商店了。正如来津考察的日本政界人士安本重治所说:“随处逛逛,都能看到寿司店的暖帘,年糕小豆汤店的广告牌……在松岛街附近的旅馆,也能听到弦声和流行歌曲。到了夜里,如果不是看到各种红色建筑,会有一种身处日本内地某处的感觉。”[①]居留民团也在天津日本驻屯军和日本总领事馆的统辖和保护下,以维护日本的权益为第一要义。

因此,日侨在日租界内是享有一定特权的,其生活也是比较惬意的。很多来津的日侨都希望能在日租界内安居乐业。在这里,有他们生活所需要的一切,可以足不出租界,就能满足生活之需。甚至可以身穿和服、脚踏拖鞋行走于街区。

而中国人则不然,一部分遗老遗少、军阀政客寓居日租界,是因为政治上受挫而暂避风头;富有的商人移居日租界,则是为了躲避兵燹而寻求商业的稳定;也有一些人是为了享受租界内现代化的便利生活。但大部分中国人还都是为了生存而来到日租界。他们或者在日本人开设的工厂、洋行工作,或者受雇于日本人家庭,担任保姆、伙计和车夫。他们在近代中日关系的大背景下,无力抗拒日本人的盘剥,有时候不得不委曲求全,以维持最基本的生活。从他们在日租界的艰辛生活,我们能够清晰认识租界的本质,以及给中国人民所带来的伤痛。

---

①[日]安本重治著:《中国印象记》,东洋タイムス社 1918 年版,第 172 页。

揭秘当年日租界的社会生活

新报记者 任悦 李海燕

春光明媚四月天，在这样的天气里，每日新报和问津书院联合推出的“问津讲坛”，继续带着大家游津城。上一期，我们全面介绍了九国租界在天津留下的印迹，从这一期开始，我们要请来不同的专家、学者，分别细讲每一国租界的历史往事。虽然租界是中国近代饱受帝国主义侵略的见证，总是引发中国人民永久屈辱的记忆。但是，我们去更全面地了解租界，有助于我们铭记历史，反思过去，探寻它们留存下来的积极意义。细讲各国租界的第一站，我们先跟着专家走进当年的日租界。

今天走上讲坛的是天津社会科学院历史研究所副研究员万鲁建。这位历史学博士，主要从事天津地方史、租界与侨民史、近代中日关系史研究，出版有《近代天津日本侨民研究》等专著，编译有《近代天津日侨回忆录》《津沽漫记：日本人笔下的天津》等书，我们就来听他讲讲当年日租界的那些事。

日租界是这么划定的

说起当年日租界的开设，一般认为是甲午战争之后，中日两国根据条约规定，经过多次谈判于1898年设立的，实际上，在日租界的划定过程当中，作为时任天津领事的郑永昌发挥了至关重要的作用。

郑永昌出生在日本，郑氏家庭是明代归化日本的中国人，世代从事翻译工作。郑永昌早年随父在华学习和工作，1896年派驻天津任二等领事，1897年升任一等领事，正是由于郑永昌的这一特殊背景和成长经历，使得他在与中国官员交涉时具有别人难以比拟的优势。

1896年12月，郑永昌秘密报告日本外务省，主张日租界要选定河运便利的地方，并认为在海河西岸天津城南闸口至法租界之间的马家口地段，西南到土围墙边，设立日租界最为恰当，并提供了大量相关材料。日本政府根据他的报告，划定了日租界，界址为东临海河；东南面起自今锦州道，与法租界接壤，向西南至墙子河，再向西沿河为界，至海光寺；北面起自闸口，沿今和平路向南，至多伦道，再沿多伦道向西直抵南门外大街，再向南折至海光寺。总面积约2150亩。

重现当时租界内的生活场景

当年，日租界是日侨的主要居住地。租界内各类商店鳞次栉比，能够满足日侨们日常生活所需。甚至很多居住在租界外的日侨也前来此地购物、游玩，他们试图在日租界内构建一种本土型的生活空间，因此这里的生活具有浓厚的日本色彩。日租界内的文化娱乐也都是日式的，会经常从日本招聘艺人演出。每逢日本人重视的元旦、纪元节、天长节这三大节日到来时，租界里都会很热闹。据曾经在天津度过童年生活的丰田势子回忆，元旦时家里会做日本特有的年糕，喝屠苏酒。孩子们玩的也是一些日本游戏。当时的日租界内还开设了多所学校和医院。

揭秘“寓公”群体的生活状态

租界最初是不允许中国人居住的，但是由于自身能力的限制，后来这一政策并未能坚持下来，很多租界都允许中国人购地建房和居住。日租界不但允许中国人居住，还采取各种措施吸引中国人前来开发建设，以加快其发展。在租界戒严时期，日本领事馆也会给予居住在日租界内的上层华人以特别通行证，使其免受检查。一些失意的官僚、贵族、军阀、政客纷纷跑到租界内藏身避风。很多商人为了避免兵燹带来的损失，也纷纷迁入租界发展。当时在租界内形成了一个特殊的阶层，那就是“寓公”。据统计，这批人在民国初年寓居天津租界者不下500人。不少寓公选择英法意租界，但日租界也有不少，他们多是有留学日本经验的人、知识分子，也有不少是亲日的清朝遗老遗少、下野的军阀政客、富商大贾。例如第八镇统制张彪、四川布政使李保恂、陆军总长吴光新、驻日公使李盛铎、陆宗舆、外交总长曹汝霖、内务总长王辑唐等人都住在天津日租界。

这些寓公们生活奢侈，追求享乐，经常出入各种晚宴和舞会活动，打麻将、赌博。日租界内开办的“大罗天”游艺场，不仅有京剧院、露天电影、杂耍剧院，还建有许多饭店、小卖部，备有烟酒点心，台球房、套圈等赌博游戏。和当时的张园、桃园并称为天津三大“夜花园”。居住在租界内的逊清遗老和北洋政府的朝野官僚政客，多来此游览休闲。

侵略推翻了友谊的小船

中日两国因历史渊源、特殊的地理位置以及经济和文化上的相通，一直以来都有密切的交往。近代以来，虽然双方矛盾不断，但仍旧没有中断交流，甚至在 1904 年日俄战争后，中国国内还掀起了向日本学习的一个高潮，大量中国人留学日本，希图中国能像日本那样迅速崛起。然而事与愿违，中国不但没有摆脱西方侵略者的魔爪，反而又陷入了日本人的侵略深渊。随着中国民族主义意识的觉醒，反日、抵制日货运动此起彼伏，中日关系日益紧张，两国之间的交流也日渐隔膜，充满矛盾。

早期，天津的城市精英们，与日本人的交往很多，如严修，他和日本客人们喝着茶，讨论教育和现代化的问题，并互相交换书法作品；天津的盐商望族华学澜及其家族也经常招待日本军官们，一起喝酒、闲聊；徐世昌下野在津时，也经常接待来访的日本人。最早来津的日侨也习惯平等地和当地中国人、外国人交往，很多人使用汉语、英语。当时日本人开设的工厂、经营的公司、洋行也雇佣不少中国人，家里雇佣大量中国佣人。

不过，随着日本不断扩大对中国的侵略，中日关系日益恶化。租界作为列强侵略中国的前沿阵地，民众自然也将目光集中到租界地区，自然也成为民众攻击的目标。不少日侨，尤其是小商人因中国的反日、排斥日货陷入困境。排日运动的发展,使得日本人中间逐渐形成敌视中国人的意识。而中国人对于日本的侵略也极度痛恨，再加上不少日本人的傲慢无礼，也使得中国人对其充满厌恶。于是,中日两国国民之间的矛盾日益加深,昔日的亲密交流不复存在。在日本人开设的工厂、洋行工作的中国人也尽量减少与日本人的交往。

历史不会因失忆消失

天津日租界不仅是日本在华开设规模最大的租界，内中密布间谍机构、警察公署,还是日本华北驻屯军的所在地。可以说是日本侵略中国尤其是华北地区的前沿阵地。一些日侨利用开办的商店、旅馆、饭店从事秘密特务活动,如经营照相器材的□村洋行、从事运输的武斋洋行都是特务活动的秘密联络点，而寿街的常盘旅馆,曙街的神户馆、扇家料理店等,也是日本高级特务的活动场所。1931 年九一八事变前后,日本特务机关更是大批出现,如“青木公馆”“茂川公馆”“三野公馆”“和知公馆”等,这些特务机关的具体任务虽各有侧重,但总的目的是为了配合日军发动侵略战争。日本在举国一致的对外侵略中，国民个人很容易陷入集体狂热当中。结果,他们总是跟随日本帝国主义,向着侵华的道路迈进,积极为侵略战争提供后勤保障和支持。战后日本人的集体失忆、缺乏深刻反省就是很好的证明。但是,真实的历史,侵略的事实,不会因为他们的失忆而消失。

如今,当年日租界所在的区域,是我们的城市中心,津城最繁华的商业和生活区，展示着我们这个国际化都市日新月异的景象。岁月的脚步没有停歇,过去的一切,都写进了历史,租界里的故事,都成为往事,侵略带来的伤痛和教训,伴随着历史遗迹永远值得铭记。

(刊于 2016 年 4 月 24 日《每日新报》第 11 版“人文新刊·讲场”)

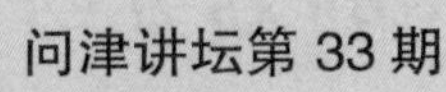

问津讲坛第33期

（2016年4月30日）

英租界的划分与形成

主讲人：刘海岩

刘海岩　天津社会科学院历史研究所研究员，《城市史》（英国）国际编委会成员。译著：《中国旅行记——阿美士德使团医官笔下的清代中国》（2012）、《天津租界史（插图本）》（2009）、《八国联军占领实录——天津临时政府会议纪要》（2004）等等；主编《城市史研究》（第10-21辑；1996-2002）。

英租界的划分与形成

刘海岩

近代中国有 10 个开放城市，先后设立了 25 个专管租界和两个公共租界，而租界发展规模最大，对城市影响最为深远的是上海和天津的租界。上海租界以面积大而闻名，天津租界则以数量多而著称。一共有九个西方国家在中国城市划分过租界，而天津都曾有过这些国家的租界。在天津的九国租界中，面积最大，对城市发展影响也最大的，当属英租界。

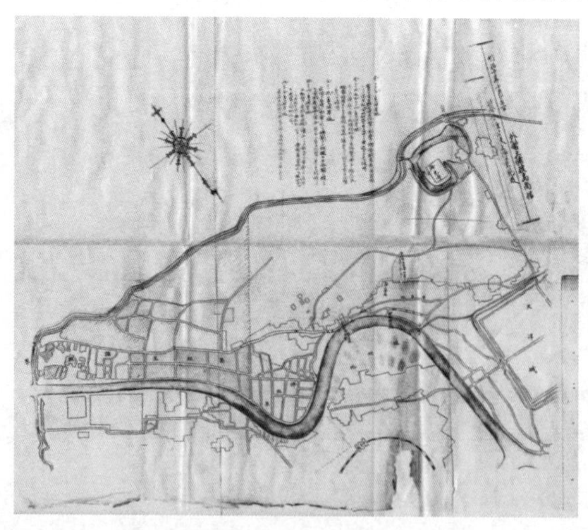

1876 年天津地图，早期英租界范围

一 设立

租界的划分与中外战争有着直接的关联。1840年中英爆发的鸦片战争,以签订《南京条约》而告结束,条约规定开放南方五个城市为通商口岸。首先开放的是上海。虽然上海开埠和设立外国人居住区(租界的前身)依据的是列强战争暴力下订立的《南京条约》和《虎门条约》,但是上海租界的具体设立却是经过清政府地方官员与英国驻沪领事长达两年的谈判才最后达成协议的。英国人依仗武力和强权获取了大量的利益,但由于租界是经过谈判设立的,双方都做出了若干妥协。因此,上海租界制度带有更多"中国特色",最典型的就是上海租界独有的"道契"土地制度。

天津租界的划分与上海不同,它是战争的直接产物。1858年英法联军占领天津后,从北京赶来的清廷钦差大臣与英国特使额尔金举行谈判。在讨论新条约内容时,英国方面提出天津开埠。由于咸丰屡降谕旨,称天津通商"断不可允许",钦差大臣对英国方面的要求坚决反对。结果,英国方面提出以开放登州、牛庄相交换,清政府才得以同意签约。在中英《天津条约》中,开放长江沿岸的汉口、九江、镇江和渤海湾的登州、牛庄等为通商口岸,独缺天津。

1859年英法联军在大沽口的军事失败,使得列强认识到天津开放的重要性。"如果能开放天津口岸,那末以后的战争就可避免了"。他们将1858年未能将天津列入开放口岸的名单归咎于"额尔金政策的失败"①。于是,当1860年英法联军第二次占领天津并进

---

①[英]雷穆森:《天津租界史(插图本)》,天津人民出版社,2009年,第18页。

而占领北京后，与恭亲王谈判订立新条约，开放天津便成为主要的一项。10 月 24 日签订的《北京条约》第四款规定："以天津郡城海口作为通商之埠，凡有英民人等至此居住贸易，均照经准各条所开各口章程比例划一无别。"①

此时的天津还在英法联军的占领之下。《北京条约》签订后一个月，11 月 23 日，当时在天津的崇厚等人向清廷报告说，英国参赞巴夏礼代表该国提出"欲在天津城南采择地基，为将来英商屯货之所"②。这些清政府官员以为英国人还要与他们具体谈判，"俟其再来说时妥为商办"③，其实英国方面只是通知他们一声而已。第二天，也就是 24 日，巴夏礼就带着英军工兵上尉戈登以及法军军官一起，自行在天津城外划定了英法租界的界址。划界是在两国军队的占领下进行的，没有清政府官员在场，更没有与清政府进行任何协商或谈判。过了十几天，12 月 6 日，英国公使向恭亲王奕?递交了一份照会，内称"将津地一区代国永租"，把划界之事通知清政府，毫无讨论余地。

随后，英国驻津领事孟甘约同清政府官员当面将划定的地界"复行丈量"，确定面积为 4 顷 89 亩 2 厘 5 毫。英国人还按照中国的方式，"购用石柱四根，在地边钉做界牌，上书'大英看定地基'汉书六字"④。

当时，这片土地除了少量零星简陋住房外，大多是田地和坑

①王铁崖：《中外旧约章汇编》第一册，三联书店 1957 年版，第 145 页。

②中国第一历史档案馆：《天津租界档案史料选》，《历史档案》，1984 年第 1 期，第 29 页。

③天津档案馆等：《天津租界档案选编》，天津人民出版社 1992 年版，第 5 页。

④"天津知府石赞清禀报总理衙门"，咸丰十年十一月十四日（1860 年 12 月 25 日），《四国新档·英国档》，[台]中研院近代史研究所 1966 年版，第 567 页

洼野地,很便于规划和开发建设。租界划定后,参与划界的戈登就做了初步规划,“用铅笔在这一带未开化地区画出河堤大道、马路,以及建筑用地块等,这些他精心规划的地基,随后在 1861 年 8 月,以明确规定的条件卖给出价最高的投标人了”①。这段史料,是 1860 年来到天津的英国传教士殷森德 1890 年在当时天津的英文报纸上发表的一篇文章中谈到的。可是,在 1861 年绘制,图上有戈登签字的一幅英文地图上,这片地块只是用线条表示出其四至范围,标注的英文是 British Factories,中文可以翻译为“英国商行区”②,并无租界的意思。然而,这一年英国领事馆以拍卖的方式出让这些土地时,地块的划分要以道路为界,规划应当已经存在了。

租界土地的分租,是从 1861 年开始的,由英国领事馆“以明确规定的条件卖给出价最高的投标人”。根据一名英国军医的记载,这片土地“大部分属于张姓大盐商”。③外国人因商业贸易用途购买居留区的土地,需按每亩市场价格的 40%另外支付给领事馆。按这位军医根据当时园地的市场价格计算, 每英亩土地要支付 30 镑,加上 40%,购买一英亩需要 42 镑。这些土地很快就被英国人或其他外国人所购买。按照 1865 年英国驻津领事馆的公告④,当时的英租界第 1 号至第 33 号地,都已经物有所主,有的甚至已经转手过地主了。只有后来的维多利亚花园以及对面的利顺德饭店所在的两片地块,标号为 34 号与 35 号,还没有归属。

①殷森德牧师(Rev. John Innocent), Chinese Times, 1890。

②在清代,广州十三行时期,那里的外国代理商行被称作 factory,中国人称“夷馆”。

③大卫·伦尼(David Field Rennie):《英军在华北和日本:北京 1860,鹿儿岛 1862》(The British Arms in North China and Japan: Peking 1860; kagosima 1862),伦敦约翰?穆瑞出版公司(London, John Murray),1864 年。

④Notification No.1, British Consulate Tientsin, 19th January, 1866.

作为租界制度形成的标志之一,英租界于1862年成立了工部局,显然,此时英租界已经形成。

二 扩界

英租界的第一次扩界是在1897年。1895年中日甲午战争后,德国人和日本人先后迫使清政府同意,在英租界的南边和北边划分了各自的租界,其面积都超过了英租界。这给了英国人扩界的理由和契机。

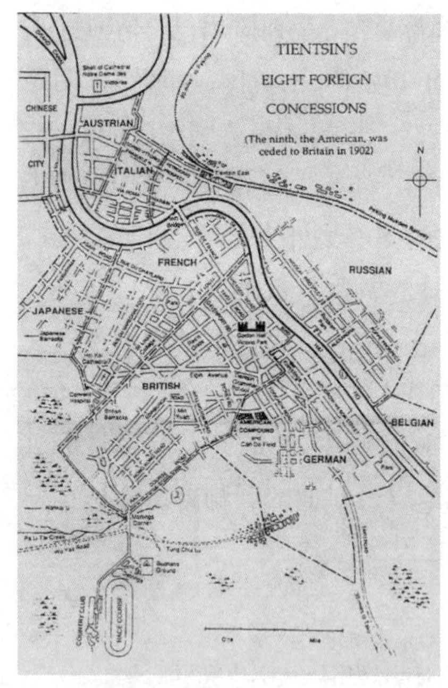

1902年天津地图,扩张后的英租界范围

光绪二十三年(1897)四月,英国驻津领事宝士徒与天津海关道李岷琛谈判扩界。英国人以"商务日盛,原有土地不敷展布"为由,要求将英租界"海大道迤西"直至土围墙,南至小营门共1630多亩土地"均归英工部局管业",市政管理"统由英官经理",治安由工部局"派巡捕弹压"。①其实,从1892年,英租界工部局董事长德璀琳就以工部局的名义在海大道以西地区不断购买土地,英国洋行也纷纷投资购

①"北洋大臣王文韶致总理衙门咨文"光绪二十三年(1897)四月初五日,总理衙门清档,藏台北中央研究院近代史所档案馆,01-18-006-01-020。

地。到1897年英国要求扩界时，该界内土地半数多(800余亩)已经被工部局和英国人从原土地主手中购买。

在北洋大臣王文韶致总理衙门的咨文中，对同意英国人扩界，做了如下解释："洋商在通商各口租用房地随处皆有，为条约所准行。此项英国新租地亩在海大道迤西，专为添设行栈、修筑马路，与原有租界本不相连，按章约自只可作为置产业，其地既未便作为租界，其章程即未便与租界一律。惟以地近租界，不得不变通参酌，俾臻周妥当。"①

由于扩展界内还有很多华人居民，将近半数的土地还属于华人所有，短时间内不可能全部转移到外国人手中，这是中英双方达成妥协的一个主要原因。双方商定三年为期，在这三年内允许华人拥有地产，只是需要：遵守工部局章程；买卖地产要到英国领事馆免费注册；华人的"土房与污秽房屋"可以保留产权，三年后必须拆除或"按照英国章程修好"；"有家资"也就是富有的中国业主，三年后要"捐资以供修治道路"，也就是要缴纳相关的捐税，同时有权参与公共事务的讨论和表决。在这三年期间，英国方面只获得了"修筑马路"和"清除污秽，开通沟渠"的市政权利。华人犯罪，只能由海关道或天津知县"出票派役拘拿"，英国方面不得"追问根由"，英国巡捕也不得干预拦阻。所以，三年期间扩展界可以说还只是"准租界"。

当时，由天津海关道与英国驻津领事联名出示公告八条，宣布扩界，在天津城四门、鼓楼、老菜市、大土地庙，以及马家口和梁家

①"北洋大臣王文韶致总理衙门咨文" 光绪二十三年(1897)四月初五日，总理衙门清档，藏台北中央研究院近代史所档案馆，01-18-006-01-020。

园营门等处张贴。[①]

三年过后,1900 年 4 月英国领事致函天津海关道,要求“前项新地,截至本年西历四月一号,应归本国管理”,既将扩展界按照三年前的约定完全交由英租界当局管理,清政府表示同意。[②]与此同时,英国方面制定了《扩展界章程》29 款,明确扩大了英国工部局在扩展界的管理权力,多达 14 项。[③]此时,扩展界才成为完全意义上的租界。

就在这次交涉两个月后,义和团运动爆发,引发八国联军侵华。列强军队占领天津后,各国争相划分或扩大租界。英租界再次要求扩界。此次扩界,从土围墙一直扩至马场道,被称作“墙外推广界”,其中包括今天所称的“五大道”地区。

“墙外推广界”划界交涉起于列强之间的争夺。野心勃勃的俄国在天津战役中派军队最快,人数最多,占据了海河东岸 5000 多亩土地,随之将该地区划为俄租界。只是由于英国人的干预,才将老龙头火车站和车站通到海河边的道路让了出来,还给了清政府。蛮横的德国,借口公使被杀,在派大批军队占领天津后,肆意将德军占领的 3000 多亩土地扩进该国租界,使德租界的面积超过了 4000 亩。

由于俄、德两国租界面积都超过了英租界,1901 年 4 月 21 日英国驻华公使萨道义(E.M. Satow)照会李鸿章,以俄、德两国

---

①“北洋大臣王文韶致总理衙门咨文” 光绪二十三年(1897)四月初五日,总理衙门清档,藏台北中央研究院近代史所档案馆,01-18-006-01-020。

②“北洋大臣裕禄致总理衙门函” 光绪二十六年三月二十七日(1900 年 4 月 26 日),总理衙门清档,藏台北中央研究院近代史所档案馆,01-18-006-01-021/23。

③“天津租界市政章程法规选”,刘海岩译,《近代史资料》总 93 号,第 117-134 页。

租界划分过大为由,认为与英国租界的利权“甚有妨碍”,要求清政府不得将英界以南土围墙以外大约2400亩土地“租与他国”,英国任何时候想扩充租界,都有将该地区“划入界内之权”。李鸿章随即答复表示认可英国方面的要求,保证该地“不让别国租用”。然而,该地区与德租界扩展界相毗邻,德国也企图染指该地区。这迫使此前还想留待日后再扩界,态度显得有些暧昧的英国公使不得不放下绅士的架子,委婉又露骨地表明态度。5月17日,萨道义再次致函李鸿章:“该地在车站东南,现有英兵驻扎。本大臣三月初三日及二十七等日两文并未言及其他,贵中堂以为本大臣愿将中国之地让与德国,岂非误会乎?犹忆与穆大人所谈,曾云若其地以后归入德国租界,本大臣并无不以为然之意云云。”[①]李鸿章只得指示天津道张莲芬和直隶候补道钱鑅会同英国新任驻津领事金璋(L.C. Hopkins)一起查勘该地界。两位专门负责租界事务的清朝官员草拟了一份“英墙外推广界合同”,明确规定将该地界3000亩上下,“存留作为英国日后扩充租界之用”,即作为“预备租界”。可是,英国领事金璋却拒绝订立合同,表示只要“出示晓喻”,也就是向当地百姓宣布即可。[②]一年半后,1903年1月13日,津海关道和驻津英国领事联衔出示布告,明确宣布土围墙外所划地界为“墙外推广界”(Extra-mural Extension)。布告宣布的条件,与1897年扩展界章程规定的条件大致相同。

---

①《天津租界档案选编》,天津人民出版社1992年版,第12页。
②《天津租界档案选编》,天津人民出版社1992年版,第15页。

三 美租界并入

位于英租界老界南面的美租界,与英租界同样初设于 19 世纪 60 年代。但是,当时在天津的美国侨民很少,美国政府对在华租界一直不很感兴趣。美国驻天津领事最初是由商人兼任,甚至还聘用过非美国人任职领事。直到 1871 年,美国国会才批准任命美国职业外交官担任专职驻津领事。

1877 年,美国驻津领事德尼(Owen S. Denny)按照其他租界通行的市政管理方法,组建了巡捕。但是过了没多久,1880 年,美国驻津领事孟良(Willie P. Mangum Jr.)又以规章制度不"正规"为由解散了巡捕。[①]并且,他还通过与清政府地方官员协商,有条件地将美租界交还中国政府管理。"1880 年 10 月 12 日,美国领事照会津海关道,拟将所拨之租界仍交中国管理,并经声明,嗣后如欲定立工部局章程,亦可归领事馆复行办理。是年 10 月 14 日,经津海关郑道照复云,嗣后,美领事如欲复管租界,须先与关道妥商如何办法。如所定之章无碍,可以照租界原章归美领事管理"。[②]

在此前建立巡捕期间,美租界曾设立"公所"即巡捕房。他们拘押、刑讯华人,违反了中外条约规定的"治外法权",还征收"规费"即收税,这引发了当时的天津海关道与美国领事展开交涉,也是美

①Richard Olney to Charles Denby, Oct.18, 1895, U.S. Department of State, Diplomatic Instructions, China, 5, No.1175.

②"美国公使田贝照会"光绪二十一年(1895)六月初十日,总理衙门清档,藏台北中央研究院近代史所档案馆,01-18-057-06-001。

国将租界交还清政府管理的一个主要原因。当时的美租界由于失于管理，社会秩序混乱，朱家胡同、杏花村一带，成了妓院的聚集区。[①]美国领事馆非但不查禁妓院，反而向其征收税费。

与此同时，李鸿章执掌北洋时代创办的洋务企业，也在美租界占有大面积土地。例如，轮船招商局、开平矿务局都在美租界濒临海河一带占有大片土地用于仓储或建码头。1895 年德国在美租界南面划分租界时，美租界大部分地区处于未开发状态，使得德国人大起觊觎之心，以种种借口企图"蚕食"美租界，这才引起了美国政府对租界的重视。由于美国人的坚决反对，德国人只好让步，但是其伺机兼并美租界的野心在他们与清政府订立的租界合同中赤裸裸显露出来。[②]1896 年 6 月，美国政府再次声明放弃对天津美租界的管辖权，将租界交还中国政府管理。在美国国务院给驻华公使的指示中，认为美国当时还没有条件恢复对美租界的管辖权。[③]

1899 年，由美国时任国务卿海约翰提出对华"门户开放"政策，力主在通商口岸像上海那样设立国际共管的公共租界。一年后义和团运动爆发，整个形势发生了转变。西方各国在天津疯狂抢夺土地，设立专管租界，显然与美国的门户开放政策相矛盾，也使得美国政府处在尴尬的地位，既希望实行"门户开放"政策，各国都不要划分专管租界而成立各国共管的国际租界，又不甘心由于各国争夺租界而使美国的利益受到损害。于是，美国政府又重新对天津美

---

①《时报》，1886 年 9 月 9 日。

②参见"天津德国租界合同"第二款及"补充条款"，"咨送订立天津德国租界合同由"光绪二十一年九月，总理衙门清档，藏台北中央研究院近代史所档案馆，01-18-049-02-019。

③State Department to Charles Denby, Oct. 18, 1896, Diplomatic Despatch, China 111, No. 551, enclosure.

租界产生了兴趣。1901 年,美国驻华公使照会清政府,要求恢复对美租界的管辖权:

"联军在天津管理时,有数国政府乘机在该处占出宽大地段作为租界及别项之用,惟美国于占地一节无此情事。缘本国所最乐意办法,系欲各国公立租界,不愿分行办理。现时天津形势似不能按照公立办法。兹奉本国政府来文,嘱请中国仍将前所退还、人所共知之美国租界复行拨给。"①

然而,此时的美租界夹在英、德租界中间,已经成为列强矛盾的一个焦点。清政府不敢贸然应允,反而去征求英、德两国的意见,又遭到美国的抗议。而且,当时的美租界由于长期缺乏正常的市政管理和维护,大片未开发土地状况恶化,社会秩序混乱,已经处于被美国人称之为"不堪入目"的状况。②

1901 年 7 月,英美两国公使在北京举行谈判。美国人一方面提出还是希望英国人能够放弃专管租界,建立公共租界,在被英国人拒绝后,美国人提出将美租界有条件地交由英租界工部局管理,以便使美国政府摆脱目前的窘境。③美租界最终并入英租界,一方面是美国政府不愿意,也无法实施管理。虽然美国政府更愿意建立公共租界,但是目的无法达到,只好退而求其次,将美租界交给英租界工部局管理,以便日后需要时还有可能恢复对租界的管辖权。另一方面,在客观上,美租界大面积土地已经被轮船招商局和开平矿

---

①"美驻华公使为请将美租界复行拨给照会外务部"光绪二十七(1901)年,《天津租界档案选编》,第 15 页。

②Squiers to John Hay, July 25, 1901, Diplomatic Despatch, China 113, No.667, enclosure 1.

③Squiers to Hay, July 25, 1901, Diplomatic Despatch, China 113, No.677.

务局占有。这些清政府的"国企",已经有大量的外国资本,尤其是开平矿务局,事实上已经成为英资企业。这使得美国人在美租界的经济实力更加薄弱。同年11月,美英两国达成协议,将美租界纳入英租界管辖。但是,这种合并是有条件的:一、必要时美国可以在原美租界单独实行军事管制;二、美国有权在该界海河河坝停泊军舰;三、该界所属工部局董事会至少要有一名美籍董事;四、该界内的土地转让须在美国领事馆登记;五、如制定专门适用于该界的特殊规章必须取得美国领事的同意;六、美国政府有权中止此项协定,重新对该界实施管理,但必须在一年以前通知英方。

1902年,美租界正式并入英租界。10月23日,津海关道发表公告承认了这一既成事实,该界遂成为英租界的"南扩展界"(Southern Extension)。至此,英租界经过三次扩界,已经由海河边仅几百亩的狭长地界,扩张为占地约6178亩,在天津各国租界中面积最大的租界。

英国租界新开地

英租界从 1860 年划分，到 20 世纪 40 年代被中国政府收回，前后存在了八十余年，面积从不足 5 百亩扩展到 6 千多亩。从 19 世纪到 20 世纪,英租界从一个天津城外的外国人社区,发展成为近代城市的中心。老界成为金融、贸易、航运物流的中心,扩展界尤其是墙外推广界,成为城市中上层的居住区,成为新生活、新文化传入的中心。体育场、赛马场、俱乐部,聚集在英租界或其周边。西方文化与生活方式的传入,使其成为国际化的小社会。

话说英租界——五大道的小洋楼为嘛这么好看

新报记者 任悦 李海燕

津城5月,有初夏的艳阳,有傍晚的清风,人们已经不情愿宅在家,到户外活动的人越来越多。这一回,我们就用文字带着大家出门走走,来看看人气特别高的“五大道”。现在,五大道上游人如织,有趁着好季节到民园锻炼的市民,更有夜幕降临后,来这里享受浪漫情调,到小洋楼里喝咖啡、品西餐的城市小资们。这里沉淀下太多的历史记忆,就让我们穿越时空,重回百余年前的五大道。那个时候,这里属于英租界。在天津设立的九国租界中,它存在时间最长,占地面积最大,对城市的影响也最大。

我们请来天津社会科学院历史研究所研究员刘海岩,开讲当年英租界的那些事儿。刘海岩是《城市史》(英国)国际编委会成员,美国普林斯顿大学、法国里昂东亚学院访问学者,电视纪录片《五大道》历史顾问。从事城市史、租界史的研究。先后出版《空间与社会:近代天津城市的演变》《天津租界社会研究》《中国城市用语》等著作,主编《城市史研究》。我们跟着这位资深学者,去找找历史留下的那些印迹吧。

战争让英国人占了便宜

天津的租界最初是在侵略军占领时划定的。1860 年,英法联军攻占了天津,并进而占领了北京城。10 月,他们与恭亲王奕□签订了《北京条约》。与此同时,英国人巴夏里擅自在天津划定了最早的一片租界。还学着中国的方式,在地界四角埋了界桩,上面刻着汉字“大英看定地基”。

强横的英国人并没有与清政府签订租界合同之类的文件,只是给清政府发了一份照会,清政府也只有表示同意的份儿了。英租界刚一划定,当时还是工兵上尉的戈登,就按照西方的方式做了最初的规划,划定了南北向的中央大道,就是今天的解放北路。租界的土地被分割成块,以拍卖的方式卖给出价最高的西方人。

多次扩界一直扩到五大道

1895 年中日甲午战争后,日本人和德国人在英租界的南北两面划定了各自的租界,面积都超过了一千亩,而当时的英租界还只有四百多亩。英国人借机提出扩界,理由是商贸发达,土地不够用了。1897 年,英租界扩展到今天的南京路,面积超过了两千亩。仅仅过了三年,义和团运动爆发,八国联军占领天津。列强纷纷抢着划分各自的租界。英国人再次要求扩界,从南京路一线扩展到马场道,包括“五大道”地区。

英国人这次扩界的起因,还有与德国人的争夺。野心勃勃的德国人企图将这片地区甚至美租界都划入德租界，当时实力最强的英国人想尽办法，把这两片都纳入了自己的租界。英租界的土地制度，老界按照英格兰法律，实行“皇家租契”制，租期 99 年，期满后可以无条件顺延 99 年。扩展界则按照苏格兰封地制，租期 999 年。怎奈连 99 年都不到，租界就被中国政府收回了。

列强在我们的土地上争租界

今天的“小白楼”一带就是当初的美租界。

按照一般的说法，第二次鸦片战争时，美国人充当了调停人，作为报答，清政府送给美国人一片租界地。可是，事情并不是这么简单。

1895 年德租界划定后，德国人借口修路，意图吞并美租界。美国公使照会总理衙门，重申对美租界的权利。直隶总督却表示，查找不到任何有关划分美租界的文件依据。在美国的外交档案文献中，也没有美租界最初划分的明确记载。只是在外交文件中，提到过天津美租界，证明美租界的存在。美国政府对美租界的主张，依靠的是中国和美国双方的默认。美国人一直主张像上海那样，在天津建立公共租界，已经划分租界的各国都不同意。最终，美国人还是与关系近的英国人达成默契，美租界有条件地并入英租界。

花花世界伴随租界形成

英租界划分后，将欧洲城市规划模式引入天津。租界规划与天津老城不同。老城规划注重城墙、城门、十字街、衙门和庙宇，是传统封闭式的；租界则注重海河港口码头、道路、地块街区，是开放型的。

海河，当时是繁忙的港口码头。数千吨海轮在英租界码头停靠装卸货物。沿河不仅建起了仓库，河坝码头也成了堆货场。天津的航运中心从北大关的河运码头，转移到了英租界的海运港口。天津也逐渐形成了近代商埠城市。

如今的解放北路在19世纪就已经成为繁华的中央大道，当时称维多利亚道，是租界的中心。大洋行、大银行占据中心位置。矗立至今的那些银行大厦，显示着昔日曾经辉煌的金融中心，被称作“东方华尔街”。

维多利亚道上的洋行、商店，供应着与当时欧洲同款的各种商品，可以满足西式生活的种种需要。作为英租界市政厅的戈登堂、维多利亚花园、安立甘教堂、英国俱乐部以及利顺德饭店聚集在维多利亚道。邮政、电报、电话、下水道、煤气街灯照明都已经出现，英租界已经形成一个典型的西式城市社区。

当年五大道规划高档住宅区

“五大道”地区是1903年划入英租界的，当时那里还是一片荒野，到处是水坑，最深可达6米。划归英租界10年，租界工部局既没有做任何规划也没有有效的管理。今天的黄家花园一带，由于地势较高，出现了一片片自行搭盖的“违建”。1916年，形同城市议会的租界纳税人会议经过表决，提出应划出一片地区，规划为高级住宅区，这是最早提出的规划“五大道”的理念。

1918年，当时任工部局代理工程师的英国建筑师安德森(McClure Anderson)受董事会的委托，提交的规划和开发方案获得纳税人会议通过。规划报告提出在这里主要建住宅区，要满足人们对空气、阳光和运动的需要。现代城市规划理念，成为“五大道”设计规划的出发点。为了使更多的住房每天能有一定的阳光射入，保证建筑内的通风，道路网以东西向为主向，以便使南北向建筑居多。同时，避免建正南正北或正东正西的建筑，使更多的房屋获得南向日照，因此道路要避免正南北或正东西的走向。这就致使“五大道”的道路走向“不正”，形成鲜明的特色。安德森方案将英国花园郊区、田园城市的规划理念渗透到“五大道”的规划中。

五大道“小洋楼”建得有规矩

英租界规定“五大道”地区所有设施都要有统一标准，将五大道地区分为一等区、二等区和三等区。一等、二等区的建筑必须是欧洲式的。工部局还制定法规对建筑的价值、外观等做出规定，要求建筑的外观必须达到一定的美观标准。制定这些法规的结果，使得在“五大道”地区只能建造高价值、设计美观的独家居住别墅式住宅或高级公寓式住宅，同时通过限定住宅房间的大小和居住人口不得过密，保证足够的住宅外开放空间，形成了“五大道”的居住环境。

天津英租界从1860年划分，到20世纪40年代收回，前后存在了80余年，面积从不到500亩扩展到6000多亩。从一个最初天津城外的西式社区，发展成为近代天津城市的中心。老界形成金融、贸易、航运物流的中心，扩展界尤其是“五大道”，建筑风格各异的“小洋楼”汇聚，成为城市高级居住区，至今仍是现代城市效法的对象。虽然租界是中国受列强欺凌的“后遗症”，但是，它也在城市建设等方面带来了新的理念。

（刊于2016年5月25日《每日新报》第15版“新教育·视点”）

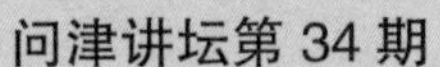

问津讲坛第 34 期

（2016 年 5 月 28 日）

俄租界旧事

主讲人：曲振明

曲振明　多年从事地方史研究，现任天津民间文学研究会秘书长、河东政协文史委副主任、李叔同研究学会理事、市政协口述史学会会员。喜爱藏书，2010 年荣获“天津十大藏书家”称号。已出版专著《旧书刊撷珍》《星桥诗存》（点校本）等。

俄租界旧事

曲振明

在天津九国租界中，俄租界面积居第二位，仅次于英租界。而旅华俄侨中，天津俄罗斯侨民是除哈尔滨和上海之外最重要的一支。天津俄租界和俄侨在历史上有着极其重要的地位和深远的影响。

一 早期的天津俄国商人

俄国毗邻中国。早在天津开埠之初，一些俄国商人便由新疆、蒙古和黑龙江等地来到天津进行贸易活动，并以天津为货物集散地，设立了许多贸易机构，如萨宝石（也称顺丰）、阜昌、隆昌、阜通、益利、恒顺、贵平、裕顺等洋行。这些洋行最初都设在天津城，随着英法设立租界又在租界设立了分行。

有的俄商还投资了房地产，如同治年间来津的斯塔尔采夫（也有译为李特维诺夫），被认为是天津最富有的外国人。斯塔尔采夫是十二月党人别斯图热夫的儿子,曾担任法租界市政委员会成员,其创办的萨宝石洋行曾在美租界以西购买大片土地,称作斯塔尔采夫村。在英法租界,斯塔尔采夫也拥有大量的房地产。1887 年 6 月 21 日,英国维多利亚女王纪念日之际,斯塔尔采夫将用于建设维多利亚花园的土地赠予租界市政当局。斯塔尔采夫也是一位收藏家,收藏大量的艺术品和珍贵图书。巴黎卢浮宫曾出 300 万法郎收买他的藏品,这在当时是很大一笔数目,但斯塔斯采夫只是耸耸肩膀说:"世上还没有让我出售自己藏品的钱。"①1900 年清军和义和团炮轰租界,属于斯塔尔采夫的 40 栋建筑遭到严重破坏,也包括其存放收藏品的那一栋。当时斯塔尔采夫正在海参崴,听到这个消息突发心肌梗塞,死于普佳京岛。

咸丰十一年(1861),俄罗斯在天津设立领事馆,地址几经迁移:最早在萨宝石洋行,后迁至英租界;在英租界时,开始在海大道内侧(大同道、承德道之间),后又迁御道(今泰安道)右侧与美国领事馆斜对过;再后来,又从英租界迁至法租界河坝路,1900 年被清军的大炮摧毁。②首任领事孟第(德米特里·亚力克塞耶维奇·彼舒罗夫的省译)是 1853 年彼得堡大学数理系毕业生,随第十四班俄国东正教布道团来到中国。1859–1860 年间,孟第居住在北京,专管俄罗斯馆观象台,并辑《明史》有关地震资料写出长篇论文《明代中国的地震》,开俄国研究中国地震的先河。卸任天津领事官回国后,孟第又任彼得堡大学东方系主任及各国外交部亚洲司翻译。同治

①西萨姆特金诺夫著,李逸津译《中国俄罗斯侨民的天津支脉》,载俄罗斯《远东问题》,1999 年第 2 期。

②许逸凡、赵地译,刘海岩校订,(英)雷穆森《天津的成长》,天津人民出版社 2009 年版,第 309 页.

年天津教案，崇厚出使俄国，孟第担任翻译和接待工作，是一位十足的中国通。

清代对欧洲的茶叶贸易，分南北两路：南方由广州经海路输入西欧，北方由恰克图经陆路贩运俄国。北路贩运的基本形式是商队，故称“商队茶”。“商队茶”比海路运输的茶更具有竞争力，因为海上运输大大损伤了茶叶的香味。据魏源《海国图志》卷 83 解释：“因陆路所历风霜，故其茶叶反佳，非如海船经过南海暑热致茶味亦减。”[①]北路最初由山西商人组成的“西帮”，从福建采购运到张家口再至恰克图，路途遥远损耗较大。后来清朝采取“部票”制加大税收，并开放汉口，于是“自江汉关通商以后，俄商在汉口开设洋行，将红茶、砖茶装入轮船，自汉运津，由津运俄，运费省俭，所运日多，遂将山西商人生意占去三分之二”。[②]为此天津成为“商队茶”的转运地。1870–1875 年间，由天津运俄的茶叶每年平均达14995276 磅。

天津有两家经营茶叶的著名俄商，即萨宝石洋行和阜昌洋行。萨宝石洋行由著名俄国商人斯塔尔采夫于同治年间开设，以经营茶叶出口为主，地址在今宫北大街河沿附近的一条胡同里(至今仍名为萨宝石胡同)。由于是外商，萨宝石洋行享有一次子口税的特权。洋行在湖南、湖北、江西、安徽等地大量收购茶叶，并在汉口、九江等地设立茶砖厂，加工成茶砖，运到天津集中后走运河从通州登陆，再雇驼队经张家口运至恰克图，最后运到西伯利亚或欧洲俄国市场。阜昌洋行由沙俄贵族出身的米哈伊勒·巴图也夫开设。巴图

---

①蔡鸿生《俄罗斯馆纪事(增订本)》，中华书局 2006 年版，第 137 页

②蔡鸿生《俄罗斯馆纪事(增订本)》，中华书局 2006 年版，第 3147 页

也夫于同治十三年(1874)来中国,先在汉口开办阜昌砖茶厂,不久来天津开设阜昌洋行,除经营茶叶出口外,还兼营皮毛和麝香、鹿茸、人参等名贵中药材,同时进口俄国毛毯和布匹。由于生意做得很大,巴图也夫在天津洋商中一跃成为巨富。

同治九年(1870),天津发生了"火烧望海楼"事件,即著名的天津教案。在天津教案中,还有一段"俄案",即有三名俄国商人在河东药王庙死于群众刀下。据当时的文书记载:鱼贩田二听说法国人"打官滋事"便与卖西瓜的段大、佣工张国顺、无业游民项五等人持刀枪赶往救护。行至河东药王庙,见俄国两男一女各乘肩舆走来,以为是打官的法国人,遂将三人砍死。被杀三人并非东正教的神职人员,而是萨宝石洋行的"商人博罗特颇颇福与其妻及商人巴索福"111。此案是误杀。

案发后,俄国驻天津领事孔气先掩埋尸体,即出面办理交涉。随后俄国公使馆代办布策,向总理事务衙门提出强烈抗议,要求"惩办殴死俄人凶犯"。当时办理教案的直督曾国藩作出裁决:每人给予抚恤金五千两(后改一万两),处决凶犯田二等四人。八月,李鸿章接替曾国藩后,维持原裁决。但孔气出人意料提出案内扎死俄人之凶犯田二等四名央求缓决,这其中包含着人情味的生意经,实际为俄国人在天津的商业利益有所考虑。此事后,四人依旧按照中国定例"遵旨执法",俄国人却赚得了人情。果然孔气的姿态不仅博得李鸿章的好评,而且产生有利于俄方的社会影响。十二月间有绅士145名、铺商115名,恳切陈词"原情抵免",使俄国人有完全不同于法国的印象,受到"法外施仁"的美誉。这种化解仇怨,也使俄

111 蔡鸿生《俄罗斯馆纪事(增订本)》,中华书局2006年版,第3167页

国商人获得利益。此后五年中自津运俄的茶叶翻了一番，白银由954079两到1840108两。光绪七年(1881)正月签订的《中俄伊犁条约》第十四款，规定："俄商自俄国贩货由陆路运入中国内地者，可照旧经过张家口、通州前往天津，或有天津运往别口及中国内地。并准以上各城各口及内地置买货物运送回国者，亦由此路行走。"①这就更加明确了天津成为中俄贸易的中枢地位。

早期天津还有一家华俄道胜银行，1886年由俄、法两国与清廷合办，总部设在彼得堡。1897年在法租界中街设立天津分行，该行资金虽然法国居多，但支配权掌握在俄国手中。沙俄的目的是要建一个以中国为侵略目标的殖民地银行。十月革命后，总行被苏维埃政权收归国有，该行即以巴黎分行为总行，并继续在中国经营。1926年巴黎总行因外汇投机失败而清理，天津分行也随之倒闭。

二 天津俄租界的建立

清光绪二十六年(1900)五月二十一日，八国联军攻陷大沽口炮台，随后进攻天津。在八国联军中，俄军充当了主力。派往北京保护使馆的联军400名，其中俄军100名；据守天津租界的联军2400名，其中俄军1700名。集结大沽口的军舰30多艘，其中俄舰7艘、鱼雷艇2艘。当时各国联军总数8000余人，俄军一次从旅顺口调集4000人，其中有炮兵、骑兵、步兵、工兵和舟桥兵。总司令为关东省总督阿列克谢耶夫海军中将。次日，2000多名俄国侵略军在老龙头火车站与义和团激战。6月18日，天津城被联军攻陷，八国联

①朱寿朋编，张静庐等点校《光绪朝东华录》，中华书局1958年版，第1041页

军占领了天津。

占领天津城的第二天，阿列克谢耶夫邀请各联军指挥官在俄商巴图也夫在英租界的寓所开会，研究恢复天津秩序，成立都统衙门临时政府。由于俄国人在这场战争中有许多牺牲，“阿列克谢耶夫部分出于感伤的原因，打算保持住我们兵营驻地和中国武备学堂所在的白河左岸。他打算在那里为守卫城市而牺牲的俄国人建一座阵亡将士公墓，并建造一座小教堂使他们永垂千古”。[①]建公墓和教堂的议论，引起了建租界的念头。

列强为了瓜分成果，纷纷在布防的地方及城外挂起国旗：“日本和法国国旗出现在与租界连接的华界城郊的一些被毁坏的房子上；此外，法国国旗还插到堆在河对岸的盐坨上。德国人在自己租界的上空和中国开平煤矿公司的库房上升起了旗帜。白河上的几座浮桥也都标上了各式旗号……从守城一开始，俄国旗就在武备学堂房顶上升起了，而随后又在盐坨上出现。”[②]鉴于这种情况，俄国人便决定将打算占租界的地方固定下来，在海河东岸插上俄国国旗和写有“奉军事当局命令占用此地”[③]字样的牌子。虽然如此，阿列克谢耶夫忙于关东事务，俄国公使也无暇顾及，天津俄租界的事并未确定下来。此刻，汉口来的茶商莫洛特科夫起了推动作用。他需要货栈存放茶叶，并主动向领事馆申请在未来的俄租界购置一块地方。接到申请后，领事馆将申请递到俄国财政部，引起沙俄

①李金秋、陈春华、王超进译(俄)科罗斯托维茨《俄国在远东》，商务印书馆 1975 年版，第 165 页

②李金秋、陈春华、王超进译(俄)科罗斯托维茨《俄国在远东》，商务印书馆 1975 年版，第 165 页

③李金秋、陈春华、王超进译(俄)科罗斯托维茨《俄国在远东》，商务印书馆 1975 年版，第 166 页

政府的关注,为此建租界提到了议事日程。

在筹划租界之初,也提出用私人购买的形式,但俄国人的财力比不上其他列强。在既无俄国臣民,又无重大商业利益的情况下,俄国人实行了野蛮的强行占领的方法,即所谓"根据征服之权利"决定在天津建立俄租界。当时负责租界谈判的直隶候补道钱荣曾记述:"职道当与珀领事辩论,贵国商务无多,何必占此大地?珀领事谓:此地系本国武官踩定,已将地图寄回本国外部,不能再改。遂与商议租地价值及拆房经费,该领事又谓:地,战争所得,不能给价。职道以居民遭此变乱、家业荡然,祗此栖身之地,而又攫而取之,恐文明之国必不出此。辩论再三,该领事始允给付价值,议定车站、货场不入租界,矿务局归公司自办,武备学堂地基及英俄争执之地提出另议。"①

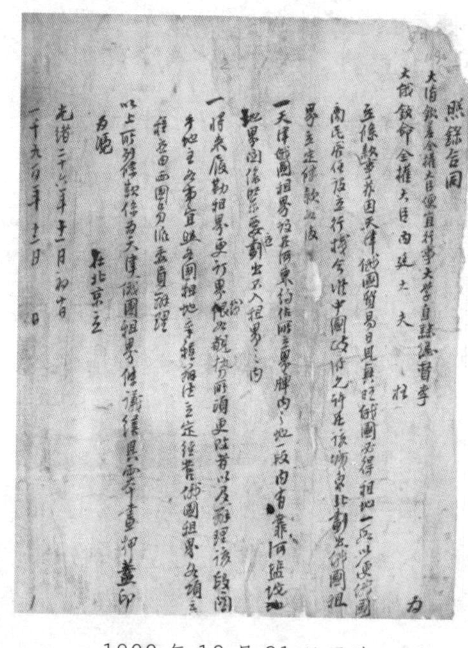
照録合同

在北京立

光緒二十六年十一月初十日

一千九百年十二月 日

1900 年 12 月 31 日天津俄租界草合同(第 17 页)

俄国人在海河东岸竖起木桩,圈定租界范围,占领了包括老龙头火车站在内的与英、法、

①天津档案馆、南开大学分校档案系《天津租界档案选编》,天津人民出版社 1992 年版,第 349 页

德租界隔河相对的海河东侧大片土地。俄国公使格尔斯会见李鸿章,提出"天津城外为各国通商口岸,俄国向无租界,拟求河东地一段,以为通商市场"。[①]在李鸿章的指示下,天津河间道张莲芬、直隶后补道钱鑅与俄国驻津领事珀珮于11月9日签订了《天津租界条款》,正式划定俄租界,其位置为:东至二经路,西南至五经路,北起东站,西临海河,南至大直沽。所占海河岸线相当于海河右岸英、法、德三国租界河岸线的总长。对于俄租界的总面积,一些专著则有不同记载:英国人琼斯著《天津》记载为5334亩;中国文史出版社1992年版的《列强在中国的租界》记载为5474亩,天津社科院出版社2001年版《河东区志》记载为5971亩。该志书采用姚士馨《天津俄国租界的始末》一文说法,原文"(俄租界)东西两区共占地5971亩,当时面积在各国租界中居于首位"。[②]文章没有说明出处。据1936年《天津市财政局为报送本市新旧区域及特别区各租界面积亩数表呈市政府》文件附表,旧市界特别三区(即俄租界接收后名称),面积亩数5334亩。其"所填亩数系根据前土地局所测制旧市区界面积亩数蓝图填列"[③],由此可见,5334亩的说法是可信的。

俄租界面积窄长,河岸线长,又紧靠火车站,控制了天津水陆交通的要冲,成为大宗货物的集散地。俄租界内的铁路车站、开平矿务局煤栈地基码头均存留自用,临河之处修马路一条,租界不得收费。原议武备学堂地基自留,改为俄文学堂,但遭到俄国人的

---

①天津档案馆、南开大学分校档案系《天津租界档案选编》,天津人民出版社1992年版,第325页

②政协河东文史资料征集委员会《天津市河东区文史资料》第一辑,1988年12月印,第80页

③天津档案馆、南开大学分校档案系《天津租界档案选编》天津人民出版社1992年版,第576页

反对。

俄租界内有长芦盐商的盐坨113条。在征用盐坨的过程中,遭到长芦纲总姚学源的极力反对。姚学源是光绪朝军机大臣李鸿藻的表弟、咸丰朝顾命大臣的焦佑瀛外甥,势力很大。洋人不拿他当回事,天津府却奉若上宾,后来经钱荣婉言相劝,同意以地换地。姚学源、王竹林与俄领事再三计算,最后达成购置方案,计作价44392.85两银,与海河裁弯取直形成小孙庄以南(即现新仓库一带)土地置换。为此,俄租界总算确定下来。

另外,在征地过程中,原唐家口和李公楼两个自然村迁至铁道以外。季家楼、小王庄居民并入大王庄。

三 俄租界概况

(一)租界的划分及管理

俄军占据老龙头火车站,引起了英国的不满,后来通过英、俄两国在俄国首都彼得堡直接谈判,由德、美两国居间调停,俄国才将车站及通往车站的大道让出,归还中国。因此,俄国租界分成东、西两块地区。

俄租界西区位于海河北岸的河北区,西南毗邻意租界(今五经路),东至车站西侧(今二经路),北至铁路。俄租界东区从海河转弯处向南,西临海河,与英国、法国、德国租界隔海河遥对,东至津山铁路,南迄大直沽(今十五经路)。

1901年3月22日,天津俄租界正式划定以后,俄方宣布俄租界是俄侨的自治领域。首先在原武备学堂故址建立了领事馆和露西亚花园。1903年,俄领事来觉福在海河渡口附近建造了一幢华丽的方形大楼作为俄国领事馆(十一经路88号)。该楼坐北朝南,两层砖木结构,建筑面积1784平方米,共计39间房屋。建筑风格是仿中世纪俄式办公楼,尖形铁顶。内部装修考究,优质木楼梯、木护墙板,墙壁下曾用花岗岩砌成,上贴黄色缸瓦片。房间高大明亮,双槽窗,卫生和暖气设备齐全,天花板有灯顶灰线。日本侵占天津后,将其改为日本海关办公处。天津解放后,这幢大楼又成为天津市人民政府直属招待所,如今是天津市乡镇企业管理局办公楼。第一任领事官来觉福,第二任领事波波夫,最后一任吉德曼。

俄国人在俄租界建立了工部局(东站附近的一经路,邮局斜对面),内设警务、捐务、工程等处,还在六纬路原公安河东分局处(现中信广场)设立工部分局。工部局长官惹波拉斯基,督察长兼工程处长索赫洛考夫,警务处长尼西但诺夫。他们标榜租界行政自治,1903年成立租界管理委员会,由中俄两国居民选出五人组成执行董事会,其中两名华人是洋行买办,两名俄侨代表为沙俄贵族。董事长由领事兼任,受俄国驻华公使监督,其对董事会的决定具有否决权。

维金斯基

除了工部局,俄国花园旁边还有俄国兵营(今国家海洋情报局所在地)、武官官邸、陆军医院、巡捕房等。俄国人除在租界驻扎军队,还雇佣了400多名巡铺。

俄租界人口增长缓慢，据《天津租界档案选编》记载：1911 年，俄租界有俄国人 324 人，中国人 2523 人，另有 51 个其他国家的居住者。据《益世报》记载：1923 年俄租界收回前共有人口 5000 余人，其中中国人约 4000 余人，俄国人 500 余人，其他外国人 400 余人。1936 年 11 月，天津有俄侨 2000 余人，也有报道估计 6000 余人。

（二）露西亚花园

露西亚花园也称俄国花园，依海河而建，占地 105 亩。花园前身追溯到清中期是乾隆皇帝的行宫——柳墅行宫。该行宫于乾隆三十年（1765）由天津盐商捐建，乾隆皇帝驻跸 8 次，不仅在此处理国事，还留下了大量诗篇。柳墅行宫在嘉庆时期被洪水冲毁，后经修复，嘉庆皇帝驻跸 1 次。道光二十八年（1846），朝廷下令裁撤。光绪十一年（1885）津海关道周馥建议利用行宫的一部分旧址，筹建北洋武备学堂。这是中国最早的一所陆军军官学校。1900 年，武备学堂成为抗击八国联军的主战场，被沙俄军队占领，成为沙俄军队的大本营。

按照阿列克谢耶夫海军中将的建议，在此地修建一座烈士公墓和救世主小教堂。这项工程于 1901 年夏天奠基动工。公墓最终埋葬 108 名沙俄军队将士。小教堂是为了祈祷阵亡士兵修建的，面积很小，只能容纳 20 人。1970 年建设部门在小教堂的旧址，挖出一块当时的奠基石及银牌铭文和七枚俄国钱币，奠基石的银牌铭文为“基督降生之后 1901 年夏，全俄罗斯帝国皇帝尼古拉二世在位第七年之六月三十日，为此纪念塔奠基，莅临者关东区首席长官兼关东区部队及太平洋海军司令叶甫盖尼·伊万诺维奇·阿列克谢耶夫参将，纪念塔建筑委员会主席斯捷谢利中将。设计者海军校官安基波夫和建筑师、军事工程师格里戈连科中校”。[①]1925年天津东正教堂祭司维克托尔倡议，发动在津俄侨募捐，在小教堂附近修建了一座容纳百人的大教堂，命名圣母帡幪堂。由于这里是行宫花园，又经俄国人不断整修，逐步形成一座花园。据英国人·雷穆森《天津的成长（租界）》一书介绍：“提到俄国花园，这是俄租界最为得意的地方了。正如旧金山的人们为他们的金门花园而骄傲一样，俄租界的人一提到这所美丽的花园也感到自豪。这个令人愉悦的场所呈长方形，面积大约105亩，园中有大量的阔叶树，茂密的灌木丛和花坛。在炎热的夏天，漫步在凉爽浓密的树荫下，人们真会忘记那尘土漫天的广阔平原。园中有一处深水池塘，树荫下的小道、运动场以及网球场，真是一个令人身心愉快的场所，值的俄租界为之自豪。”[②]网球场为俄国网球俱乐部所有，这里经常举办网球比赛。1922年，英国温布尔登世界冠军戈尔还来此访问。这里还有九洞的高尔夫球场，由成立于1901年的英侨天津高尔夫俱乐部所拥有，在1920年后又有所扩大。每年春季，都举办高尔夫公开赛，产生许多高尔夫冠军。

俄国花园不独旅津的外国人欣赏，许多在津的达官贵人也到此休闲游乐，其中驻津的小朝廷内务府大臣郑孝胥到此不下二十余次。其称此园为“柳墅公园”，在《日记》中记载：“有树数百株，新绿参半，中唯一亭及水一湾而已，在亭中坐语，斜阳穿林，市尘不

①杜立昆《俄国东正教传入天津前后》，天津宗教志编辑室《天津宗教资料选辑》第一辑，第202页。

②许逸凡、赵地译，刘海岩校订，（英）雷穆森《天津的成长》，天津人民出版社2009年版，第312页。

俄国花园

染，为津沽最胜矣。”[1]并作《柳墅公园》诗为纪。

（三）俄租界的市政建设

俄租界具有良好的地理位置，其一边“有二三英里长的地带与京奉铁路为界，而另一边又有差不多同样长度的地带濒临海河，从而使这一地区扩展工业的有利条件非常之多”。[2]为此也吸引了许多国际知名大企业到此投资。为吸引投资，必须进行前期的土地整理，这也是俄租界所面临的问题。

由于俄租界建立在大片的沼泽地之上，土地必须使用河泥垫高，道路也要重新勘测规划。整个租界规划了 20 条道路，露西亚花园以西建成一街心花园成放射状，形成东西南北四条斜马路（至今

---

①郑孝胥，《郑孝胥日记》，中华书局 1993 年版，第 2096 页。

②杜立昆，《俄国东正教传入天津前后》，天津宗教志编辑室《天津宗教资料选辑》第一辑，第 308 页。

保留西锦路)。公路以沙皇和一些将领、地名命名,如尼古拉路(六纬路)、阿列克谢耶夫路(十四经路)。租界当局修建了1万多米的碎石子路和新式混凝土下水道,与整个土地开发计划配套,构成综合下水道系统,这些系统与道路的排水沟相连,也与化粪池外流的管道相连,以排除洪水和污水。

租界还投资75000元,沿河坝路海河凸状河湾修建了1000英尺坚固的永久码头,为防止洪水冲击,也为船舶停靠提供了保障。俄租界没有自己的自来水厂和发电厂,但准许天津济安自来水公司和比国电车电灯公司在租界内特许经营。

俄租界的市政支出逐年增加,最初几年不过几千元。到1917年收支总数达226350元,其中收入106350元,支出120000元。自1917年地价飞速上涨,每亩土地由几百元涨到一千元。1922年租界财政收入增加了一倍,总计达到432000元,其中收入208400元,支出223000元。工部局的收入主要依靠地税、房捐以及一般性收入。1922年地税与房捐的收入80808元,执照收入87126元,各种营业税收入19000元。俄租界是天津各国租界内,唯一地税收入超过房捐收入的租界。这也说明俄租界发展的性质,即"工业对土地需求的日益增长,以及住宅需求程度稍低的增长"。[①]相比其他租界,俄租界的住宅建设发展缓慢。1917年与海河平行的俄租界尼古拉路(六纬路),只有一所住宅。到了1923年已建有40多所房屋,绝大部分集中在俄国花园附近。俄罗斯历史学家谢列勃连尼科夫回忆:"天津的俄租界占有海河左岸一片相当广阔的地域,与意大

①许逸凡、赵地译,刘海岩校订,(英)雷穆森《天津的成长》,天津人民出版社2009年版,第311页。

利和比利时租界毗邻。在它的对面，即海河对岸，分布着日租界、法租界、英租界和旧德租界。俄租界在火车站地区建设得很稠密，后来又沿海河往下，建设得比较稀疏，于是租界的这一地区就有了别墅区的性质。”①

(四)俄租界的工业发展

雷穆森在《天津的成长》称：“正如已经指出的，由于靠近铁路，又拥有沿河地带，俄租界具有发展工业的无比优越性，从而使该地区将成为建造工厂的理想地，成为未来天津工业大发展的中心。”②优越的地理位置，一些西方国家纷至沓来，在此开办许多公司与企业。其中大企业皆为英国人开办。

开滦矿务局河东煤场

津沽铁路通车不久，开平矿务局在紧邻老龙头货场建立了储煤场，还修了一段连接煤场的铁路专用线。

1900 年八国联军占领天津，矿务局改隶英国商会，更名为开平矿务公司，在香港注册，由英国保护，变为英商经营的企业。1906 年直隶政府筹办滦州煤矿公司，委任周学熙为总经理，目的在于“以滦制开”。其间两矿互相跌价竞销，以致两败俱伤，遂于1912 年商定联合营业，签订合同，设立开滦矿务总局。嗣后，北洋政府并未根据合同收回开平公司，结果英商独占了开滦矿务局。于是河东煤场成为开滦矿务局储煤场。河东煤场共有装卸、运送

①西萨姆特金诺夫著，李逸津译《中国俄罗斯侨民的天津支脉》，载俄罗斯《远东问题》杂志，1999 年第 2 期。

②许逸凡、赵地译，刘海岩校订，(英)雷穆森《天津的成长》，天津人民出版社 2009 年版，第 313 页。

煤炭的工友600余人。

太古洋行河东码头

天津英商太古洋行成立于1881年,以航运业务为主。到津不久,太古洋行就在英租界紫竹林一带修建了太古洋行码头,为航运提供各种服务。1900年八国联军攻占天津,占据了河东一带大片土地。太古洋行在得到英国领事甘贝尔的同意下,购买了太古码头对岸的土地。随着航运业务的拓展,太古洋行又兴建了河东码头,还建了几所公事房以及仓库。为了方便与河对岸的太古洋行联系,还开辟了太古洋行专渡,专门为太古洋行办理业务提供服务。太古洋行在此不仅停靠船舶和仓库,还租借给华商屈秀章成立启泰粮栈,形成东河坝粮食交易市场。

亚细亚火油公司河东油栈

该公司最初在天津委托德商世昌洋行代理业务,于1911年始在天津设立分公司,地址最初在英租界中街麦加利银行(今解放北路邮局)楼上,后迁到汇丰银行(今中国银行)楼上。公司成立不久,就在俄租界(良园大楼)购地,建设了一座油库,有三个大油罐储油。这里毗邻铁路,还在海河设有专用码头,3000吨的邮轮通过海河直达专用码头,然后入库。后由于业务发展,销量大增。

英商卜内门公司

由英国商人卜内与门氏合伙,创建于1873年,总部设在伦敦。该公司主要生产、经营纯碱、化肥等产品。光绪二十六年(1900),英商卜内门公司见上海人已开始大量使用肥皂,就在上海设立了驻中国总公司,同时在各地成立分公司。

天津卜内门分公司成立于1914年,地点在俄租界东河坝路和六纬路夹角,一面与开平矿局煤场相连。位于俄租界的卜内门公司

1921 年建成的天津大英烟公司

除了办公楼,还有一部分库房,在河岸还设有码头。该公司距离老龙头货场几十米,水路、旱路相连,运输货物十分方便。1928 年公司营业所迁至法租界百福大楼。

英美烟公司

英美烟草托拉斯在天津的活动始于 1903 年,最初办事机构设在英租界大沽路的高林洋行。后看中俄租界,1912 年在尼古拉路(紧邻老龙头车站东货场)正式建立驻华英美烟公司天津办事处,设有办公楼与库房,库房容量 为 35000 大箱(50000 支)卷烟。公司修筑了由老龙头火车站到库前的铁路专用线,并在天津、丰台及石家庄设有专管运输的部门。在未实行铁路联运以前,运往京奉铁路沿线的卷烟由天津直接装车。运往京包线、京汉线的卷烟首先由天津运到丰台,再由丰台装车转运。

1919 年该公司购买了六经路靠海河一带的 45 亩地,并投资

500万元,修建了占地面积2.18万平方米的筑面积1.127平方米的四层厂房。大英烟公司就以四层厂房为主要车间。从1919年9月开始建设,至1921年12月建成投产,历时两年零4个月。大英烟公司开工时有卷烟机10数台,月生产能力2000箱(5万支)。后逐渐发展增设到98台,正常开动60台,月生产能力为10000–12000箱。天津大英烟公司的创办,使天津卷烟工业发生了巨大的变化,其规模之大,产量之多,是其它烟厂不能比拟的。据《天津海关十年(1922年—1931年)》指出:"民国十一年(1922)前我国卷烟税尚轻,其时本埠销售卷烟,多系由外洋或其它通商口岸输入。嗣后税率激增,运费加重,于是本埠正昌、协和、东亚及大英为巨,现有机器60架,工人4000名,年产卷烟60万箱,其余8家烟公司,则共有机器11架,工人180名,年产4500箱而已"。①相比之下,显然英美烟公司已在天津卷烟工业中占居垄断地位。

除了上述公司外,俄租界还有井陉煤矿津保售煤处(毗邻老龙头火车站东货场)、一家大型火柴厂(中华火柴厂)、礼和洋行、顺发洋行、美最时洋行的仓库和打包厂。1900年俄租界开辟后,俄国商人又把投资目标转移到俄租界,在这里设立公司,扩展营业范围。1917年十月革命以后,不少沙俄资本家流亡到天津。他们在租界的庇护下,利用手中的资金和经营上的经验,在天津开设不少进出口商行。有出口皮毛的好士洋行、古宝财洋行、陶别尔兄弟公司,有专营毛纺织品进口的杜克洋行,还有专门收购中国地毯、蜂蜜、桐油的诺维阔夫洋行和瑞洛夫洋行、三盛洋行等。另外还有专门制造肥皂的华润造胰公司。英商安利洋行的肠衣部,专做灌装香肠的羊肠

①天津历史研究所《天津历史资料》5期,1980年1月,第58页。

子出口，环境污染严重。阜昌洋行的巴图耶夫在俄租界内建立了大型屠牛场，取名华蒙公司。该公司从山东等地买牛运津，经屠宰冷冻后，用轮船装载运往海参崴。巴图耶夫在哥洛斯托夫路（今六经路）买了大量地皮，建造了一批俄式楼房，专门出租给前来租界的俄国人居住。巴图耶夫还向英租界谋求发展，如在达文波道（今建设路）与董事道（今曲阜道）口修建了一处大型住宅，又在咪哆士道（今泰安道）、围墙道（今南京路）和董事道（今曲阜道）一带盖起大批楼房，仅阜昌里一处就有数百间楼房出租，在海大道（今营口道至开封道之间的大沽路）也盖起了几所大楼。为此，巴图耶夫还在廊坊设立了砖窑，烧制各种砖瓦，由北运河运到天津。

易固父子洋行由俄国商人库拉也夫开设，地址在德租界威廉路（今解放南路）。库拉也夫于光绪二十一年（1895）前后来到天津，原在河北地区开设工厂，经营机器制造，见经营房地产有利可图，遂在俄租界买地盖房，专门出租。后来又向德租界发展，设立易固父子洋行，盖起楼房后，一部分自住，余者出租。库拉也夫还利用了一所楼房，开设了光陆影院（今北京影院）和舞厅，并将一楼作为陈列和出售机器之用。

由于毗邻铁路、海河，又有许多大工业和洋行，这里出现了三多，即“脚行多、大车多、货栈多”。脚行有季家楼季家、神庙刘家、王三、王四以及郑法普、李辅臣等。养大车的多，所谓大车即跑运输的马车。还有配套的钉马掌的、制作马鞭子、笼套的马车社及为马车开设的水铺。货栈多，大的货场如开滦、井陉、颐中、亚细亚、美孚、太古、卜内门等，还有英商平和洋行买办杜克臣经营的平和货栈、美商美丰洋行买办李正卿经营的美丰货栈、德商鲁麟洋行买办罗征吕经营的鲁麟货栈以及香港大买办河东爵士经营的福中载贮货栈等。

(五)俄租界的文教卫生事业

天津俄侨组织

早在第一次世界大战之前,天津俄侨就成立了慈善协会,主要是接待和安置来津俄国人。协会的章程由俄罗斯驻北京公使克鲁宾斯基在 1913 年 10 月 3 日颁布,章程的第一行写到:“协会驻地为天津。其目的是为所有来到天津领事馆辖区、蒙受贫穷或要求帮助的俄国臣民提供一切可能的援助。天津领事馆辖区范围包括直隶、山西、陕西和甘肃诸省。”[①]协会主席热伯拉克,副主席别杰尔丝,秘书穆拉维耶娃,司库扎斯尼科娃。1922 年协会为穷人提供了宿舍。到 1923 年,在那里住过的大约有 500 人。宿舍位于城市郊区,在天津企业家维亚兹金的洗毛厂一座空闲的房子里。他在俄租界还开办了廉价食堂,提供免费的午餐。1921 年 9 月 19 日,俄侨在天津建立了赈济苏俄饥荒委员会。由于得不到俄侨的支持,大约一年就解体了。

1920 年 9 月 30 日,天津俄罗斯帝国领事馆大楼降下了国旗。当晚俄侨集合在一起,讨论下一步怎么办?置于远东共和国管辖之下等待时机,还是建立独立的组织?侨民们没有找到解决的办法。最后根据吉德曼的建议,成立“天津俄罗斯人委员会”的临时组织。委员会马上占据了原俄罗斯领事馆的房子,并向北京派出自己的代表沃洛郭德斯基(原高尔察克政府总理),打探政治局势。1920 年

①西萨姆特金诺夫著,李逸津译《中国俄罗斯侨民的天津支脉》,载俄罗斯《远东问题》杂志,1999 年第 2 期。

11 月 26 日成立了以诺萨奇—诺斯科夫为首的天津俄国居民代表委员会。

当时俄国人跟中国人一样处于动荡不安之中，每个人更担心的是自己的命运,这比成立社会组织更重要。成立侨民独立组织的尝试被接受,是 5 年之后成立的俄罗斯民族协会。1928 年 6 月 16 日俄罗斯民族协会举行了第一次代表选举,由前俄罗斯驻库仑(乌兰巴托的旧称)外交代表奥尔洛夫担任主席。1928 年 12 月 4 日，俄罗斯民族协会全权代表大会对自己的活动做了第一次总结:修订了章程,建立了与中国政府以及在华外侨组织的联系,扩展了慈善事业。在协会登记的有 387 名天津俄罗斯人,其中包括 55 名妇女。

俄罗斯民族协会与俄国俱乐部汇合，最终因天津反共产主义委员会的建立而停止活动。

天津俄罗斯俱乐部

1914 年天津所有俄国侨民总计不到 200 人,为了方便联系,成立了俄国俱乐部。同年 10 月 31 日,俄国驻天津总领事吉德曼制定了俱乐部章程,在第二份文件里规定俄罗斯俱乐部的基本任务是:“团结在天津的俄国侨民和加强俄罗斯人与外国侨民的联系,并为他们将来使用俱乐部的房屋举行会议和组织交际娱乐活动提供可能。”①

1918 年,俄国侨民在天津成立了俄罗斯公众会议。按照 1918 年在北京制定的章程,该会议的目的是“基于侨民的文化启蒙、政

---

①西萨姆特金诺夫著,李逸津译《中国俄罗斯侨民的天津支脉》,载俄罗斯《远东问题》杂志,1999 年第 2 期。

治和社会利益，团结居住在天津的俄国公民。”[1]俱乐部成员谢列博连尼科夫指出：“会议最具体的任务是：促进在天津的俄国人事业的发展；实际参加俄租界议会的选举，并且会议应当致力于举行和维护俄罗斯大多数人的租界议会，它应当把俄租界置于适当的高度，建立文化启蒙机构。”[2]

俄罗斯俱乐部和公众会议的创始人都是在津居住多年的俄罗斯人。为了方便活动，公众会议购买了位于俄租界的波别街（七纬路）和帕尔克斯街（十一经路）拐角的一栋房子，里边设置了图书馆，藏有俄侨捐献的三千余册书。

俄国公众会议下设前俄罗斯陆海军军人联合会分会。该分会建立于1926年9月，由沙俄旧近卫军上校班捷尔斯基和维捷尼亚平以及海军军官穆拉维耶夫主持。分会的活动一直持续到1937年，被日本人强行关闭。

主持俄国俱乐部工作的都是老人，他们又租了一座带有宽敞花园和院内建筑的独立二层楼房（最初在英租界澳门路，后迁建设路），用作安置军人联合会办公室和俄罗斯民族协会办事处。这里俨然是一座俄国城。在俄国俱乐部大厅里还有一个不大的舞台，用于演出和举办音乐会。花园里有专为跳舞设计的镶木空场。图书馆靠东正教协会的资助，后来转成公众图书馆。在俱乐部里除了举行为其内容服务的商业活动外，还举办慈善晚会。

---

①西萨姆特金诺夫著，李逸津译《中国俄罗斯侨民的天津支脉》，载俄罗斯《远东问题》杂志，1999年第2期。

②西萨姆特金诺夫著，李逸津译《中国俄罗斯侨民的天津支脉》，载俄罗斯《远东问题》杂志，1999年第2期。

俄国学校

大量的俄国人在天津居住，他们孩子的教育就成了迫切的问题。这些俄国孩子最初只能去英语学校。1920 年下半年，在天津的俄国侨民成立了俄罗斯学校教育委员会（主席沃洛郭德斯基，秘书拉尔费尔耶夫），该委员会筹集资金在俄国领事馆卫兵宿舍（现七纬路海洋情报局宿舍）开办了俄国学校——露西亚学校。学校按照俄国文科学校的教学大纲进行教学。此外，俄罗斯民族协会还利用学校为侨民青少年组织免费开设《祖国学》讲座，课程利用晚上在俄罗斯学校教室进行。讲座发起人决定就三个基本题目进行讲座：俄国文学史、俄罗斯民族历史、俄国地理。第一轮讲座完成后发现，年轻人对获取新知识完全不感兴趣，来听讲座的净是中老年人。过了一段时间，讲座就停止了。1930 年露西亚学校发展为七年制学校，俄商巴图耶夫将英租界 11 号路（今建设路）房产捐献，学校迁到此处，更名为俄侨学校。1948 年更名为苏联学校，为幼稚园至中学的十年制学校。

1939 年 3 月 10 日，俄侨在天津英租界泰安道（59 中学）开办了俄国艺术学校，成为远东惟一一所艺术美学校。学校的创办者是画家扎多罗日内、神甫扎多罗日内和工程师扎多罗日内三兄弟。课程按照俄国艺术学校的大纲进行。毕业生有权在普通学校任教。招收旁听生。

俄国医院

该医院由天津俄国慈善协会于 1921 年春天创办，最初在俄租界罗曼诺夫路（今西锦路），距离领事馆较近。1930 年，迁至特一区牛庄路（今福建路）。抗战胜利后，再迁至特一区塘沽路（今琼州道），毗邻俄罗斯教堂。出于慈善考虑俄国医院，接受俄侨病人只收取极少的费用,甚至免费。1921 年夏天,医院的房间得到扩大,分成各有十张床位的男病房和女病房。天津第一批执业医师有阿尔诺里多夫、邦克、图里耶维奇、热卢德柯夫、别尔采里、卢谢里、谢列兹涅夫和阔瓦列夫。俄国国内战争爆发后,天津俄国慈善协会忙碌起来,向在津的俄侨进行募捐,1922 年预算为 2 万 1 千美元,1923 年增加到 5 万 5 千美元,全部用于医院的建设。

四 俄租界的人物与事件

(一)联共(布)在津帮助建党

1917 年十月革命后, 新生的苏维埃政权所处的内外困境,迫使苏俄领导人积极推进革命输出,帮助和推动东方各国人民进行民族民主革命。1919 年 3 月 2 日,共产国际(第三国际)在莫斯科成立,中国随之爆发了“五四”运动。列宁领导下的共产国际对中国新动向表现出极大的关注和兴趣, 先后多次派人以各种身份来华,了解中国革命情况,传播马克思主义,并帮助建立中国共产党。

最早来华联络左翼知识分子的联共(布)党员是鲍立维。鲍立维(s·A.Polevory,又译为柏烈伟、百烈威等),原名波伏列依,乌克兰人,1918—1924 年间先后在天津北洋大学、北京大学任教。1918 年夏,他根据俄共(布)中央远东局海参崴分局,后来是共产国际东亚书记处的指示,到天津充当第三国际联络员,同中国革命者建立联系并在中国进行革命工作。

鲍立维是最早介绍李大钊与俄共(布)党员建立联系的人。

1919年8月,李大钊来到天津。鲍立维在自己的住宅见了李大钊,并与之建立了密切联系。不久,鲍立维又介绍李大钊认识了俄共(布)党员布尔特曼。1920年,李大钊亲自护送陈独秀离开北京。二人乔装打扮,乘骡车来到天津。陈独秀随即去上海,李大钊则在津稍作停留,在俄租界鲍立维家中,探讨组建共产党和在天津开展革命活动等问题。1920年4月,鲍立维介绍李大钊与俄共(布)中央远东局海参崴分局负责人威连斯基派遣的全权代表维金斯基、助手季托夫、谢列布里亚科夫及翻译杨明斋进行了会面。双方为中国共产党的成立做一些前期准备工作。鲍立维还通过在报刊发表文章、赠送书籍的方式,在天津宣传马克思主义和十月革命。鲍立维在语言沟通上存在障碍,急需一名英语翻译。华北明星报社社长、北洋大学法科教授福克斯将当时在华北明星报社任翻译兼编辑工作的张太雷介绍给他。自结识了张太雷后,鲍立维经常去张太雷处了解情况,进行多方面工作,并通过张太雷将"秘密翻译的社会主义革命文献"送往北京李大钊处。鲍立维还协助张太雷创建了天津社会主义青年团,并协助天津青年团出版工人报纸《劳报》以及参加北京社会主义青年团活动。1920年10月鲍立维与马迈耶夫一起到武汉,了解武汉共产党早期组织情况,发起协助李大钊、陈独秀、维金斯基建立共产主义者与无政府主义者的统一战线——"社会主义者同盟",并多次参加其活动。后来鲍立维到加拿大工作,没有接受组织上的调遣。1924年叛党,叛国。1937年被日本短期逮捕后去美国,1950年病死于美国。

布尔特曼和缪勒尔也是早期来到天津的联共(布)党员。在他们的策动下,中国成立了最早的马克思主义研究团体——"马克思学说研究会",揭开帮助建党的序幕。布尔特曼1900年出生于俄国敖德萨一个职员家庭,1915年随父母迁居哈尔滨,在哈尔滨读中学期间积极参加革命活动。1917年曾在哈尔滨组织青年学生革命同盟,并领导了俄国学生的罢课斗争。翌年,组建了哈尔滨青年共产党支部,并加入布尔什维克。1919年3月,布尔特曼受俄共派遣来到天津在石德洋行工作,以此掩护其所从事的革命工作。他广泛结交京津高校进步师生,与李大钊、邓中夏有私交。他认为李大钊是出色的马克思主义者。5月,布尔特曼参加了天津的五四运动。9月他与李大钊长谈,对中国革命问题交换了看法,对建立中国共产党解决中国革命问题达成共识。1920年3月,中国最早的马克思主义研究团体——"马克思学说研究会"在北京成立了,成员有邓中夏、高君宇、瞿秋白、何孟雄、黄日葵、李骏、罗章龙、刘仁静、范鸿韵、朱务善等人。

缪勒尔是苏俄军官,在内战时期参加打击白匪高尔察克的战斗。他奉苏军方派遣,于1919年初经满洲里来到中国,在哈尔滨接触过孙中山的代表李某(疑为李章达)和当地游击队头领马占山。缪勒尔在回忆录《在革命烈火中》中记载了自己和布尔特曼在中国传播火种的情况:"1919年9月我认识李大钊的时候,我们同学生们的联系依然在持续中。他们今天一拨,明天一拨,几乎天天都到我们的住所来。我们向中国学生介绍了列宁的著作《帝国主义是资本主义的最高阶段》,经常谈论关于中国的问题,分析孙中山的学说,介绍工人阶级在俄国伟大的十月社会主义革命中的领导作用。我们不难让学生们相信,他们必须同天津的纱厂工人和码头工人建立联系,必须组建工会,当时天津还没有工会。这也是布尔特曼同李大钊两次谈话的内容。1920年1月初我们离开中国前夕,有四名学生已经同码头工人建立了联系并着手实际建立码头工人工会的工作。”①

1920年1月15日，布尔特曼回俄国,6月初到伊尔库茨克俄共远东局工作，后担任东方部主任，主管哈尔滨和中国内地的活动。1921年底,他不幸死于手枪走火。

1920年4月，经共产国际批准，俄共远东局符拉迪沃斯托克(即海参崴)分局派出由维金斯基等人组成的俄共党员小组以记者身份启程赴华。这个小组除了维金斯基及其夫人库兹涅佐娃,还有翻译杨明斋、马迈耶夫、季托夫(毕业于东方学院)、谢列布里亚科夫(著名的朝鲜社会活动家)等人。这是列宁领导的俄共(布)首次正式组团来华,为建党做好了前期准备。为了全面推进中国共产主义者的组织建设，俄共上述机关同时从哈尔滨往天津派遣了一个工人出身的共产党员斯托杨诺维奇(米涅尔)。

为了筹建中国共产党,联共(布)的许多准备工作都是在俄租界展开的。

(二)谢列勃连尼科夫夫妇

俄罗斯侨民在天津开展了一些颇有成效的文化活动。谢列勃连尼科夫夫妇在天津出版的《中国诗歌之花》,就是一项值得重视的成果。

谢列勃连尼科夫(1882—1953)曾担任过高尔察克政府和西伯利亚政府的部长。1920年侨居中国,后从哈尔滨迁居北京,又从北京来到天津。谢列勃连尼科夫是天津俄罗斯民族协会及其“公报”的创始人和编辑之一。他创办了书店和私人图书馆,还担

①赖晨《帮助建立中国共产党的联共(布)党员们》,载自《文史天地》,2011年12期。

任俄罗斯境外历史档案馆主席，并寄去大量的个人收藏。谢列勃连尼科夫还发表过一些关于俄国国内战争、边疆志和中国的著作与论文。

谢列勃连尼科夫的妻子谢列勃连尼科娃（1883—1975），1920年底应贡斯教授邀请来到北京，为教授撰写的《西伯利亚·联盟者·高尔查克》一书作校对。1922 年转到天津，担任天津俄罗斯学校的俄语和文学教师，并在《俄罗斯民族协会公报》《中国敲钟人》《亚洲复兴》《亚洲之光》等杂志上发表过文章。谢列勃连尼科娃自 1937 年开始用事从英文翻译中国诗歌的工作，1955 年 1 月 20 日离开中国去奥斯陆，后又到美国，在旧金山担任《俄罗斯生活》报的校对员，1975 年 4 月 12 日逝世。

谢列勃连尼科夫夫妇不懂中文，1938 年他们合著《中国诗歌之花》不是从中文原文译编，而是从英、法、德文译本，以及部分俄文译本再度翻译编选的。为了使译文更接近于原文，译者有意采用自由体句式，即不考虑音节、韵脚来翻译中国诗歌。两位译者在"译序"中写道："我们希望，我们的选集，甚至在它的形式方面，能够给读者关于中国诗歌的内容、形象、主题和性质特点的一般概念。"①这本书出版后，在当时的俄侨读者中获得好评。《中国诗歌之花》共 168 页，附录有"中国宗教颂歌"，由天津前德租界山东路 19 号理想出版社出版。全书分为五个部分。第一部分是《诗经》选译，共 25 首。第二部分是"没有收进《诗经》的民歌"，只有 2 首，即《罗敷》和《长城谣》。第三部分"中国诗人的诗歌"，篇幅最大，共

①李逸津：一部俄侨在天津出版的中国诗歌译作——谢列勃连尼科夫夫妇的《中国诗歌之花》2013 年 9 月 23 日博客。

140首。第四部分是“不知名的中国诗人作品”,共10首。第五部分“现代中国诗人的作品”,共10首。有徐志摩、李广田、戴望舒等人的诗。其对于20世纪中国文学海外传播史的研究,具有极为宝贵的史料意义。

(三)连比奇与《霞光报》

在天津的俄国逃亡者中有很多新闻工作者,连比奇就是其中一位著名的报人。他创办了《霞光报》,及横跨哈尔滨、上海与天津的《霞光报》报业托拉斯,对俄国侨民有着很大影响。

梅奇斯拉夫·斯坦尼斯拉沃维奇·连比奇1891年出生于宾杰里市,属于世袭贵族。1910年中学毕业后,年仅十九岁的连比奇开始在莫斯科的《俄国言论报》报社工作,这是当时最大的最有影响的俄国报纸,1917年二月革命后被取缔。1919年5月,连比奇投奔高尔察克海军上将。1920年随着高尔察克灭亡,连比奇跟随溃散的白俄军队来到哈尔滨,从此开始了侨民生活。1920年4月15日,连比奇与记者希普科夫在哈尔滨共同创办《霞光报》并自任主编。连比奇把目光投向了上海和天津,1925年创办了《上海柴拉报》。1927年底,连比奇从哈尔滨返回上海,萌发了在天津办报的念头,于是《俄文霞报》诞生了。该报社址在天津英租界河坝302—4号大来泰大楼,行销华北,覆盖北京、天津、沈阳各地,日发行量1500份左右。

天津《俄文霞报》报纸的最后,横线下面写着“连比奇出版公司,哈尔滨——天津——上海”,标志着连比奇在中国的办报事业进入全盛时期,成为同时拥有三大俄文报纸的远东俄侨报业托拉斯。这是迄今为止外国人在华唯一一个跨地区、跨行业的报业集团，在长春、海拉尔、青岛、北京、沈阳、大连、东京、海参崴、巴黎、维也纳、布拉格等地设立特派记者。

天津《俄文霞报》出版千号纪念特刊时，远东俄侨首领原中东铁路局长霍尔瓦特中将在北京表示祝贺："《俄文霞报》编辑部的全体人员，祝贺你们出版千号纪念特刊。报纸发行一千期，事实本身具有很大的文化意义和政治意义。它在异域出版，而我们侨民的生存条件还不够好，在这种情形下它的功劳越发显得卓著。"①1932年连比奇因为肺炎病逝于上海，年仅41岁。此后《霞报》转给施而阔夫主编，改名为《路报》，1932年又改为《兴亚新报》。抗战胜利后，苏联公会将这份报纸改为《新语报》，后停刊。

(四)伊凤阁与《掌中珠》

伊凤阁俄文名字叫阿列克谢·伊万诺维奇·伊万诺夫(1877—1937)。彼得堡皇家剧院演员的儿子，1897年升入彼得堡大学东方系，修汉满语专科。1902年赴中国游学两年。后去欧洲一年，在英、法、德诸国从事学术考察。回国后留校执教汉语文课。后应聘为北京大学教师。1909年最早系统整理彼得·库兹米奇·科兹洛夫从中国黑水地区掘走的西夏文献，考定了许多西夏文佛典和世俗文献，发现、鉴定并报导了《掌中珠》《文海》《文海杂类》《音同》等字典。1912年，罗振玉在日本会见时任彼得堡大学教授的伊凤阁，见到一页《掌中珠》，深知该书的重大学术价值，次年向伊凤阁借得9页《掌中珠》，付诸影印在学术界流传，但所刊不过全书的四分之一。1920

①郝利增：《霞光报》俄国流亡者连比奇创办的跨越哈沪津的报业托拉斯，载《小说林》2014年1期。

年 3 月,以维金斯基为代表的共产国际工作组翻译杨明斋通过伊凤阁结识了李大钊。1922 年,伊凤阁到天津。罗氏又借得全书照片,命其子罗福成校理抄写,1924 年由贻安堂经籍铺作为《绝域方言集》第一种刊行于世,这便是后来流通较广的罗抄本。数十年来,由于苏联方面一直未将《掌中珠》全部原件发表,后人的研究就不得不以罗抄本为据,学者每以不见全豹为憾。七十年代末,美国学者陆宽田访苏,在列宁格勒东方学研究所拍摄了全部《掌中珠》,归国后进行了初步整理研究。1982 年以《合时掌中珠》为书名由美国印第安纳大学刊布,书后附有《掌中珠》全部原件影照,陆宽田将其分为 A 本和 B 本。至此,湮没约八百年的《掌中珠》原件终于重见天日。

五 俄租界的收回

1917 年俄国十月革命后,列宁领导的苏维埃政权倡议归还租界,当时的北洋政府尚不敢贸然接收。由于俄国革命退出了英法俄的协约国阵营,引起西方各国的疑虑,立即采取与苏联对抗的立场,相应地对俄国归还租界问题加以干涉,理由是俄租界内有他们的工商利益,有大量的英美日国的私人不动产。此时租界的管理者仍为沙俄旧政权的人,他们也欢迎别国干涉,所有在津的俄国商人一度都悬挂别国的国旗。当时的北洋政府因租界内有西方各国的利益,也未敢过问,天津俄租界继续由俄国临时政府的白俄领事控制。

1918 年俄国革命政府外交委员加拉罕向北洋政府发送谍报,表示放弃沙俄时代在华取得包括租界地的一切特权。英美法等国进行了干涉,而天津地方人士呼吁政府收回租界。

1920年9月15日,北洋政府直隶省交涉署会同天津警察厅接收俄租界。在驻北京公使团干涉下,北洋政府同意天津俄租界工部局一切照旧运行,仍由各租界招募的巡捕管理,但治安权由中国代管。沙俄领事馆总领事吉德曼虽然离职,仍留在领馆内。交涉署派员"令其将领馆让出,以便组织代行机关。该前领谓:既拟用领馆为代行机关办公处,鄙人未便反对,唯鄙人有保护前领馆案卷之责,应要求仍在领馆内居住"。[①]后交涉署决定领事馆先接收,案卷暂行由我方代管。领事居住领馆,请示外交部后确定。

工部局成立了租界自治委员会,会长为交涉署交涉员黄荣良,董事有道胜银行经理斑定赉、开滦矿务局经理那森、太古洋行经理群斯,其余三人为中国人。董事会下设卫生、工程、巡捕三块工作,其中治安权归天津警察厅管理,准备在工部局挂"天津警察厅管理俄国租界警察局",但觉得不妥,又改为"中国政府代管俄国工部局"。不久"一队中国武装巡警还是开进了俄国租界,全然不顾有一支在工部局指挥下的训练良好又完全能胜任的俄国巡捕的存在,就立即擅自担当起维护法治与治安的责任来"。[②]警察仍着俄国巡捕制服。原工部局局长惹波拉斯基、副领事索赫洛考夫均改为顾问留用。

1924年5月31日,中俄解决悬案大纲协定正式签订。根据大纲协定第十条"苏联政府允予抛弃前俄政府在中国境内任何地方

①天津档案馆、南开大学分校档案系《天津租界档案选编》,天津人民出版社1992年版,第378页。

②许逸凡、赵地译,刘海岩校订,(英)雷穆森《天津的成长》,天津人民出版2009年版,第309页。

根据各种公约协定等所得之一切租界等等之特权及特许”。[1]8月6日，直隶省交涉署交涉员祝惺元率交涉署秘书董显光、科长曾照伯到俄租界工部局宣布接收俄租界。9日，直隶省长曹鋭转令警察厅由特别三区主任丁振芝接收旧俄租界董事会职权。原巡捕100人改编成警察，另增加100名保安队保护英美侨民及租界安定。9月18日，苏联驻华大使委任吉达克夫为新任总领事。10月5日，天津苏联领事馆举办升旗仪式。10月7日，举办领事馆开幕典礼。从此，天津俄租界正式结束了他的历史使命。

①《益世报天津资料点校汇编(一)》天津市地方志编修委员会办公室、天津图书馆编，天津社会科学院出版社1999年版，第280页。

当年俄国人用乾隆行宫改了个花园

新报记者 任 悦 李海燕

每月有一位讲师,带着大家开展一次"旧时租界之旅",说老故事,听新观点,看大变化。读者们已经跟着我们的讲述,去过了百年前的日租界、英租界,今天,我们再去看看当年的俄租界。这片地方,就在海河边,如今,熙攘的天津站,繁华的商业区,每到夜色降临,海河水映衬着岸上千变万化的璀璨灯火流光溢彩。在6月的夏夜,伴着海河上的清风轻拂,我们倾听专家讲讲当年俄租界的那些事儿。

今天走上讲坛的是天津民间文学研究会秘书长、政协河东区委员会文史委副主任曲振明。他自1984年开始从事文史研究与写作,先后在国内各类报刊发表各类文章300余万字,曾多次获奖, 2010年荣获"天津市十大藏书家"称号。有专著《旧书刊撷珍》、文献整理《星桥诗存》问世。今天,曲先生就要开讲俄租界旧事。

俄国人卖茶在天津中转

天津俄租界仅次于英租界，在九国租界面积中居第二位，而天津俄罗斯侨民又是旅华俄侨中仅次于哈尔滨、上海的重要一支。天津俄租界和俄侨在天津历史上有着重要的影响。时光追溯到百余年前，先从在天津的俄国商人说起。早在天津开埠之初，一些俄国商人由新疆、蒙古和黑龙江等地来到天津进行贸易活动，并以天津为货物集散地，设立了许多贸易机构——洋行。这些洋行最初都设在天津城，随着英法设立租界，又在租界设立了分行。早期的俄罗斯商人主要进行茶叶生意。

清代对欧洲的茶叶贸易，分南北两路：南方由广州经海路输入西欧，北方由恰克图经陆路贩运俄国。北路贩运的基本形式是商队，故称“商队茶”，比海路具有更强的竞争力，因为海上运输大大损伤了茶叶的香味。北路最初由山西商人组成的“西帮”，从福建采购运到张家口再至恰克图，路途遥远，损耗较大。后来清朝采取“部票”制加大税收，并开放汉口。为此“自江汉关通商以后，俄商在汉口开设洋行，将红茶、砖茶装入轮船，自汉运津，由津运俄，运费省俭，所运日多，遂将山西商人生意占去三分之二。”为此天津成为“商队茶”的转运地，1870—1875 年，平均每年由天津运俄的茶叶达 14995276 磅。

老龙头火车站曾划入俄租界

清光绪二十六年(1900)八国联军攻占天津，俄军充当了主力。天津陷落后，俄国人在海河东岸圈定租界范围，占领了包括老龙头火车站在内的与英、法、德租界隔河相对的海河东侧大片土地。俄国公使格尔斯会见李鸿章，提出“天津城外为各国通商口岸，俄国向无租界，拟求河东地一段，以为通商市场”。在李鸿章的指示下，当年 11 月 9 日签订了《天津租界条款》，正式划定俄租界。俄租界分东西两区，西区西南毗邻意租界（今五经路），东至车站西侧（今二经路），北至铁路；东区从海河转弯处向南，西临海河，与英、法、德租界隔海河遥对，东至京山铁路，南临比租界（今十五经路）。

1901 年 3 月 22 日，天津俄租界正式划定后，俄方宣布俄租界是俄侨的自治领域。首先在原武备学堂故址建立了领事馆和露西亚花园。还建立了工部局、俄国兵营、武官官邸、陆军医院、巡捕房等。俄侨在租界内还开办了俄罗斯俱乐部、露西亚学校和俄国医院等。

乾隆行宫变成俄国花园

露西亚花园也称俄国花园，占地 105 亩。花园前身曾经是乾隆皇帝的行宫——柳墅行宫。光绪十一年（1885），津海关道周馥建议在此筹建北洋武备学堂，为中国第一所陆军军官学校。1900 年，武备学堂成为抗击八国联军的主战场，后被沙俄军队占领。按阿列克谢耶夫海军中将建议，在此修建了一座俄军阵亡将士公墓和救世主小教堂。1925 年又由在津俄侨募捐，修建了一座容纳百人的大教堂，命名圣母□□堂。花园内设网球场，经常举办网球比赛，还有九洞的高尔夫球场，每年春季举办高尔夫公开赛。

俄租界规划成 20 条道路，特别是东区的露西亚花园以西，建成一呈放射状的街心花园，形成东西南北四条斜马路（至今保留西锦路),公路以沙皇和一些将领、地名命名。租界当局还修建了混凝土下水道,与整个土地开发计划配套,构成综合下水道系统。沿海河东岸修建了1000英尺的永久码头。相比其他租界,俄租界的住宅建设发展缓慢。1917年与海河平行的俄租界尼古拉路,只有1所住宅,到了1923年已建有40多所房屋,绝大部分集中在俄国花园附近。俄租界由于靠近铁路,又拥有沿河地带,具有发展工业的优越性,一些西方大企业纷纷来此投资。其中以英国企业居多,如开滦矿务局河东煤场、太古洋行河东码头、英商卜内门公司、英美烟公司等。由于有许多大工业和洋行,俄租界的仓储运输业十分发达,形成“脚行多、大车多、货栈多”的情况。

鲜为人知的红色往事

中国共产党建党的筹备工作与天津俄租界密切相关。乌克兰人鲍立维是最早来华联络左翼知识分子的联共(布)党员。其于1918–1924年先后在北洋大学、北京大学任教。1918年夏,根据共产国际东亚书记处的指示,到天津充当第三国际联络员。鲍立维是最早介绍李大钊与俄共(布)党员建立联系的人。1919年8月,李大钊来到天津,在俄租界鲍立维的住宅见了面,并建立了密切的关系。1920年,李大钊护送陈独秀离开北京,乘骡车来到天津。陈独秀随即去上海。同年,鲍立维介绍李大钊会见了俄共(布)中央远东局海参崴分局全权代表维金斯基等人。此次会见,为中国共产党的建立作了一些前期准备工作。鲍立维还通过登报、赠书等方式,在天津宣传马克思主义和十月革命。鲍立维通过北洋大学法科教授福克斯介绍,认识了当时在华北明星报社任翻译兼编辑工作的张太雷。此后通过张太雷将秘密翻译的社会主义革命文献送往北京李大钊处。他还协助张太雷创建了天津社会主义青年团,并协助出版工人报纸《劳报》以及参加北京社会主义青年团活动。布尔特曼和缪勒尔也是早期来到天津的联共(布)党员。在他们的策动下,中国建立了最早的马克思主义研究团体——“马克思学说研究会”,揭开了中国共产党建党序幕。

除此之外,还有一些其他的重要人物和事件。如谢列勃连尼科夫夫妇合著的《中国诗歌之花》,对 20 世纪中国文学海外传播史的研究,具有宝贵的史料意义。报人连比奇 1927 年在津创办《俄文霞报》,行销华北,日发行量 1500 份左右。汉学家伊凤阁 1922 年到天津,将西夏文字《掌中珠》全书照片借给罗振玉校理抄写,1924 年由罗振玉在津的贻安堂经籍铺作,《绝域方言集》刊行于世。1917 年十月革命后,列宁领导的苏维埃政权倡议归还租界,当时的北洋政府尚不敢贸然接收。由于俄国革命退出了英法俄的协约国阵营,引起西方各国的疑虑,西方各国立即采取与其对抗的立场,相应对俄国归还租界问题加以干涉,在津的俄国商人一度都悬挂别国的国旗。天津俄租界仍然由俄国临时政府的白俄领事控制。1920 年 9 月 15 日,北洋政府直隶省交涉署会同天津警察厅接收俄租界。1924 年 9 月 18 日,苏联驻华大使委任吉达克夫为新任总领事。10 月 5 日,天津苏联领事馆举办升旗仪式。俄租界从此退出历史舞台。

(刊于 2016 年 6 月 19 日《每日新报》第 11 版“人文新刊·讲场”)

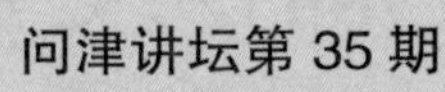

(2016 年 6 月 25 日)

法租界的历史建筑

主讲人:张　翔

张翔　1974 年生,天津人。天津记忆文化遗产保护团队主要成员,《天津记忆》主编之一。长期致力于天津历史,尤其是英租界及北洋人物的挖掘整理,痴迷于天津老照片的收集与考证,成果斐然。

法租界的历史建筑

张　翔

一　法租界起源

介绍天津法租界,须从第二次鸦片战争谈起。1857 年 12 月,英法联军占领广东,随后北上,欲强行打通去往北京的道路。1858 年5 月,英法联军攻占了通往北京的要塞——大沽口。1858 年 6 月 27 日,清政府被迫与英国和法国签订了《天津条约》,第二次鸦片战争第一阶段结束。然而,清政府并未让《天津条约》立即生效,并拒绝批准条约中所规定的在北京建立外国使馆。于是 1859 年英法联军第二次攻击大沽口,但被清军顽强击退。第二次鸦片战争第二阶段,清军取得了胜利。1860 年 9 月,英法联军卷土重来,攻占大沽口并占领天津。10 月 6 日,英法联军攻占北京,抢掠并烧毁圆明园。1860 年 10 月 18 日《北京条约》签订,其条款内容涉及赔款数额和割地面积。《北京条约》的签订标志着第二次鸦片战争的结束。

图 1:1860 年英法联军攻陷北塘炮台

图 1 为 1860 年 8 月 1 日,英法联军攻占北塘炮台后,英法联军的随军摄影师——贝托(Felice Beato)所拍摄的北塘炮台照片。这批照片是目前已知天津最早的影像记录。

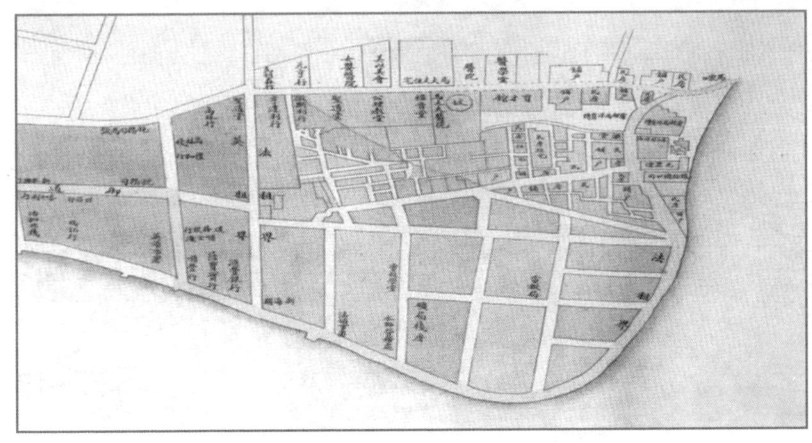

图 2:最早的法租界示意图

1861 年 6 月 2 日,法国当局和清政府签定《天津紫竹林法国租界地条款》,在英租界以北确定位置,划定最初的法国租界区域为:

西到今大沽路，南到营口道，北侧和西侧以海河为界，面积为 439 亩(见图 2)。

法国人第一次出现在天津可以追溯到十八世纪中期，至 1861 年天津法国领馆在三岔河口建立。临近的望海楼教堂及其育婴堂建于 1869 年，其址均在法租界之外。望海楼建成后的第二年，有传闻称育婴堂和教会医院绑架了孩童，于是愤怒的民众于 6 月 20 日焚毁了望海楼教堂和育婴堂，打死了法国驻津领事丰大业及其秘书西蒙，并将他们的尸体扔进河里。次日，又有 21 名外国人、2 名神父、10 名修女和多名中国教徒被杀害。西方各国随即派出军舰以维持秩序，同时向清政府提出赔偿。法国方面要求清政府派出代表团，到巴黎对事件做出解释，这就是震惊中外的“天津教案”。

图 3:望海楼第一次被毁

1860 年《北京条约》签订后，清政府为此设立了一个专门的职务——三口通商大臣，负责天津、牛庄和登州的洋务和海防，由崇厚任职。同时,还设立了南洋通商大臣。1870 年“天津教案”后,崇厚作为专使前往欧洲向法国赔罪。但官府、民众和洋人之间的矛盾不仅没有缓解,反而进一步加深了中国人的排外情绪,也间接导致了三十年后“庚子事变”的爆发。

“天津教案”后,三口通商大臣改为“北洋通商大臣”,均由直隶总督兼任。李鸿章前后担任此职二十余年,北洋派系开始在中国历史舞台上呼风唤雨。后来,北洋通商大臣由王文韶(1895)、荣禄(1898)、袁世凯(1901)等担任。望海楼教堂有众多老照片存世,如何判断年代呢?有一个简单的方法,1870 年被毁的教堂除了立面,后面还有部分尚存,而 1900 年被毁后只剩下立面。1903 年修复后,宽度增加。

图 4:1901 年至 1903 年的望海楼教堂,左侧为金家窑砖塔。

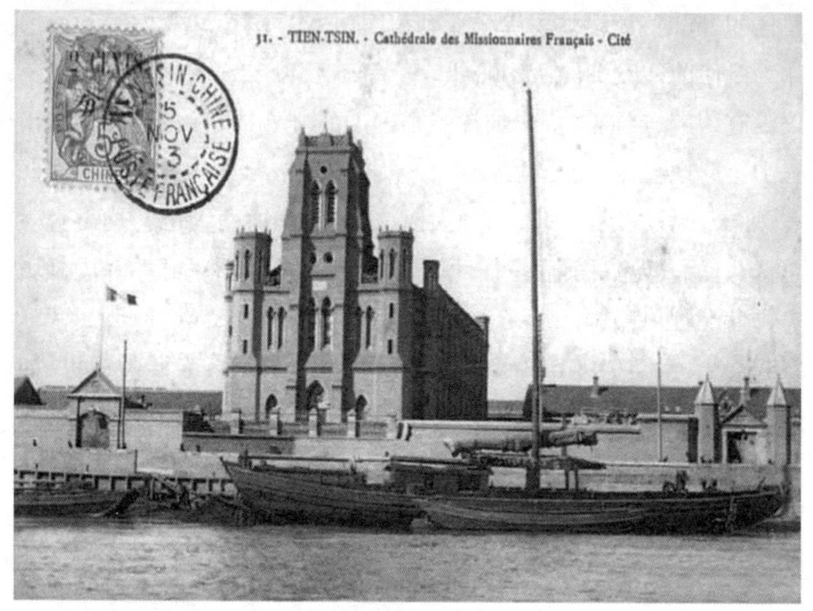

图 5:1903 年修复后的望海楼教堂,两侧加宽。

二 法租界发展

“天津教案”后,西方势力进一步加强。与此同时,不少法国建筑师和工程师先后到来,法租界才开始的真正的营建。法租界地区原本人烟稀少,只有零星人家。1870 年后,法国人将领事馆、教堂等迁入法租界,以大法国路(中街)为中心,两侧开始建房屋。图 6 中的两张照片均为早期法租界的大法国路,即今天的解放北路北段,但从照片中可以看到当时的马路很窄。

图 6:早期法租界中街

图 7:中街与水师营路交口

图 7 为中街与水师营路交口（今天解放北路与赤峰道交口），左侧远端为武斋洋行（该洋行 1885 年建立，另说 1893 年即在天津设立。“庚子事变”被毁，拿到赔偿款搬到了日租界），左侧近端为大丰洋行（建筑至今尚存，见图 85），右侧为乌里文洋行（后搬到中街与领事馆路交口，见图 86），右侧近端位置为后来的东方汇理银行。

“庚子事变”后，法租界向西扩展，一直扩展到墙子河（今南京路），租界面积也因此增加到 2360 亩。1894 年新任的杜总领事（G.du Chaylard）开始兴建土木，并于 1903 年组织重新修建了被义和团焚毁的望海楼教堂。天津法租界由此翻开了新的一页。但是，在天津的法国人数量并不多。1902 年租界的常驻人口中，中国人有 4300 人，欧洲人为 360 人，其中法国人只有 70 个。然而法租界地理位置优越，不仅有商场坐落其中，而且临近火车站，成为天津城市的重要通道。根据 1925 年的统计，法国侨民已升至 370 人。

1903 年 1 月 14 日，英国人首先越过墙子河（今南京路）向西南方扩展，直到海光寺大道（今西康路），得到面积为 3928 亩的推广界（今天的五大道地区就属于原推广界的一部分），使英租界总面积达到 6149 亩。受此刺激，天津法租界也伺机向西南方扩展。法租界的扩张行为，引起天津市民的强烈抗议，发生了著名的“老西开事件”。法租界的扩张行为也引起了日本人的不满，因为日本人也想争夺这一片区域，法国的扩张要求直接对日本人构成威胁。

图 8:法租界扩展示意图

1910 年后法国人对老西开地区大约 800 多亩的土地逐步进行了规划与整改。1937 年,抗日战争爆发前,局势空前紧张,中日签订的各项条约作废。这时,法国人才名正言顺地兼并了这片土地。

(一)1900 年法租界

1900 年“庚子事变”时,作为主要战场的法租界遭受破坏。战后,法国当局使用热气球对天津和北京进行了航拍,这批图像是有

图 9:老龙头地区航拍

关天津最早的航拍。图 9 中可见海河上的浮桥,海河下部为今天津湾广场地区,河对面是老龙头火车站(今天津站)。

图 10:迎接瓦德西元帅的队伍

图 10 为迎接瓦德西元帅的队伍,从老龙头火车站过浮桥到租界。这是一组照片中的一张,这组照片有十余张。瓦德西 1900 年 9 月 25 日赶到大沽口,此时联军早已占领北京。

图 11:紫竹林地区航拍(刘阳 提供)

图 11 是一张珍贵的航拍图片,可以研究的地方很多。可通过三条道路来确定一下地理位置:圣路易斯路(营口道)、中街(解放北路)以及紫竹林大街。图中可见法租界只有紫竹林教堂和大清邮局等少数建筑保存完好。史料记载,清军和义和团攻入法租界,放火烧毁很多房屋,一直打到了英法交界处。据张诚先生判断,历史上所记载的紫竹林庙也毁于这个时期。庚子之战将整条紫竹林大街毁掉,因此战后重新规划道路,形成了与中街(解放北路)平行的吉林路。

图 12:被毁的大法国路

图 12 为从大清邮局(今邮政博物馆)楼顶,沿着中街向北拍摄。很多建筑可以与图 11 的航拍相比照,可见庚子事变后法租界被破坏的情况。

图 13:法租界大清邮局前

图 13 为庚子事变时从大清邮局（中街与圣路易斯路交口,今解放北路与营口道交口)向北看。图中右侧建筑即为大清邮局(今邮政博物馆),左侧建筑为恒昌照相馆,后改名鼎昌,再后来搬到了南市地区,改成我们熟知的鼎章照相馆。

庚子事变后,法租界进行了重新的规划和建设,现今只有大清邮局、紫竹林教堂、亨达利洋行、大丰洋行等为数不多的建筑为1900 年之前遗存。

(二)20 世纪 10—20 年代法租界

法租界的规划格局基本上在上世纪 20 年代形成。从 1912 年

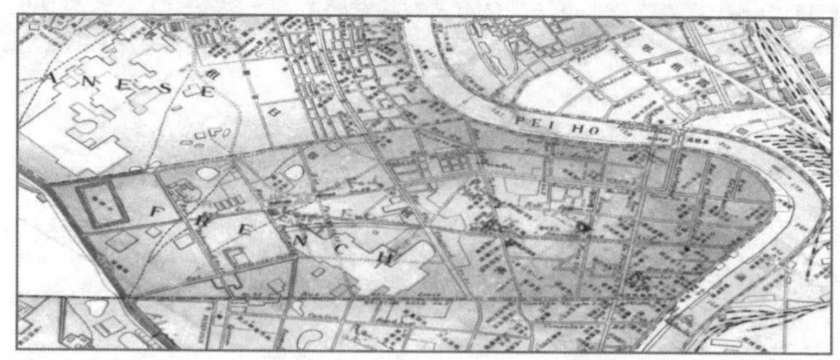

图 14:1912 年法租界地图

的法租界地图中(图 14),可见法租界老区(大沽路以东)重建规划基本完成,但法租界新区大沽路以西)还没有规划。

图 15:新巴黎路

图 15 为新建成的巴黎路,即今天的吉林路。

图 16:七月十四日路上的建筑

图 16 为七月十四日路(今长春道与大沽北路交口)的联排建筑,至今尚存。只是山墙有所改动。

图 17:20 世纪 20 年代法租界地图

图 17 为法租界上世纪 20 年代地图，从中可以看到法租界老区建筑已经鳞次栉比,新区道路规划已经完成,圆形的中心公园清晰可见。

图 18:中街与葛公使路交口

图 18 为 1914 年从 DD 饭店上向南拍摄的法租界中街(今解放北路与滨江道交口)。在右侧二层建筑山墙上可见百代公司广告,天津最早的电影院就在这后面建立,即 1906 年建成的权仙电戏园。1912 年该影院搬到南市地区,改名上权仙,就是后来的淮海影院。

图 19:20 世纪 10 年代,巴黎路与水师营路交口。

图 19 中标注为法租界巴黎道与水师营道交口,即今天的吉林路与赤峰道交口。左侧箭头所指建筑为“集贤阁”。右侧建筑为美商胜家公司,专营缝纫机业务。

图 20:法租界美国兵营

图 20 这张明信片标注为美国兵营。我们最熟悉的美国兵营有两处:一处为今广东路医科大学东院,一处为烟台道。这张图显示的是最早的美国兵营,照片后侧较高的建筑尚存,为今天的哈尔滨道永和里。在刘悦先生编译的《扛龙旗的美国大兵》一书中,对此处有明确的说明:1912 年 1 月 22 日美军 15 步兵团早 7:30 从塘沽出发,17:30 到达天津,由驻扎在天津的英军火枪团迎接,并护送到了狄总领事路(今哈尔滨道)驻扎,开始了步兵第 15 步兵团在中国的驻军历史,但没过多久,美军就搬离此地。

图 21:第一代法租界领事馆

最早的法国领事馆在天津老城东北的三岔河口地区。1870 年天津教案后,为了安全起见,法国当局将领事馆搬到了法租界(见图 21)。领事馆前的道路,因此被命名为领事馆路(今承德道)。另:当时比利时领事馆也在此办公。

图 22:建于 1924 年的法国领事馆

图 22 为 1924 年新建的法国领事馆,至今保存完好,位于今承德道东端。

图 23:1917 年大水时的梨栈大街

图 23 为 1917 年大水时期的梨栈大街(今和平路),左侧是今天和平路哈尔滨道交口的天增里(天增里后来改建为三层)。右侧栋建筑,即第一代平安影院的后身。

图 24:1917 年大水时的赤峰道

图 24 为 1917 年大水时的赤峰道。无独有偶,这张照片中也出现了平安影院和渤海大楼前身建筑(详见下一节文字说明)的身影。结合历史资料,我们知道平安影院 1916 年在此建立,1919 年因大火而烧毁。

图 25:平安影院(Empire Theatre)(韩军提供)

图 25 为法租界的平安影院近景。1910 年英籍印度人巴厘在万国桥以南建立一家影院取名平安影院,1916 年又在天津法租界兴建新的平安电影院(帝国剧院 Empire Theatre),即今国民饭店旧址。1919 年因附属咖啡馆厨房失火,影院被付之一炬,遂另迁往它处。1922 年新的平安影院在小白楼建成,50 年代后成为天津音乐厅。

1. 渤海大楼

渤海大楼位于今和平路与赤峰道交口,由于其高度和优越的地理位置,至今仍是地标性建筑。

图 26:丹东路北望

图 26 拍摄于上世纪 20 年代,现收藏于法国南特图书馆,图中的建筑在很多图片中都曾经出现过。

图 27:被错误备注的照片

图 27 的左下角标注为“特别三区”(俄租界),但这是错误的。这个标注错误不是最近几年，而是最初的照片上就写明“特别三区”,是将图中建筑与原俄租界的“奥林匹克剧院”(后来改名为解放桥影院)搞混了,因为这两个建筑实在太像了。其实这张照片是在今天的中心公园沿着丹东路方向看去，图中近景建筑即为渤海大楼前身。

图 28:国民饭店与渤海大楼前身

当我们看到图 28 这张照片时,就恍然大悟,这个建筑就是渤海大楼的前身。但目前还没有看到相关资料,无法知晓其用途。

图 29:等待兴建渤海大楼

大约在 1933 年,准备营建渤海大楼,原址上的建筑被拆除(见图 29),同时开辟了杜麦路(原丹东路北端,现已被天河城覆盖)。参见图 29,拍摄者站在 1920 年建的久大精盐公司大楼,左侧可见盛锡福帽庄大楼及国民饭店大门。

图 30:建设中的渤海大楼

图 30 为 1936 年渤海大楼施工中的照片。该建筑由法商永和营造公司设计,庆亲王载振与高星桥共同投资,并由高星桥之子高渤海负责建设,以其命名为“渤海大楼”。渤海大楼高 47 米,1936 年竣工时成为当时天津第一高楼,直到 1963 年被南开大学主楼超过。由于渤海大楼的高度和独特地理位置,使其成为无可厚非的地标建筑。文革时期曾改名“人民大楼”,八十年代恢复原名。

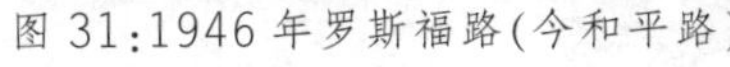
图 31:1946 年罗斯福路(今和平路)

图 32:国民饭店院内拍摄,左侧背景建筑为渤海大楼。

1946 年,杜总领事路(梨栈大街)改名为罗斯福路,但没过几年又改名和平路。图 31 与图 32 这两张照片,分别是从国民饭店的墙里和墙外拍摄,让我们可以一睹 50 多年前的天津市井。

图 33:原大来木行

在今天赤峰道、和平路、丹东路六岔口的东侧有一个不太起眼的房子(见图 33)。但这个楼曾经是大名鼎鼎的大来木行的办公楼。罗伯特·大来(1844—1932)是美国人,被誉为影响美国的二十人之一,通过将北美的木材运往中国销售,获取巨额利润,以在太平洋经营轮船航运发迹,被称为“轮船大王”。他与中国政界交往很多,与黎元洪、蒋介石都有良好关系。

图 34:上世纪 40 年代末天津国民日报社(原大来木行)

大来木行建于上世纪20年代,是带有折衷主义色彩的砖木结构两层楼房,原为协隆洋行房产。1924年大来木行以50万美金购买作为办公楼,正立面的两个塔楼是最大的特色,但经多次改造和地震,塔楼已不存。该楼1946年改为天津国民日报社(见图34),1949年后长期作为印刷厂。

2. 新学书院

1900年2月,英国基督教伦敦会利用庚子赔款的资助创办新学书院(Anglo－Chinese College,Tientsin),其前身为同治三年(1864)英国基督教伦敦会创建的圣经学堂(又称养正学堂)。据说,新学书院的建筑是仿照英国牛津大学而建造的,为青灰色古城堡式建筑,见图35。新学书院培养了大批人才,知名毕业生如物理学家袁家骝、翻译家杨宪益、戏剧艺术家黄佐临、教育家罗光道、医学家刘瑞恒与朱宪彝、遗传学家和生物统计学家李景均等等。

图35:新学书院建筑群

图 36:新学书院头班毕业生合影

图 36 为 1918 年新学书院头班毕业全体师生合影。前排右五为新学书院创始人赫立德博士（Dr. Samuel Lavington Hart），左一Rory Peill，左三 Carl B. Longman，左五 Freer Kelsey，左六 Connie Kelsey，右三 Liddell(可能是李爱锐的哥哥 James)，右一 A. E.　Cullen。

图 37:1926 年在新学书院礼堂前的合影。

图 37 为 1926 年英国伦敦会北中国区委员与天津新学书院人员在新学书院礼堂前的合影，二排右二为李爱锐（Eric Liddell）。

图 38:日本占领时期的“市立第三中学”(原新学书院)

日本占领天津租界后，于 1942 年 8 月接管新学书院，并改为“市立第三中学”，委派张元第任校长。图 38 是笔者收藏照片，为日占时期“天津特别市市立第三中学校”大门。

图 39:上世纪 40 年代,俯瞰赤峰道。

图 39 是上世纪 40 年代在渤海大楼上沿赤峰道向东望去。照片中可见新学书院(左侧)、美古绅洋行、慎昌洋行、海大道教堂、启新洋灰公司,可惜这一片都没有遗存。

图 40:海大道教堂

新学书院是英国基督教伦敦会创办的，图 40 这张照片就是新学书院对面的伦敦会海大道基督教堂。这张照片上墙上牌子挂着“正德附属幼稚园”。

图 41：上世纪 50 年代俯瞰十七中(原新学书院)

抗战胜利后，“市立三中” 改为市立第二中学，黄道任校长。1953 年，改为第十七中学，由刘嘉珍任校长。图 41 是上世纪 50 年代，从渤海大楼向东北方向望去，新学书院和马大夫医院近在眼前。1976 年地震受损，1983 年原旧建筑全部拆除。

3. 东莱银行

东莱银行，1918 年由青岛首富刘子山创办，因其为山东莱州人，故名“东莱银行”。1926 年东莱银行将总行迁到天津。大楼建于 1930 年，由德国设计师贝伦特设计。贝伦特(Behrent)与刘子山关系很好，贝伦特在天津的办公室，正是刘子山兴建的东莱里(今大沽路与南京路交口)。贝伦特还设计了庄乐峰旧居(1926 年建)和盛锡福帽庄大楼(1929 年建)。盛锡福的东家刘锡三也是莱州人，且东莱银行同时入股盛锡福。

图 42:花园路与承德道交口向北望

图 42 拍摄于上世纪 20 年代，拍摄者是站在今天花园路与承德道交口向北望去。左侧中间塔楼的位置就是东莱银行前身建筑。

图 43:东来银行前的士兵行进

图 43 是 30 年代法国兵从兵营到法国花园举办活动拍摄的。走在前面的是安南兵(越南兵)。“东莱银行”四个字由郑孝胥题写。据青岛专门研究刘子山的文史工作者贺伟先生转述刘家后人回忆,当时郑孝胥题字的价格是每字 100 大洋。

图 44:上世纪 50 年代和 60 年代的科学宫(原东来银行)(摄影 王泰)

图 44 这两张照片,由王泰先生拍摄于上世纪 50 年代和 60 年代。此时东莱银行已经改为科学宫。“科学宫”三字由郭沫若题写。2014 年由于对面施工,造成该大楼部分开裂。

上文提到的庄乐峰(1873—1949),原名仁松,字育文,号乐峰,毕业于北洋水师,并留校任教,后成为胜家缝纫机公司的买办。由此积累财富,民国时期成为开滦矿务局董事,后又为天津英租界工部局华人董事。庄乐峰在租界内创办了第一所华人子弟学校,称天津公学,后更名为耀华学校。今天北戴河的乐峰路即为庄乐峰捐资修筑。图 45 为天津中心公园原庄乐峰旧居老照片。

图 45:从中心公园拍摄的庄乐峰旧居。

4. 劝业场

位于今天和平路与滨江道交口的劝业场，与其十字路口的其他三幢大楼——浙江兴业银行、交通饭店、惠中饭店，构成这个路口独特的风景。劝业场是天津著名的商厦和地标性建筑，由当时著名买办高星桥集资创办，法国建筑师慕乐(Muller)设计，法商永和营造公司建造。1928 年底建成开业，场内悬挂着著名书法家华世奎书写的“天津劝业场”招牌。劝业场的兴建，标志着 20 年代末天津经济进入鼎盛时期。该大楼为全国重点文物保护单位。

图 46:早期滨江道(韩军 提供)

图 46 拍摄于上世纪 10 年代,为今滨江道与和平路交口,沿着滨江道北望。1922 年左侧稻香村南货店改建为浙江商业银行,1928 年右侧建筑改建为交通饭店。

图 47:图中左侧建筑为劝业场前身

图 47 拍摄于上世纪 20 年代中期（与和平路交口），右侧是浙江商业银行，左侧是劝业场的前身，因此可以判定拍摄时间为 1922 年至 1927 年之间。

图 48：黎元洪的出殡队伍途径劝业场

图 48 是 1928 年 6 月黎元洪出殡的场景，左侧的劝业场正在兴建中。右侧带有柱子的建筑为浙江兴业银行，建于 1922 年。劝业场后侧的天祥商场（现已不存）建成于 1924 年。

图 49：上世纪三十年代劝业场

图49为上世纪30年代拍摄的交通饭店、惠中饭店、劝业场，以及今天的大铜钱位置。那个时期天津进入了最繁荣的阶段，法租界的商业区已经形成。

图 50：从劝业场南望，最远端可见西开教堂。

图 51：劝业场东望，照片中是惠中饭店的塔楼。

图 52:劝业场北望,近端建筑为浙江商业银行。

图 53:劝业场西望,远端高大建筑为中原公司(今百货大楼)。

上面四张照片,是上世纪 30 年代初,分别从劝业场塔楼上向四个方向拍照,这是天津历史上的鼎盛时期。这个时期,天津经济发展,商业繁华,成为北方经济中心。

图 54:1930 年惠中饭店竣工照片

图 54 为惠中饭店竣工照片。照片左上角标注“天津法界副将军街,惠中旅馆及四层市房。民国十七年夏兴工,十九年春告竣,全部建筑费洋六十八万有奇。华中营业公司承建，工程师庚宗淮监造。”因由华中营业公司承建后面的马路便被命名为华中路。

图 55:上世纪五十年代的惠中饭店

曹禺的名著《日出》就是以惠中饭店为背景。图 55 为上世纪 50 年代的惠中饭店,原可口可乐的商标已经改成了山海关汽水。

图 56:上世纪 50 年代和 70 年代交通饭店的对比。

图 56 为今天大铜钱的位置(滨江道与和平路交口),在上世纪 30 年代已经是天津商业最繁华所在,有绿牌、蓝牌等多条电车在此交汇。

图 57:沿着和平路看惠中饭店和劝业场。

5. 解放桥

解放桥作为天津的象征,横跨于天津站前的海河上,至今仍保持可以开启的功能,成为天津旅游的热点景观。

图 58:1928 年法租界航拍

图 58 是 1928 年日军航空兵拍摄的照片，清晰地反映了老法租界的景象。图中左上部可见建成不久的新万国桥。

图 59:万国桥航拍

图 59 为俯瞰万国桥，系与图 58 同时期的航拍照片，下游的老万国桥正在拆除中。

图 60:新老万国桥并存

图 60 为新老万国桥并存的照片，拍摄时间为 1927 年。

图 61:电车经过万国桥

图 61 是建于 1902 年的第一代万国桥,为人力平转式,因连接老龙头火车站,又称为老龙头桥。后铺设了电车轨道,可以直达天津东站。原本法租界中街(今解放北路)不是主要干线,而且部分路段极窄,过海河的老龙头桥经过古拔路(今松江路),因此当时古拔路才是主要干线。直到 20 年代建设新万国桥,中街北段才成为主要干线。

图 62:新万国桥雄姿

随着经济的发展,老万国桥不堪重负,于是 1923 年提议新建一座大桥。新万国桥于 1927 年建成, 为双叶立转式电力开启,宽 19.5 米,长 98 米,双叶立转式开启,限重 20 吨。新建万国桥连同拆除老万国桥,共耗资190 万两白银。2017 年 5 月白银 1 克 3.6 元,一两 50 克,合 180 元,190 万两白银相当于今天的 3.4 亿元。

图 62 万国桥背景中的塔楼,是建于 1925 年的邮政总局大楼。

有趣的是,1986 年新修天津东站时,仍然保持了原来塔楼的景观效果,只不过塔楼是天津火车站的钟楼。

图 63:万国桥竣工剪彩

图 63 为 1927 年 10 月 18 日，新万国桥举行的竣工通车剪彩仪式。

图 64:开启的万国桥

为了不影响海河的通行,万国桥可以大角度开启,图 64 即为开启中的万国桥。1956 年,技术部门对解放桥进行了荷载试验,结果证明解放桥结构性能良好,完全可以通过五十吨平板货车。1973 年由于设施老化,解放桥停止开启。1997 年 6 月,被列为市级文物保护单位。2007 年, 解放桥经历了最大一次整修,2008 年 7 月 22 日恢复了开启功能。现在已经成为天津的重要象征。

图 65:万国桥头看中街

图 65 为站在万国桥向南看中街(今解放北路),右侧为帝国饭店(右),左侧为百福大楼。百福大楼为比利时仪品公司建造,为法文的 Belfran 的译音,即 Belgique(比利时)和 France(法国)的缩写。目前镶嵌于百福大楼的竣工牌, 由天津记忆团队的傅磊先生于 2009 年 8 月发现的。

6. 法国俱乐部

图 66:早期法国俱乐部(韩军 提供)

图 66 为第一代法国俱乐部照片,图中横向为葛公使路(今滨江道)与中街交口,图中可见当时法租界中街这一段非常窄。法国俱乐部后来拆除,修建了新华信托储蓄银行。右侧的平房后来拆除,建了 DD 饭店。

图 67:上世纪 20 年代末的法租界中街北段

图 67 为上世纪 20 年代末期的法租界中街北段，今天解放北路与哈尔滨道交口。第一代法国俱乐部还没有拆,DD 饭店的转角处已经不是圆弧形了。这是因为当时拓宽法租界中街,DD 饭店有些阻碍,但没有拆除建筑,只是把首层改为骑楼的形式,行人可以从下面穿过。

图 68:1946 年中街

图 68 为 1946 年同一位置的照片(与图 67 对比),右侧已经出现了 1934 年建的新华信托储蓄银行。

图 69:新法国俱乐部

大约 1930 年或 1931 年,原法国俱乐部拆除后,在其对角新新建了一栋法国俱乐部,即今金融博物馆。上了年纪的人,还把这里称作青年宫。

7. DD 饭店

图 70:DD 饭店

图 70 为位于解放北路与滨江道交口的原 DD 饭店, 建于上世纪 10 年代,为四层建筑红砖清水墙,建筑面积 3100 平方米,比利时仪品公司房产。该建筑为商住两用楼,其精美的细节和装饰在天津老建筑中独树一帜,曾以意大利面闻名天津。原为天津市和平区文物保护单位及天津市历史风貌建筑重点保护等级。

图 71:完整的 DD 饭店最后影像

图 71 拍摄于 2009 年 9 月 22 日下午。这是完整的 DD 饭店留在世间最后的影像。

图 72:拆除中的 DD 饭店

2009 年 9 月 23 日凌晨 5 时 30 分左右，由于天津地铁三号线解放桥站发生严重透水事故,DD 饭店从西北侧开裂。市政府对此处实施交通管制,疏散所有住户,并对该楼实行拆除(图 72),24 小时后夷为平地,48 小时后布置为绿地。

8. 工部局 / 警察局及公议局

图 73:早期法租界工部局所在地

法租界最初由领事馆直接管理,随着租界内人口的增多,法租界建立了自己的行政管理机构——工部局。法租界工部局设在法国河坝与水师营路北角，即今张自忠路与赤峰道交口，见图 73。1934 年后,迁至大法国路。

图 74：法租界工部局(警察局)新大楼

1934 年法国工部局(警察局)于大法国路(中街)建成新大楼。图 74 是建成不久的照片。该建筑现在保存完好，甚至于连烟囱上的旗杆都还在。

图 75：法租界警察西局

图 75 法租界警察西局，今天滨江道与河南路交口。目前此楼尚存，但三层变为五层，两侧加了顶子。

图 76：第一代法国菜市

图 76 是第一代法国菜市场，上世纪 20 年代末拆除。原址成为克莱蒙梭广场，后在广场北侧新建法国公议局大楼。

图 77：第二代法国菜市

第一代法国菜市拆除后，菜市搬到了马家口，见图 77，也就是后来大家熟悉的长春道菜市场。菜市搬迁后，这里建成了法国公议局大楼。

图 78：上世纪 90 年代长春道菜市场(摄影 王泰)

图 78 是大家熟悉的长春道菜市场，老人还称其为法国菜市。这个地方拆迁后，长春道菜市场又搬回了吉林路，也就是第一代法国菜市的位置。

图 79：新建成的法租界公议局大楼

原工部局所辖的秘书部与工程部改组成天津法租界公议局，而公议局下属的巡警局改组成新天津法租界工部局，主要负责天津法租界内的警务、道路和卫生等工作。法租界工部局与英租界工部局的功能完全不同：英租界工部局是管理机构，而法租界工部局实际上相当于警察局。图 79 为建成于 1931 年的法国公议局大楼，古典式三层建筑，建筑精美、细节奢华，保留十分完好，现为全国重点文物保护单位。

图 80:1950 年天津图书馆

上世纪 50 年代后曾长期作为图书馆使用(见图 80)，目前该建筑为天津市文化局办公之用。

图 81:1945 年驻津日军投降仪式在原法租界公议局前。

1945 年 10 月 6 日，驻津日军投降仪式在原公议局门前举行，见图 81。此时,该楼为美国海军陆战队第三军团司令部。接受日军投降的是该军团的司令官骆基中将。

9. 中街(解放北路)及其附近

图 82:圣母玛利亚大楼

图 82 为今天哈尔滨道与解放北路交口，原圣母玛丽亚大楼，后来改为商住两用楼。大约 80 年代拆除。

图 83:怡和洋行一处办公地点

图 83 拍摄于 1908 年前后,为今天哈尔滨道与吉林路交,从图上标注可知,这是怡和洋行的一处办公地点。可喜的是,这栋建筑仍然在,局部稍有改动。

图 84:今哈尔滨道

图 84 是今天滨江道与黑龙江路交口附近,右侧的大安栈应该是 1910 年代的建筑,这一片区域于 2007 年前后拆除。

图 85:大丰洋行

图 85 为今解放北路与赤峰道交口的原大丰洋行。该建筑保存基本完整,但女儿墙的装饰没有了。

图 86:1908 年前后的中街。

图 86 是今天的承德道，前方路口为今承德道与解放北路交口,右侧建筑为“朝鲜银行”。之前有资料介绍这栋楼建于 1918 年,其实那是朝鲜银行迁入这栋楼的时间。这张照片出自《北清大观》,这套画册由位于英租界紫竹林的山本照相馆发行于 1909 年,摄影师为儿岛鹭麿,因此这栋楼肯定不是 1918 建的。风貌办最新研究成果显示:这栋楼建于 1906 年,沙德利工程司设计,办公建筑。建筑建成后,由德商银行与法商乌利文洋行共同使用,1918 年德商银行使用的部分改由朝鲜银行使用。朝鲜银行由日本人投资,1911 年在朝鲜京城建立总行,天津分行于 1918 年开业。抗日战争胜利后,由中国政府按敌伪产业予以接收。

图 87:中法实业银行

图 87 是 1919 年建成的中法实业银行大楼，位于今天的解放北路与营口道交口。1921 年,中法实业银行停业。1923 年中法实业银行改组成中法工商银行,在当时为中法合资银行,在上海、天津、北京等地设有分行。1925 年,中法工商银行天津分行开业。

图 88:中法工商银行大楼

1932 年至 1936 年,天津中法工商银行大楼进行了不同程度的增建和改建。图 88 为几次增建后的外貌。

图 89:英法租界交接区,右侧为原中法工商银行大楼。

1938 年,天津中法工商银行大楼出售给河北省银行。笔者收藏的 1939 大水照片(图 89)可以看到门口挂着“河北省银行”的牌子。需要说明的是,这张照片背面注释写着:洪水最高水位。当时的英法老租界区相对地势较高,1939 年大水影响不大。有人回忆,1939 年大水后,马家口的法国菜市被淹,于是在 DD 饭店对面的空地上,也就是后来建“法国俱乐部”的位置,开辟了临时菜市。

图 90:东方汇理银行

图 90 是建成于 1914 年的东方汇理银行,据说图纸来自法国。1976 年地震,塔楼被毁,2010 年重修了塔楼。

图 91:中法储蓄会大楼

图 91 是原赤峰道与解放北路交口的原中法储蓄会大楼,在东方汇理银行对面。该楼 2008 年拆除。

图 92:原大清邮局

图 92 为一张 1900 年前后的明信片，正对面是大清邮局，左侧为西宾馆洋行，也就是后来中法工商银行的位置，右侧为屈臣氏大药房。大清邮局建于 1878 年，在中国历史上有着举足轻重的地位，中国第一张邮票——大龙票诞生在这里。1976 年地震转角处的八角楼损失严重，2010 年大修后改为天津邮政博物馆。

图 93：大陆银行总行(今哈尔滨道交通银行办公楼)

图 93 为大陆银行总行旧址，位于今天哈尔滨道与黑龙江交口。该行创办于 1919 年，大楼建于 1921 年，由基泰工程司设计。盐业银行、金城银行、中南银行和大陆银行合称著名的北四行。原大陆银行大楼现在为交通银行办公楼，塔楼因地震损毁而拆除。

10. 中心公园

图 94:1945 年中心公园地区航拍

图 94 是航拍照片,摘录于 2014 年出版的《航拍中国 1945》,由一批研究抗战的人士从美国国家档案馆中发现的。这批航拍照片的出现,解决了之前很多未解的问题。图中可见中心公园周边建筑,两条交叉的马路分别是今天的营口道(左)和赤峰道(右)。

图 95:中心公园俯瞰

中心公园位于法租界的中部，占地面积 1.5 公顷，始建于 1917 年，于 1922 年完工。1922 年 3 月完工时，恰逢约瑟夫·霞飞元帅到访天津，因此围绕该花园的马路被命名为霞飞路。1941 年，改名为“中心公园”。1946 年又改名为“罗斯福公园”，1949 年最终定名为“中心公园”。这是一座有法式园艺特点的公园，周围环绕着精美的小洋楼。

图 96：法国公园内的剩女贞德像

图 96 法国公园内立有圣女贞德雕塑，法租界很多重大活动均在此举行。40 年代日本占领者在天津实施“献金运动”以支援侵略战争，法国公园的圣女贞德像以及周围的铁质栏杆均被拆除。

图 97:上世纪 80 年代中心公园

图 97 是上世纪 80 年代的中心公园俯瞰,周边建筑保存完整。

图 98:中心公园凉亭(韩军提供)

中心公园为圆心公园,其中心有一座法国式八角凉亭。各角以双圆柱支撑,上为小筒瓦八角坡顶(图 98)。最可惜的是,该凉亭于 1999 年被拆除。

11. 法国兵营

图 99:上世纪 10 年代的法国兵营

图 99 为今天赤峰道海河边的法国兵营，原址为清军水师营，1900 年后被占位法国兵营,又称紫竹林兵营。

图 100:上世纪 30 年代的法国兵营

法国兵营始建于1915年，之后有过多次增建和改建。今天大体保持原貌。

图101：东局子法国兵营

法军在天津的驻军最多达到2000人，但大部分不在紫竹林兵营，而在东局子兵营，即原来的北洋机器局（东局），今天的河东区军事交通学院。从1867年到现在，150年间这里一直是军事用地，最早的机器东局占地2230亩。图101即为原东局子北洋机器局大门，图中还有马拉列车，这是法军为了沟通东局子兵营与紫竹林兵营建立的简易轨道。

12. 赤峰道地区

图 102:电报总局大楼

图 102 中的大楼是建于 1924 年的电报总局大楼。1879 年为了军情需要（与俄国交恶）李鸿章铺设了大沽口至总督衙门的电报线,1880 年电报总局在天津成立。1884 年总局迁往上海,1911 年迁至北京,改称电政总局。图中该建筑的塔楼于 1976 年地震受损拆除,至今尚未恢复。

图 103:济安自来水公司

图 103 中建筑为今赤峰道的原济安自来水公司。济安自来水公司成立于 1901 年，与英租界的英商自来水公司（成立于 1897 年)为当时天津两大自来水公司。今天的芥园道水厂,就是原济安自来水公司留下来的。

图 104:华商公会

图 104 中的大楼为今天河北路与长春道交口的原华商公会大楼,建于 1920 年,主体两层,塔楼三层。华商公会在当时能量很大,法租界内的全体中国商号均为会员。遗憾的是，尽管该楼主体尚存,但已经被改造的面目全非,且增加到了四层。

图 105:滨江道

图 105 中道路为今天河北路与滨江道交口，远处西开教堂隐约可见。左侧高耸的塔楼为东亚病院，今不存。东亚病院由原日本军医田村俊次于 1920 年创办。1925 年，经驻津总领事吉田茂介绍，为到津的孙中山看病。右侧联排建筑建于 1917 年，由沙德利工程司设计，整体富于变化，具有折衷主义建筑特征。2010 年大修后基本恢复原貌。

图 106：法国电灯房

图 106 为哈尔滨道与陕西路交口的原法国电灯房。最早的法国电灯房在今天的哈尔滨道与吉林路交口，目前还有建筑遗存。1910 年法国电灯房搬迁到墙子河边（图中建筑），是由机房、办公楼和创始人布吉瑞的旧宅等组成的建筑群。1912 年，法国电灯房正式开始发电。这里曾长期作为电力研究所的办公之用，为和平区文物保护单位，2007 年拆除，仅余一栋建筑。

图 107:启新洋灰公司大楼

图 107 为著名的启新洋灰公司大楼，原位于承德道与大沽路交口。该建筑建于 1913 年，由天津奥租界工部局工程师布吕纳（Brane Moser）设计。启新洋灰公司是中国民族工业的代表之一，1906 年由周学熙主持建立,由陈一甫具体操办,其所生产“马牌”水泥成为民族企业的骄傲,出口美国。上世纪 20 到 30 年代,与上海水泥公司和中国水泥公司联合，启新洋灰公司将日本水泥赶出中国市场。

图 108:改造后的启新洋灰公司大楼

由于敞开式入口冬天过于寒冷,1934 年由沈理源的华信工程司对该建筑进行了改建,见图 108。遗憾的是,2005 年因拓宽大沽北路而被拆除。

图 109;张学良旧居

图 109 中洋楼为今天赤峰道张学良旧居,建于 1921 年。房产归属于张作霖五夫人张寿懿。1976 年地震后塔楼变化较大,没有恢复原貌。

图 110:从英租界望法租界

图 110 为站在今天营口道与建设路交口，望和平路方向，也就是站在英租界望法租界。天津道路命名也可以看出当年租界的划分，例如和平路与建设路是接着的，其分界线在营口道，也就是英法租界分界线。张自忠路和台儿庄路都沿着海河，其分界点也是营口道。请注意图中左侧的两层楼，这里就是赫赫有名的大华饭店（Cafe Riche），是赵一荻哥哥赵道生于 1927 年创办的。1933 年 6 月，赵一荻另外一个哥哥赵燕生与吴靖在此结婚。吴靖原名吴佩琳，生于 1910 年，为汇丰银行天津分行著名买办吴调卿的孙女，也是1928 年清华大学第一届女生。吴家大院与大华饭店只有一箭之遥。大华饭店旧址尚存，只不过在 1976 年地震后在原来两层建筑上又加了一层。

13. 教堂

除了前面介绍的望海楼教堂外，法租界内法国天主教会、美国基督教会也建造了几座经典的教堂建筑。

图 111:1939 年大水中的维斯里教堂

图 111 中的教堂是 1939 年大水中的维斯理教堂,该教堂位于滨江道与河北路交口(原东亚医院对面,图中右侧),由美国基督教卫理公会建于 1913 年。周恩来曾在此避难,司徒雷登在此做过演讲,汇文中学和中西女中也经常在此举行毕业典礼。维斯理教堂最著名的就是音乐会和唱诗班，著名的歌唱家沈湘（旧居河北路 86 号,其父沈鸿翔,北洋海军军医学堂)、楼乾贵、李光曦等均在此成长。1995 年因建滨江商厦二期而拆除。

图 112:从左至右分别为 1917、1937、1939 年拍摄的西开教堂

西开教堂(见图 112),1913 年始建,1916 年建成,1917 年正式启用。从法理上,这个其实不能算作法租界。但法国人强占这一片地区后,以教堂为中心,建造了教会设施,如神职人员住宅、教会医院、教会学校(包括中学和小学)。中学是最早建立于望海楼的法汉中学,原址成为后来的二十一中,现在是中心小学校区。

图 113:西开教堂前

西开教堂是华北地区最大的罗曼式教堂建筑，建筑面积 1890 平米，三个高达 45 米的巨型圆顶错落排列成“品”字形，三座穹窿顶均略向上拉长，表面以绿色铜板覆盖，巨型圆顶为木结构支撑，每座圆顶上有一个青铜十字架。1966 年 8 月西开教堂遭到了以天津一中为代表的红卫兵扫荡，神父修女被批斗，圣物圣器被砸毁，顶子上面的三个十字架被锯下。

图 114:拍摄于 20 世纪 30 年代的紫竹林教堂

提到法租界的教堂,不得不说的是紫竹林教堂(见图 114)。在法国人心目中被认为是十分神圣的。紫竹林圣路易堂，建于 1872 年,为望海楼教堂被毁后法国人在租界内建的第一座教堂。堂内供奉法王路易九世和圣女贞德像。20 世纪 50 年代末停止教会活动，紫竹林教堂改为工厂,1996 年产权归还教会。

图 115:1900 年在紫竹林教堂避难的人群

1900 年庚子事变期间，紫竹林圣路易堂因处于英法租界的核心区域而得以幸存，大批中国天主教徒也在此避难（见图 115)。2013 年紫竹林教堂,进行大修。但镶嵌于墙内的拉丁文石碑,据说现在丢失,教会方面已经报案,但不知下落。教堂中汉白玉的祭台,在被当做工厂期间,腐蚀严重。彩色玻璃及花纹等装饰,整修后不存。最可惜的是副楼,也是砖木结构的老建筑,保存比紫竹林教堂完好,后被拆除。

结语

在天津各租界中,并非全部都是西洋式样的建筑,也有诸如英租界中大型庑殿顶的豪宅、日租界中纯中式的建筑,乃至抱鼓石的门墩。法租界也是如此,除了西洋建筑,也有一些中式建筑,如保存十分完好的河南路福甡里是典型中式合围建筑,于 1931 年由鸿昌德五金行购地建成。哈尔滨道 207 号是中西合璧的建筑:院门很小,入口为中式门,前院为带有回廊的传统中式建筑,后院则为西洋风格小楼。

今日天津原法租界地区,道路格局仍旧是原有租界时期的规划,而且大量的老建筑尚存。但由于众多历史原因,保存状况堪忧,亟待社会相关部门和机构能够充分利用原法租界的资源,合理开发,积极利用,充分将历史文化体现于建筑之中,保护天津丰富的历史文化传统。

“大铜钱”印证法租界的繁荣

新报记者 李海燕

天津租界是西洋文化与中国传统及天津地域文化承接的载体,是天津多元文化的重要组成部分,虽然是曾经被侵略的一段屈辱记忆,但也见证了近代天津的繁华。在多位津城专家学者的带引下,忠实的读者跟随我们游历了百年前的日租界、英租界、俄租界,今天,来自天津记忆文化遗产保护团队的专家张翔先生,将带领我们一起走进和平路,滨江道,看看法租界。劝业场,渤海大楼,国民饭店,原来都是法租界的标志性建筑。

天津市文化遗产保护专家张翔, 长期致力于天津租界历史的挖掘整理,痴迷于天津老照片的收集与考证,成果斐然。

法租界扩张经历三时期

1861 年,法国与清政府签订《天津紫竹林法国租界地条款》,正式划法租界,面积为 439 亩。庚子事变后,1903 年法租界向西扩展到墙子河(今南京路),面积扩张到2360亩。由于法国当局对老西开地区觊觎已久,因此,1910年后,法国人又对老西开约800多亩的区域进行规划与整改。这一行为引起天津市民的强烈抗议,由此引发了天津历史上的著名事件——“老西开事件”。但此地区长期维持中法共管局面,直至1937年,抗日战争爆发前,法国人才兼并了这片土地。

法国当局虽然在天津划定了法租界,但起先并没有进行规划营建。1861年建立的法国领馆,以及1869年建成的望海楼教堂及育婴堂,均在法租界之外的三岔河口。这是因为当时的法租界当时还是一片荒地,三岔河口才是天津的商业和政治中心。

1870年,爆发了震惊中外的“天津教案”,也就是天津人俗称的火烧望海楼。“天津教案”后,西方势力进一步加强,一批法国建筑家和工程师也先后到来。而法国人也将领事馆、教堂等迁入法租界,法租界由此开始了真正意义上的营建。

庚子事变后,法租界老区(海河到大沽路)重新建设,新区(大沽路到墙子河)也进行了详细规划,其街区格局与道路肌理一直保持到今天。

1912年,天津的商业中心从估衣街大胡同逐渐南移,有轨电车也延伸到了法租界,并直达天津东站。法租界位于英租界与日租界之间,加之便利的交通,使得法租界很快成为繁华的商业区,以梨栈大街(和平路)和绿牌电车道(滨江道)为代表的商业街,成为天津商业的代名词。这个路口的浙江商业银行、劝业场、惠中饭店和交通饭店,代表了天津鼎盛时期的特色,今天这里的“大铜钱”也印证了昔日的繁荣。

法租界代表建筑

劝业场,位于滨江道与和平路交口,建于 1928 年,法国籍工程师慕乐设计,楼高 33 米,主体五层,局部八层,为钢筋混凝土框架结构。是一座受折中主义风格影响的大型综合开敞式商场。该商场由高星桥、庆亲王载振等合股投资,“天津劝业场”牌匾是由书法家华世奎所写。

渤海大楼,位于和平路 275 号(与赤峰道交口),1933 年始建,由法商永和营造公司设计,载振与高星桥合股,由高的儿子高渤海拆除原有建筑后投资进行建设,并以高渤海之名命名。1936 年,渤海大楼竣工,建成时为天津最高的现代风格高层建筑,总建筑高 47.47 米,是天津早期现代高层建筑杰作之一。

国民饭店,位于赤峰道 58 号(与和平路交口),1923 年建成,瑞士乐利工程公司设计兴建,是当时天津豪华饭店之一。该建筑为钢筋混凝土内框架结构三层法式楼房。院落宽敞并设有对称的两座半球形盔顶凉亭,院落正门设有塔斯干柱式支撑的门楼。

原电报总局大楼,位于赤峰道 65 号(与辽宁路交口),建于 1924 年。天津电报总局始于洋务运动时期,最早设立于东门内大街45 号,后搬迁至此。转角塔楼在 1976 年地震中倒塌,始终没有修复。

原东莱银行大楼,位于和平路 287 号(与承德道交口),建于 1930 年,德国贝伦德工程公司设计,为三层混合结构楼房,局部四层,是一座具有典型仿希腊古典风格的建筑。原“东莱银行”的题字为郑孝胥所书,每个字 100 大洋。

原法国俱乐部,位于解放北路 29 号(与滨江道交口),1931 年建。砖混结构,单层带半地下室。当时法国商会也在此驻扎,因此这里也是法国商人聚会的场所。

原法国兵营,位于赤峰道1–5号(与张自忠路交口),其原址为1879年设立的北洋水师营务处,庚子事变后被法国军队占领。该建筑分三部分:一座三层营房、两座二层营房和两座二层小楼,1905年始建,1915年增建。由于法国驻军过多,将原北洋机械局东局同时占为兵营。为了方便两个兵营间的运输,修建了简易铁路,用马匹拉车。

原法国领事馆,位于承德道2号,建于1923年。天津教案后,法国领事馆迁到租界内。该大楼为仪品公司设计,二层平顶混合结构楼房,是一座典型的古典风格建筑。

原法国公议局,位于承德道4号(与吉林路交口),1929年开工,1931年建成。该楼由法国建筑师慕乐设计初稿,后由仪品公司工程师孟德尔森正式设计。法国公议局是法国在天津租界内的最高统治管理机构所在地,也是原天津法租界内负责行政事务的综合管理机构。该建筑是三层混合结构,为一座巴洛克风格的罗马古典复兴主义建筑。1945年9月美军进驻天津,并将该大楼改为驻津美军司令部。驻津日军投降仪式,就是在这里的前广场举行的。1949年后曾长期作为图书馆使用。

原东方汇理银行,位于解放北路77号(与赤峰道交口),建于1913年。该银行1875年在法国巴黎成立,1898年进入中国。大楼由比商仪品公司依照法国巴黎总行提供的图纸建造,为三层砖混结构,是一座折中主义建筑。原塔楼在1976年地震中受损拆除,2011年恢复。

紫竹林教堂,正名圣路易天主堂,位于营口道16号(与解放北路交口东侧)。天津教案后,法国教会出于安全考虑,于1872年在法租界内建立了这座教堂。该教堂为砖木结构,文艺复兴式样,有古希腊的柱式和山花,教堂内部铺红蓝白三色瓷砖,青砖外墙,堂内供奉法王路易九世和圣女贞德像。1900年庚子事变时,该教堂保护了众多老幼妇孺,在教民心中地位很高。上世纪50年代后期,教堂改为工厂仓库,1976年在地震中受到严重损坏。2013年大修,2014年东侧附楼被拆除。

西开教堂,正名圣约瑟堂,位于西宁道11号(与独山路交口),法国天主教会1913年8月始建,1916年6月竣工,为华北地区最大的罗曼式教堂建筑。建筑平面呈拉丁“十”字形构图,三个巨型圆顶错落排列成“品”字形。建筑外墙面主体是用红黄色花砖相间清水砌筑,外立面以圆形窗和列柱券形窗组成的半圆形叠砌拱窗为要素。室内八角形的穹隆顶及侧窗均以彩色玻璃嵌作画。内墙彩绘壁画,装饰华丽,充满宗教神秘气息。

原维斯理教堂,位于滨江道与河北路交口,由美国卫理公会建于1913年,天津建华工程公司兴建。礼拜堂内圆外方,堂内矗立8根大圆柱,拱形大圆顶,形成八角形;大礼堂分3层,地下室和一楼、二楼,高15米,钟楼约18米,顶端装有1米余高的包铜大十字架。1919年周恩来曾在此避难,1946年司徒雷登曾在此演讲。维斯理教堂最著名的就是音乐会和唱诗班,著名歌唱家沈湘、楼乾贵、李光曦等均在此成长。1995年,因扩建滨江商厦而拆除。

(刊于2016年7月24日《每日新报》第11版“人文新刊·讲场”)

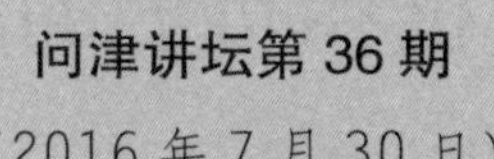

问津讲坛第36期

(2016年7月30日)

意租界的前世今生

主讲人:王勇则

王勇则　*1969*年生于天津。天津地方史、中国近代史研究学者。现兼任天津市河北区政协文史委副主任。上百篇文史类文章杂陈报刊，近十篇见诸学术期刊，专著、合著、参著、参编文史资料和地方史话二十余种。著有《津门开岁：徐天瑞日记解读》《碧血英魂：天津市忠烈祠抗日烈士研究》等。

加强天津意租界历史的基础性研究

王勇则

天津意租界是1900年八国联军侵华的产物。从1902年6月意大利政府与清政府签订不平等条约《天津意国租界章程合同》，到1943年8月意大利当局与汪伪政府签约移交改称“特管区”，再到抗战胜利后被中国政府依法接管①，天津意租界存在时间超过40年。

有关天津意租界历史的介绍和研究，迄今已有很多成果，值得参考的相关资料俯拾皆是。但不可否认的是，与天津英租界、日租界的研究相比，成果明显薄弱。而且学人对其沿革、机构、建筑、人物、事件及政治经济、社会事业等基础资料的挖掘和梳理，尤显不足。换言之，依据目前公开披露的相关资料，有关以租界的研究尚未形成整体脉络或框架。因为目前掌握的基本情况，不足以支撑对

①参见中华民国国民政府外交部编《中义为解决由战争所引起之损害赔偿问题换文(白皮书第98号)》、《中义关于处理在华义国官产及义侨产业换文（白皮书第99号)，中英文本，1948年1月(1947年7月30日签换于罗马，同日生效)。

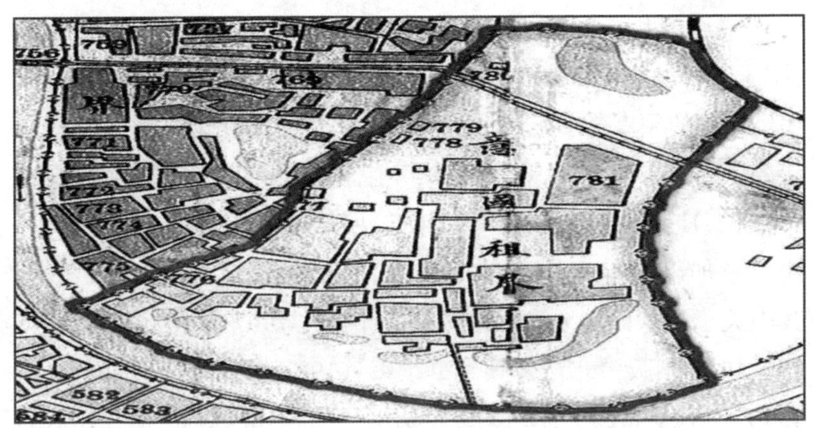

天津意租界地图形状像个斧子

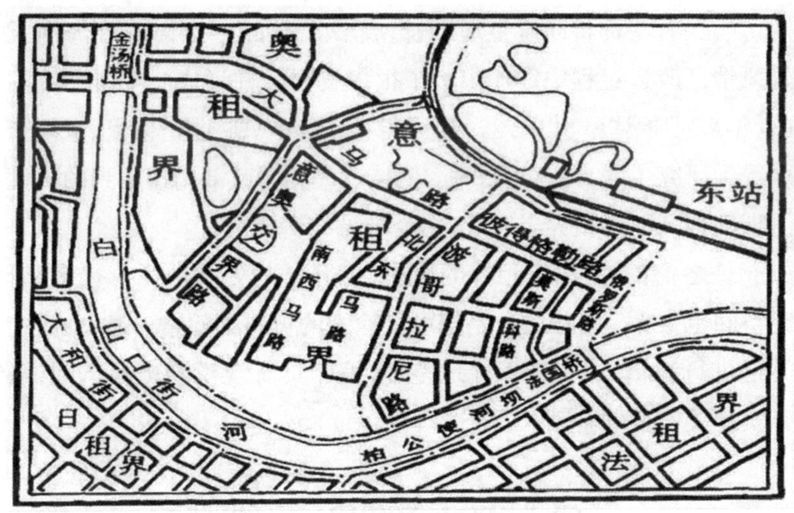

1913 年天津意租界内的主要道路

天津意租界全方位、系统化的研究。是故，研究者需耐心从原始资料入手，广泛搜集中外史料，尽快补缺，形成资料库，这是非常必要也是十分重要的。具言之：

（一）意租界驻津领事名单的问题。1996 年版《天津通志·租界（附志）》所涉清末部分依据的是 1985 年版《清季中外使领年表》，但民国年间的领事名单遗漏明显。1907 年是达威拉，接下来就是1922 年上任的葛布理，然后就是 1938 年上任的施提芬，中间缺项不少。

（二）近代名人文集、日记、年谱、回忆录等文献中的相关记载，应有意加以搜集、甄选。例如《袁世凯全集》三十六卷本已出版[①]，其中关于清末民初天津意租界的情况要比 1907 年版《北洋公牍类纂》、1911 年版《北洋公牍类纂续编》、1987 年版《袁世凯奏议》、1990 年版《袁世凯天津档案史料选编》更加丰富。对此，应在比对的基础上筛选出来。

（三）有些资料尚待整理、编辑成书。例如十余年来，在海河意式风情区改造过程中编印出版了很多资料，并形成一个研究热潮（近年来已降温）。其中，已刊论文多以建筑规划、改造修复、空间布局等为研究主题，计有近百种。但从意大利军政部门搜集到的一批清晰度很高的意租界老照片，迄今未见编辑成书[②]。

总之，有关天津意租界的历史，可开垦的处女地还有很多，研究空间也很大。当务之急是把可供检索的资料都检索一遍，分门别类地进行编辑，或有选择性地整理、编印具有规模的史料丛刊，以夯实相关研究的基础。

一 学术界有关意租界研究的现状

加强天津意租界历史的基础性研究，应对基础资料和相关研

①骆宝善、刘路生主编：《袁世凯全集》，河南大学出版社 2013 年版。

②在天津市河北区政协办公楼楼内墙壁上，已见悬挂此种放大版照片约 20 帧。

究成果有一个概括性的了解，诸如意大利历史、中国近代史、中意关系史[①]、天津租界史[②]、天津意租界史等。在已出版的著作中：赵荣耀《意大利与近代中国的历史考察》[③]在注释和参考文献中开列相关文献约百种；刘志强、张利民主编《天津史研究论文选辑》所载论文及所附篇目截止到 2007 年的成果；万鲁建《天津租界史研究现状》则对已见相关学术成果进行了评析[④]。以上都有参考价值，不再赘举。

经梳理可知，涉及天津意租界史的必备书目很多。这些书目中，首推[英]雷穆森著《天津租界史(插图本)》[⑤]，相关内容较为集中。可优先予以参考者，包括：来新夏主编《天津近代史》(南开大学

---

①如[意]白佐良、马西尼著，箫晓玲、白玉崑译《意大利与中国》，商务印书馆 2002 年版等。

②民国年间出版的租界研究类书籍不一而足，与天津意租界关联度较高者已知包括：南开大学政治学会：《天津租界及特区》，商务印书馆 1926 年版；顾器重：《租界与中国》，卿云图书公司 1928 年版；吴蔼宸：《华北国际五大问题》，商务印书馆 1929 年版；周祖琛：《为撤销领事裁判权告天津民众》，天津地方法院 1930 年版；楼桐孙：《租界问题》，商务印书馆 1933 年版；葛鸣一编：《租界问题之研究》，中央书报发行所 1940 年版等。近三十年来的相关著作越来越多，如：袁继成著：《近代中国租界史稿》，中国财政经济出版社 1988 年版；高仲林主编：《天津近代建筑》，天津科学技术出版社，1990 年版；费成康著：《中国租界史》，上海社会科学院出版社 1991 年版；上海市政协文史资料委员会等编：《列强在中国的租界》，中国文史出版社 1992 年版；张洪祥著：《近代中国通商口岸与租界》，天津人民出版社 1993 年版；尚克强、刘海岩主编《天津租界社会研究》，天津人民出版社 1996 年版；杨大辛编著《天津的九国租界》，天津古籍出版社 2004 年版；尚克强著《九国租界与近代天津》，天津教育出版社 2008 年版；(日)大里浩秋、孙安石编著《租界研究新动态：历史·建筑》，上海人民出版社 2011 年版；王振良著《荏苒芳华——洋楼背后的故事》，天津古籍出版社 2014 年版等，难以悉数。

③山东师范大学硕士论文，2006 年，指导教师田海林。

④王振良主编：《九河寻真(2013)》，天津古籍出版社 2015 年版，第 593—598 页。

⑤包括《天津的成长》《天津插图本史纲》两部分，天津印字馆 1924 年、1925 年版。许逸凡、赵地译，刘海岩校订的全译本，2009 年由天津人民出版社出版，为万新平主编的“天津通史编译丛书”之一。

出版社 1987 年版);《天津商会档案汇编》十卷本(天津人民出版社 1989 年至 1998 年版);孙德常、周祖常主编《天津近代经济史》(天津社会科学院出版社 1990 年版); 天津人民出版社 1992 年版《天津租界档案选编》;罗澍伟主编《天津近代城市史》(中国社会科学出版社 1993 年版);周俊旗主编《民国天津社会生活史》(天津社会科学院出版社 2002 年版);刘海岩著《空间与社会——近代天津城市的演变》(天津社会科学院出版社 2003 年版);倪瑞英等翻译、汪寿松等编校《八国联军占领实录——天津临时政府会议纪要》(天津社会科学院出版社 2004 年版)以及天津市政协文史委编《天津文史资料选辑》刊登的相关文章①。还包括"天津市地方志系列丛书""天津通史专题研究丛书"等。而张利民主编的《城市史研究》中,近年来所载学术论文,如[意]马利楚著、许哲娜译、任云兰校《建构混合态的异托邦空间——天津的意大利租界》、李东晔《权力在空间中的流动:对原天津"意大利租界"的历史人类学分析》等,仍可视为新的研究成果②。

今人直接反映天津意租界历史的著作还不多, 现有的也多为以介绍为主的普及性读物,诸如:郭长久主编《意式街风情》,百花

①部分文章已结集为《天津租界》(1986 年版)、《天津的洋行与买办》(1987 年版)、《天津租界谈往》(1997 年版)等。

②张利民主编:《城市史研究》第 25 辑,天津社会科学院出版社 2009 年版。参见李东晔:《从"租界"到"风情区"》,中央民族大学博士学位论文,2007 年;李东晔:《故土与他乡:对"租界文化"的一种人类学解读:以天津原意大利租界的建筑空间为例》,《江西社会科学》2009 年第 3 期;[意]马利楚著,孙立新、刘宁译:《想象的空间:1901—1947 年及以后天津意大利租界的重现和镜像》,孙立新、吕一旭主编:《殖民主义与中国近代社会国际学术会议论文集》,人民出版社 2009 年版;[意]马利楚著:《天津的全球化战略:从当下出发解读历史》,周晓虹、谢曙光主编:《中国研究》2009 年秋季卷(总第 10 期),社会科学文献出版社 2011 年版。

文艺出版社 2001 年版;Sirena 历史城公司、意大利卡帕尼亚大区旅游与文化遗产局、拿波里建筑局编《天津意大利风情区建筑与整修的历史与回顾》,2006 年;天津市档案馆、天津市河北区档案馆主编《旧天津意奥租界故事》,天津人民出版社 2011 年版;李锡庆主编《天津意式风情区》,天津大学出版社 2011 年版;天津海河意式风情区管委会、天津市海河建设发展有限公司编《百年回眸 意风来袭(图说篇)》(编印时间未详)等。

而马利楚在论文中提及了一些意文著作和论文,如:原意大利驻津领事费雷第(Vincenzo Fileti)著《天津的意大利租界》(La. Concessione Italiana di Tientsin),意大利热那亚巴拉比诺·格拉埃夫"Barabino e Graeve"出版社 1921 年版;尼考莱塔·卡尔达诺(Nicoletta Cardano)、皮尔·路易吉·鲍茨欧(Pier Luigi Porzio)主编《在去天津的路上——意大利与中国两千多年的关系:一个在中国的意大利居民区》(Sulla Via di Tianjin:Mille Anni di Relazioni tra Italia e Cina. Un quartiere ltaliano in Cina)[①],意大利罗马甘杰米(Gangemi)出版社 2004 年版等。这些著述的中译本迄今尚未得见。

二 检索史料的渠道

(一)可检索的老报刊越来越多,越来越方便

老报刊中的相关资料非常多,尚未被充分挖掘利用,检索的渠道有很多,都值得实践。比如,天津图书馆藏有《申报》《大公报》《益

①也译为《去往天津的路:意大利和中国千年关系史——中国的意大利社区》。

世报》[1],《民国日报》《东方杂志》《北洋画报》《北洋官报》《顺天时报》《政府公报》等都已影印出版。如果把这些大部头都好好翻翻，就能出版一个天津意租界史料索引,也可以整理成史料集。而对于某些老报刊，近年来还开发出关键词检索或全文检索的软件，如“大成老旧刊全文数据库”,以及《申报》《大公报》《中央日报》《晨报》等数据库。登录一些网站,也可浏览或检索某些老报刊,如《世界日报》《立报》等。这都需要打开思路,有针对性地寻找检索路径。另外,全国图书馆文献缩微复制中心出版的部分影印本也值得关注。

在查询和检索中,需要锁定很多关键词。比如,除了通常的“意大利租界”“意国租界”“意租界”“意界”等之外,当年还常用“义国”“义界”“义租界”“义人”“义领”等[2],而将意大利翻译成“伊大利”

天津意租界大马路

①天津社会科学院出版社 2001 年版《〈益世报〉天津资料点校汇编》三卷本,是查阅天津意租界史料较为方便的渠道之一,因非全编,故内容不全,且偶有校对之失,应结合《益世报》影印版予以比对。

②如天津义租界水灾难民救济委员会编《天津义租界水灾难民救济委员会征信录》,1939 年版。

“伊太利”“伊国”“以大利”等情形也不少见，其中，“伊租界”“伊界”等关键词则在日文资料中较为常见。若在此基础上发挥想象力，尝试输入字形相近的他字组合，没准还会有意外惊喜。

（二）档案馆的相关档案迄今尚未系统开发

虽然相关的意大利文档案很值得开掘（如马利楚在相关论文中开列的部分参考文献），但如果条件不允许的话，不妨先把着眼点放在已公开的各级档案馆馆藏档案上。已陆续出版的档案资料琳琅满目，蔚为大观：如中国第二历史档案馆所编《中华民国史档案资料汇编》[①]，其中到底涉及多少与天津意租界相关的档案？如果不下一番功夫的话，是难以有发言权的。又如，上载到天津档案网“在家看档案”栏目[②]中的相关内容，虽然还不太丰富，但是输入“意大利”“意租界”“意界”“义租界”“义界”等关键词，也有可观的收获。当然，若能调取档案，收获肯定会更大。再如，中国台湾地区近代史研究所档案馆[③]可供查阅的馆藏档案也很多。在所藏的清政府外务部档案、北洋政府外交部档案、南京国民政府外交部档案中，涉及大量与天津意租界相关的史料。

由于绝大多数尚未整理点校，迄今未被有效利用也是可以想见的。粗粗检索，开列如下：1906 年《义工师拉海楼狡控汪锡元索赔案》（档号：02-26-010-07）；1907 年《直隶天津义国租地定界订立合同案（02-11-007-03）；1907 年《天津义国租界盐坨案》

①参见中国第二历史档案馆编《中华民国史档案资料汇编总目索引》，凤凰出版社 2010 年版。

②网址：http://www.tjdag.gov.cn/eportal/ui?pageId=300842

③网址：http://archives.sinica.edu.tw

(02-11-007-05);1916年《驻津义领否认义营侵占民地官荒》(03-19-101-01-011);1917年《中义邮政交涉案》(03-02-027-02);1917年《驻津义领指摘管理旧奥界之办法录送原函请鉴核示遵》(03-36-130-04-029);1918年《天津搜查奥侨住宅案》(03-36-043-01);1918年《义籍奥俘事》(03-36-100-02);1918年《天津义国巡长搜查奥俘案》(03-36-108-08);1920年《拒绝义领要求租用天津旧俄界至铁路又由义界至万国桥一带沿河地段由》《义领要求在俄租界东车站旁设岗及反对武装警察事》《义领要求俄界警察勿用武装及添设义警岗位事》(03-32-438-01);1920年《天津义租界地租问题历年交涉及现已通融商结各情形报请鉴核》(03-32-386-02-002);1920年《天津义租界地租问题历年交涉及现已通融商结各情形报请鉴核》(03-32-386-02-002);1921年《义使请准望远镜、电话输入案》(03-18-112-02);1922年《天津电话局切断义民马朝利电线案》(03-02-074-03);1922年《天津义国医院需用鸦片请饬关放行事及天津义界巡捕输入枪弹事》(03-11-011-02-004);1922年《天津义租界警长与通州华兵龃龉事》(03-11-011-03-010);1924年《天津义国造胰工厂请援例特别纳税案》(03-19-113-04);1926年《天津义租界马师长被拘事》(03-11-013-02-005);1927年《天津意兵营电话不允缴费案》(03-02-071-05-011);1927年《天津义兵营欠电话局话费希饬知照缴由》(03-46-012-03-008)、1928年《天津意兵营电话不允缴费案》(03-46-025-01-010)、1933年至1937年《义兴运输公司》(17-23-01-01-21-001)等。

总之,这些外交档案数量很多,且篇篇诱人、件件有用。若对其详细整理的话,对拓展天津意租界研究一定是大有裨益。其中,中华民国外交档案中的《天津义国租界案》(03-16-023-03),包括

1915年天津意租界居民与意国领事署的房地纠纷案以及1917年意租界要求推广租界案(外交总长汪大燮1917年8月30日会晤意大利驻华公使阿略第问答《天津义界事》、外交次长高而谦1917年8月30日会晤阿略第问答《天津义界事》、阿略第1917年9月5日会晤高而谦问答《要求推广租界》)等七件档案,都传递出了很多有价值的历史信息。

囿于篇幅,现仅将其中关于1915年天津意租界居民与意国领事署房地纠纷的三件档案予以整理点校,并略加分析:

1. 北洋政府外交部特派直隶交涉员王麟阁1915年7月30日呈外交部《义界居民因事向义署滋闹将商办饬县传究情形请示(附清折)》(03-16-023-03-001)。文曰:

详为义界居民因事向义署滋闹,谨将迭次商办暨饬县传究情形报请核示事。本年七月十七日,准驻津义领事费雷第函送义界居民汪诚斋[①]暨其子汪寿岩、汪砚秋、汪祝岩等四名,及房地价银一千一百一十三两三钱,请将该汪姓父子四人严加管束,并限期十五日拆房交地等语。当经本署询,据该汪姓等声称,因义署在其住房前地内垫土,向伊理论,后令到署领价,短发甚多,未允照顾,硬被送案等情。而询之义署则谓,该汪寿岩等兄弟三人在署向领事拍案抗争,言语横暴。迨令人推出,竟当场肆口谩骂。本署当派员将该汪姓等严行申斥,并谕以如因房地纠葛,尽可禀由本署交涉,何得在领署滋闹、自取其咎?随饬取妥保,谕令回家静候。本署调查核办,一面饬据委员查复,汪姓房基地本非洼地,义署照洼地给价,应予另估加增。又,空地二段,前经中义两国官署协商定议,将该界民间白

①以下也载为汪承斋。

契一律发县盖印,送交义署注册有年,自应一并估给地价,方与原案相符。至期限一节,义界合同订明,由付给价值之日起,限六个月腾空交出,亦应按照合同办理,庶昭公允。经照函义领事秉公核办。旋准复称汪姓所犯情节较重,系已经驱逐界外之人,所给十五日期限,届时应离境。如再不听,本领事只得用迫力押令遵照。等因。本特派员因恐彼此设有误会,致生意外交涉,特亲晤义领解释。据称,本年因大雨时行,饬由警局将界内坑洼地段一律取土垫平,□垫至汪姓门前地段,汪寿岩兄弟三人出头拦阻。本领事曾亲往该处阅看,谕令距离该汪姓三密达[①]再行垫土,以免该住房出水不便。该汪姓竟谓,无论何人,不准在伊地内垫土。本领事以其无理可喻,万不得已,只得将其现住房地收买,估发价银,饬传到署领价。汪姓又谓,估价不公,面对本领事拍案抗争,语言极为横暴。当告以该价既不愿领,惟有送交中国官府核办。一面令人将伊等推出,乃伊等竟当场肆口辱骂,兼有"污蔑义大利国体之言"。是以派警押送贵署惩办,一面禀报驻京公使督核此事。本领事有权严饬,在二十四句钟时限以内,立即驱逐界外,令给限十五日,已属格外从宽。若至七月三十一日,该汪姓兄弟三人仍不出界,本领事当亲往,用武力驱逐。如贵国地方官能设法早为妥办,可免滋生事端,否则,设有意外,应由贵国地方官担其责任。等语。当经婉切劝解,允以即饬县,将汪寿岩兄弟三人传究,惟期限须照合同六个月腾让,仅限十五日,碍难承认。该领谓,如汪寿岩兄弟三人不再界内逗留,伊眷属在家,即照合同办理亦可云云。本特派员复查,前清同治五年《中义条约》第三款订明,倘若有人擅将大义钦差公馆眷属随员人等越礼欺藐,该犯

①密达,意大利语 Metri 的音译,即米。

由中国地方官从严承办。等语。此次汪寿岩兄弟三人竟敢在义署口出污蔑之言，实属不合。业经本署饬行天津县[①]迅传汪寿岩兄弟三人到案，讯明当日滋闹情节，酌予惩处，以儆效尤，并将房地价银一并发给。饬传汪诚斋，切实开导，劝谕照领，倘实有不能遵领原因，亦应诉明确实理由，禀由该县详报。本署再行设法交涉。除俟该县详复、随时核明办理、据实详报暨先行分详巡按使外，理合照录此案来往函稿，并查据现办情形，详请钧部鉴核备案，并祈批示祗遵，实为公便。谨详外交部。计详送清折三扣。特派直隶交涉员王麟阁。中华民国四年七月二十九日。

(1)照录义领事来函稿(七月十七日到)

敬启者。敝界居住汪姓阖家屡行滋事，与敝署为难。现因敝领事署派工垫土，伊等兄弟出头拦阻作工，藐视示谕，兹将汪姓父子由现时驱逐界外，特将其房发价，按伊红契，核计价银一千一百一十三两三钱，所有伊家补投之白契，盖不认为有效用，时将其父子四人押送贵署管束，以免伊等再生事端。倘伊等再有以工行为，本领事即用强迫力对待之。若贵署不为事前约束，致伊等再生事端，贵官府应担负完全责任，并由今日起，其汪姓之房，在十五日内应即拆去，如过期不拆，本领事定行派警拆毁也。相应函达，即希贵署查照。顺颂日祉。

(2)照录致义领事函稿(七月二十一日发)

敬启者。前准七月十七日来函，为义界居住汪姓拦阻垫土各节，将该汪姓父子汪诚斋等四人送署，并房价银番纸一张，当经饬派租界委员前赴贵署商办，并函复在案。兹据该委员复称，遵于十

---

①天津县知事时为姒锡章。

九日前往义署，义领事派员接洽。据云，汪姓房地价银一事，因汪姓屡次来署，言语粗鲁，故此发价，驱逐界外。等语。委员复查，义署发价单内，将汪姓房基地，按二等三级洼地，每亩九十两给价，向来办法，以落雨积水者为洼地，既经盖有房屋，而不能以洼地论。此外，空地二段。义领事谓，系补投白契，不认为有效力。查此项补契，共计六百数十张，前于光绪三十一年，经前关道梁[①]与义前教领事[②]商议妥协，将此项补契发县盖印，以为正式印契，照送义署注册有案。今义署指为白契，不发地价，实与原案不符。又，义署限令汪姓，由十七日起，在十五日内将房拆去一节，查《义界合同》第五款载明，至购业时，俟将价值付清后，仍准业主暂住，由付给价值之日起，限六个月腾空交出。等语。此次仅给汪姓十五日期限，亦与合同不符。理合查案，复请核办。等情据此。此本特派员复查该华人汪姓前在贵署言语粗鲁业经本署严加申斥，并谕令静候本署商办，不得再生事端。惟送来价银，其房基地本非洼地，竟以洼地给价，应予另估加赠。又，空地二段，从前经中义两国官署协商定议，将契纸发县盖印，送交贵署注册有年，自应一并估给地价，方与原案相符。今汪姓父子在本署陈诉，不能遵领前项价银，既有正当理由，本署亦碍难强迫认领。至期限一节，合同既订明由付给价值之日起限六个月腾空交出，亦应按照合同办理，庶昭公允。相应函达贵领事，请烦查照，秉公核办，迅速见复，以凭转饬遵照，实为至荷。顺颂时祺。

---

①津海关道梁敦彦。

②光绪三十年（1904）八月至光绪三十三年（1907）三月，意大利驻天津领事为焦思迪（G. Chiostri）。故宫博物院明清档案部、福建师范大学历史系合编：《清季中外使领年表》，中华书局 1985 年版，第 157 页。

(3)照录义领事来函稿(七月二十三日到)

敬复者。接准七月二十一日来函,为汪姓之事。该汪姓藐视本领事,如此殊堪诧异,想贵特派员亦必严饬,遵照敝署所谕也。惟伊等所犯情节较重,本领事特将各种理由再为声明:汪姓在敝署口出不逊,并有许多威吓之言,皆当本领事面前。本领事有权在二十四钟时限内, 将伊等逐出本界。本领事不欲为此仍给伊等一相当期限,如向来对于他房主,平时发价办法,按来函所云之期限,为未犯罪者尚可,岂忘记该汪姓系已经声明为驱逐界外者乎?至于地段、等级一节,统系本领事亲往自估,按章发价,焉能有差况?本领事办理界务十余年,所职见者,讵不若贵委员之报告耶?如贵特派员对于本领事所为有不满事件,务请驾临面示,务须另派委员查办。本领事之所以行其补税白契一节,彼时经本领事商同敝前教领事,特为通融准可, 内失迷红契之户补税白契, 交华官按章办理查明注册,当时系为体恤安分贫民起见,奈迭经本领事查明,深悉此种补契有许多疑窦,殊不解其何故。彼时,中国官府将此重大事件,竟委于一二作事人员之手,在敝界设立收白契处,挨户传谕,任人补投白契,并不查明补契之户是否失迷,及果系本主与否。所投白契一纸,一概收纳。敝署深诧异者,全界无一尺官地,皆经补投白契。敝署查所补之契,有许多上开弓口于地段实不相符者,并时有原业主禀伊之房基地,被他人补投白契者。种种蒙蔽,皆为令华人得利、令敝署多出款也。敝署为体恤安分贫民起见,凡有房间之补投白契,一概认可,惟向未认可补投空地之白契。似此办法,敝署实属优待界内居民。至汪姓一家之事,本领事已认可其红契,惟空地白契不能认可,并且,该空地前系深坑,人所共见,而该地尚有他人前往俄界者,来指认该地为伊家产。本领事一并否认。由此观之,足证明该

天津意租界马可波罗广场及周边建筑

汪姓之白契,实无信用也。汪姓行为如此恶劣,本领事更不能如界内安分良民一律优待。总之,该汪姓系已经驱逐界外之人,敝署所给十五日期限,届时即应离境。如伊等不肯,务请严饬遵谕;如再不听,本领事只得用迫力押令遵照。倘出意外是非,贵地方官仍应担负责任也。用特函达,即希贵特派员查照,遵饬为荷。此复。顺颂日祉。

2. 王麟阁 1915 年 8 月 6 日呈外交部《天津县详复饬传汪寿岩等讯究暨义领要求严办各情详请核示》(03-16-023-03-002)。文曰:

详为天津县详复饬传汪寿岩等讯究暨义领要求严办各情形,恳请鉴核示遵事。案查义界居民因事向义署滋闹,所有迭次商办暨饬遵即饬县传究情形,业经录案详报,并声明俟该县详复随时核明详办在案。据天津县详称,奉饬遵即票传汪寿岩等去后,兹据原役以协同义界巡捕将汪寿岩、汪砚秋传案，请提讯。前来。当经讯。据汪寿岩、汪砚秋供称，伊等房地均在义国界内。义国雇工围着伊家房间填土，雨水积聚，无处宣泄，以致水与窗齐，并将郑姓房间倒塌若干，又泡毁伊等代卖行中大参一百二十大枝。伊等向义领事交涉多次，并无滋闹情事。伊等已将大参一匣禀呈巡按使署查验存案。现在，义领事将伊等送交中国官管束，所有地价等，不能认领。因义人不按约章，将六百三十两一亩头等地发给九十两，灰房当作二三等土房，空地二段并不给价。《义界合同》载明：付价后，限六个月腾交，今限十五日腾交。伊等实难依允。伊等未犯何罪，义人如此欺侮，伊等唯有拼命求作主。等语。再三劝导，坚执不移，业已遵饬将汪寿岩等拘，以示惩处。惟查汪寿岩、汪砚秋因义领事仰价限令腾交房地，心不甘服，别无余罪，未便久为扣留。至饬发价银一节，伊等甘愿拼命，决不领价。虽钧署为慎重交涉起见，然必专恃压力，仰制太甚，彼民人将谓官家无力保护，忿不能泄水，难保不别生事端。究应如何办理，自应详请核示，以便遵办。除将奉发番纸暂存外，所有遵饬传讯汪寿岩等讯供缘由，拟合详请查核，迅赐批示祇遵，实为公便。等情据此。查汪寿岩所供泡毁伊等代卖行中大参一百二十大枝一节，业奉巡按使批饬保存，己物系个人范围之事，何能责诸人？所请索价，无此办法，原参着即自行来辕具领。等因。自应无庸质议。又供，义署发给房地价银，不能认领缘由。此事当发生之后，即经本署迭次禀请本署交涉，未尝无磋商之余地，乃逞其一时意气，当场詈辱，自取越礼欺藐之咎，其情虽属可矜，其愚实属可恨。今该领执约要求，彼已有词可藉。至当日汪寿岩等詈骂，究竟何等语言，事在义署，该领所举见证人，系该署雇用人员，外人既不知情，即属无可质证。就使按约惩办，而越礼欺藐，确应得何罪名，约章虽有明文，法律并无规定。现据天津县详称，已遵饬将汪寿岩拘留，虽为慎重交涉起见，然必专恃压力、抑制太甚。彼民人将谓，官家无力保护，忿不能泄，难保不别生事端。等语。亦系实在情形。但义领执约要求，又决非敷愆可以了事，究应如何办理，本特派员未敢擅专。除据情分详巡按使外，理合照录迭次派员查勘报告，暨汪春临[①]即汪寿岩原禀，以及原订《义界合同》第五款，一并缮折，详请钧部鉴□核定办法，迅赐祇遵，实为公便。谨详外交部。计详送清折五扣。特派直隶交涉员王麟阁。中华民国四年八月五日。

(1)谨将义界业户汪春临禀件开呈钧鉴

为急救民命、速保大局，请令伊按约发价，勿失国权、而免破坏约章事。窃因义国屡次非理，硬行在临地堵门垫土，向伊理论，伊率捕多人，将临阖家父子四人送司，并不按约章，硬行发价各情节，在署面写说帖，陈明梗概。蒙派委廉、王，到义署，会同义委人查验住房地一段，并平地一段，俱在三十丈以内，又有房基小地一段，约在四十丈以内，俱系头等地亩，房间二十一间、灰房十九、土房两间。而伊将灰房发二三等土房之价，况邻左右土房居多，即能比较彼此，查看明确，并委廉、王眼同视见，土工多人仍旧堵门垫土。今当大雨时行之际，将房周围水道俱皆壅塞，室中泽国，房有倒塌之害、人有性命之忧，家中财物、器具尤其余事。是此情形，临何以堪？而伊与贵司函称，将头等房地六百三十两一亩，伊给九十两，平地房基地二块，并不给价，硬限十五日拆完，过限派捕把房，且函内要求我中国倘有意外担负伊完全责任。即教我中国保其完全，如何伊乃硬行垫土？倘房倒人毙，谁担负临完全责任？况伊出有警、入有防，

①以下也载为汪椿林。

临阖家懦弱,倒悬于该界水火之中,而伊独要求我中国倘有意外,担负伊完全责任,显系伊居心叵测。若杀我男女、抢霸我财产,反曰"我有意外,责中国不能保其完全",必硬为狡赖、归罪官府,以盖其愆。是此情形,民命何堪设想?实系上观国家交涉大局,下系临阖家男女性命、财产,按伊之背理要求完全责任,伊实险恶之机。宜急请兵,护保民命、财产,教伊将地中之土,速为起出,以免房倒、人毙、冲突之患,正按伊要求实行完全责任。若伊购买临之房,可按约章发价,临领讫迁移后,任其自便。今伊不发地价,硬行垫土,夺我国权,硬行发价,不按约章。倘义国若此,各大国援为例案、引为口实,有丧失国权、败坏约章之患。事关国家交涉大局、阖家生死存亡,不得不哀恳交涉司大人,急为保全民命,固理国权,以防交涉,而免被害。临讽闻,伊不按约章交署房价签字一纸,理宜速为缴回,以免误赖署中收留。等情。今将地三段弓口、房间数目,开列于后,呈请察阅,则感鸿施于世世矣。上禀。计开:头等房地一块,一亩七分五厘;又头等地一块,南北十六弓、东西十七弓;又头等地一块,南北七弓、东西八弓;灰房十九间、土房二间,共二十一间。

(2)谨将饬派本署租界委员查勘汪姓房地发价情形报告各件录呈钧鉴

为查复事。窃奉署长发下复义领事函一件。因该界居民汪承斋房地轇轕一事,饬查明商办等因。遵即十九日赴义界汪承斋家,查勘房间地亩。兹查,汪姓之房,确系灰房,因多年失修,墙皮破坏,漏出篱笆、草把。按义领事所估等级,二等土房十五间,每间四十八两六钱,三等土房六间,每间三十七两八钱,无甚亏折。惟房基地按二等三级洼地,每亩九十两给价,似乎不甚公允。如落雨积水者为洼地,岂有以洼地盖房之理?该汪姓要求按照头等一级高地每亩六百三十两，亦未免太过。经委员当面开导汪姓静候交涉，切不可滋生事端。随持函至义署，兹准义领事派洋文案代表接洽。据云，汪姓房地价银一事，因汪姓屡次来署，言语强暴，故此发价驱逐界外。所请加价展期一节，碍难照准。等语。谨将饬查房地发价情形，理合详复署长查核施行，实为公便。为详报事。案查义领事现发义界民人汪椿林房地价银等级不符一事。业经详复在案。复查义领事所发房间等级无甚亏折，惟房基地按二等三级洼地定价，甚不公允。至空地二段，义领事函称，以白契不给地价一节，殊属误会。此项补契，共计六百数十张，前于光绪三十一年，经前海关道梁，与前任教领事商议妥协，将此项补契发县盖印，以为正式印契，照送义署在案。此次，费领事以白契论不发地价，实与原案不符。查《义界合同》第五款所载，内有指明条款：至购业时，俟将价值付清后，仍准业主暂住，由付给价值之日起，限六个月腾空交出，若彼此另有商法，亦可办理云云。此次，仅给汪姓半个月期限，又与原合同不符。谨将义领事现发王椿林房地价银期限不符等情，详报署长查核，酌量施行，实为公便。

(3)谨将派员调查汪姓在义领署滋闹情形报告一件录呈钧鉴

窃奉署长面谕，以汪春临等在义领署因事争闹究竟是何确情，饬即切实调查具复。等因。遵经前往义界设法调查。惟此事发生，系在义领署内，外人无从得知，当向义署翻译刁峻霄[1]询问。据该翻译声称，汪姓赴领署要领地价，已非一次，争执情节，彼此尚可商量。惟七月十七日，汪姓兄弟气焰稍甚。领事欲令汪姓将地价领去，

①关于刁峻霄的生平事迹，参见刁元章《刁峻霄与德记洋行》，全国政协文史资料委员会编《文史资料存稿选编》第22辑《经济》(下册)，中国文史出版社2002年版。

以清纠葛。汪姓不服以二等三级发价,与之理论。领事以此项地段既属洼地,按照二等三级发价,已系格外从优,坚欲增加,殊属不合。言至此,则汪姓反对渐近激烈,谓:此项地段所以变成洼地者,皆由领事用强迫手段将四围垫高,以至每逢天雨时,则屋中竟成泽国,今迫令以二等三级发价,则我辈断难承认。此时,汪姓之气焰毕露,口中时出不逊之语。领事虽不通中国语言,就汪姓气色、行为,已可揣度一斑,是以汪姓如有不服之处,只可向中国官厅呈诉,切不可在本领署出此威吓行为。汪姓答以此事当日领事派工人在住宅周围垫土,竟不知照中国官厅,我辈亦只可与领事直接,现在我辈决意不领地价,亦不向中国官厅起诉,如果领事始终抱定不加价主义,何欺压之甚?惟有由我辈立字据一纸,请领事署名签字,将来无论发生何等意外, 我辈与领事双方均作个人论, 与我国政府无涉。等语。此种语言,未经翻译全行译出,而领事已窥得其大概,遂有饬警逐出署外之语。至此,汪姓之怒骂不可收拾矣。所以,领事立即派警将汪姓送交交涉署拘束。此刁翻译面称之当日情形也。所有奉饬调查各节,谨将询问实在情形,报告署长鉴核。

(4)谨将派员查勘汪姓住房有无被水暨房外垫土各情形报告一件录呈钧鉴

为报告事。窃奉署长面谕,往查汪姓住宅有无被水暨房外垫土各情形,遵即亲往义界。先在汪姓住宅外周围阅看,该汪姓大门面前,距离约一丈有余,新垫土道约高二尺许。其房屋左面,亦距离丈余,垫有土道。其高与门前相等。该处本有水沟,现因垫土闭塞。复至汪姓院内详细查看,该汪姓住宅一所,约地一亩七八分,计房二十一间,房内铺有地板,较院内地面稍高。该房内下面墙角显有被水淹浸痕迹,灰皮剥落,约近水一尺有余。现时,地板尚复水湿未干。当又逐细查询该处垫土,已经月余。该住宅内,近被水淹二次。是该汪姓所称因垫土而致住宅进水,尚属实有其事。所有遵饬前往调查各情形,理合据实报告署长查核。

(5)谨将《中义合同》第五款开呈钧鉴

界内所有中国业主必持有整齐照例契纸,均可照常存业。惟义国执掌其权,无论何时,每次自行酌定。现有公用或有利于蠲除邪秽或因义商会集租界兴旺之故,均可听其将界内各产业随时公平购买。所有房地之价,自行与业主商议。其地段本系民居周密之处,其地价、房价应照日本租界价值,减一成议给,按照租界工部局自行分定,应归何等何类定价。其界内义国不用之地,仍准民间执业任便买卖,但不得卖与他国洋人管业。倘欲或租或典或押与他国洋人,于未经义国租界工部局允准之前,不得租出或典或押。至购业时,俟将价值付清后,仍准业主暂住,由付给价值之日起,限六个月腾空交出。若彼此另有商法,亦可办理。

3. 外交部1915年8月14日发给王麟阁批令稿《义界居民汪寿岩案妥酌办理》(03-16-023-03-003)。文曰:

详悉。义界居民汪寿岩等,因事向义领事争论,致有骂詈情事,殊属不合。(仰此侮辱行为)应照(违警)律予以相当之惩处。(至该民人等,应领房地各价),一面仍应婉商义领,酌量加增房地各价,以昭公允。仰该特派交涉员详明巡按使,妥酌办理可也。此批。

经以上梳理,可有以下基本判断:

(1)中国政府外交部及天津地方管理当局对于这一起涉外交涉案,基本上还是有理有力有节,态度也是不卑不亢。虽然天津意租界当局强词夺理,意大利驻津领事费雷第恼羞成怒,但是中国行政当局并未慑于其淫威,顺情说好话,而是应对得当,筹议有方,措施允当。费雷第大概是平日作威作福惯了,一点委屈都受不了。对于意租界居民的不满和当面抢白,费雷第居然扬言报复,试图仗势欺人,而且动辄以武力相威胁。可见费雷第的特权意识还是很强的,而且心理素质太差,局度偏狭,毫无外交官的风范可言。由是观之,费雷第活脱脱一副无赖嘴脸。而中国政府的腾挪闪转、以柔克刚还是有效的,色厉内荏的费雷第最终并未闹出多大乱子。

(2)中国政府外交部对直隶交涉署的批令,初由外交部通商司商约科科长朱应杓草拟,经通商司代理司长关霁修改后,又经总长陆徵祥、次长曹汝霖签署。此批令的措辞更加平和委婉(括号内的文字均为被删除者),并无明显倾向性。这也体现了外交策略。

(3)这一公案反映了中国民众的觉醒。租界内的中国居民并不畏惧租界当局的强权,而是积极表达诉求,敢于维护权益甚至是民族尊严。西方列强在天津相继成立租界后,各租界当局及驻津外交当局向来都是混横不讲理, 误认为在中国领土上可以任由其颐指气使、胡作非为、肆意践踏。中国民众在租界内长年饱受欺辱、压迫,但其敢于抗争的群体意识,清末已时有表现,民国肇造后愈加明显。这种不甘奴役的精神和不畏强暴的勇气,实属可嘉可风。

(4)关于这一交涉事件的结局,未见有载,仍需查考。但此事件未见今人提及,故判断此档案应未被利用过,或可成为研究天津意租界房地产政策、规划建设的个案。天津意租界一带的海河北岸原为存储长芦盐的盐坨地。雷穆森《天津租界史》载,意租界划定前,此地是破烂不堪的村庄,四周是臭水坑、垃圾堆和空地。冯启鹍于1899 年绘制的《天津城厢保甲全图》则表明,其大部分为水塘,大小共 7 片,分别由土路隔开。东南西三面分布民宅及寺庙(朝阳寺、双庙、火神庙等），还有官汛、东汛（为官盐提供保障的驻防清兵），最明显的设施是过街阁、棋盘街、冰窖。总之，是乏善可陈。因地势低洼，意租界被强辟时，地平面低于西方列强在津已建成的其他租界。意租界当局遂与海河工程局董事长毕希翁商议，实施填垫工程，所用泥土均通过人力就近运来。经大规模平整，最低处居然被增高6米多。这为意租界开发建设奠定了基础。1917年天津闹大水时，意租界地域比积水的水平面约高1.5米，基本消除了水患。虽然此举一直被津津乐道，但若顾此失彼，以无视甚至是牺牲租界居民的利益为代价，无论如何也都是说不过去的。另外，此档案也表明：截至1915年，意租界填垫工程仍未告竣。

（三）从历年老电话簿中找线索可拾遗补缺

通过民国年间编印的各时期天津电话号码簿所载，可锁定天津意租界很多公共建筑名、工商企业名、人物姓名及门牌号。这些关键词很有用。近年来，天津文史专家通过这个渠道已有不少研究成案，其经验之谈很值得借鉴[①]。此为独辟蹊径且行之有效的研究思路，很值得以此为突破口，继续加强。

登录中国国家数字图书馆读者门户，可在民国专栏的民国图书栏目[②]，检索到四种天津老电话簿，均可逐页浏览：一是《天津电话局用户号簿》，天津电话总局，中华民国十四年十二月；二是《天津电话局用户号簿》，天津电话总局，中华民国十六年三月；三是《天津电话局号簿（民国二十年）》，天津电话局编；四是《交通部天

①参见王振良著《荏苒芳华——洋楼背后的故事》，天津古籍出版社2014年版。

②网址：http://mylib.nlc.cn/web/guest/minguotushu

津电话局号簿(民国二十四年份)》,天津协成印刷局承印。已知天津文史专家又藏有《最新分类天津电话簿(民国十六年二月)》、交通部天津电话局1936年编《民国二十六年份天津电话号码簿》;交通部天津电信局编《电话号簿(民国三十七年度)》等数种。

1930年代,是天津意租界发展的黄金时期。如《中华民国二十六年份天津电话号簿》披露的线索就很重要。最早利用这个老电话簿开展天津历史风貌建筑地址定位研究的是王振良先生。其通过独创的"三重证据法"所做的考证,已确认了至少数十处历史风貌建筑,均成为"三普"依据[①]。而且其已将这个老电话簿整理点校,实现了全文检索,使用起来很方便。其中,还有大量住址、地址有待深入探查。笔者在此基础上曾筛选出约三百条。本文篇幅所限,难以一一罗列。以下仅撷取一些人物住址线索,略作查考:

例如"建造工程师包内悌,义租界大马路26号"。今人著述常提及意国建筑师保罗·鲍乃弟(Bonetti)[②],称其与奥国建筑师盖苓、瑞士建筑师凯斯勒(Kessler)[③]合作,设计回力球场、立多利大楼及安乐村等民宅。鲍乃弟也被载为鲍乃第,但其民国年间的官称应为"邦乃提"。1927年11月24日,意大利驻华公使致函北洋政府外交部:"天津义领事函称,在津有义建筑师邦乃提(Paolo Bonetti)者,由奥国购得猎枪及自动手枪各一支,邮寄到津。据天津交涉署称,须

①参见王振良《"三重证据法"及其在确认历史建筑身份中的运用——以天津北洋人物旧居为重点的方法与个案探讨》,李良玉、吴修申主编:《倪嗣冲与北洋军阀》,黄山书社2012年版,第349—356页。

②参见高仲林主编《天津近代建筑》,天津科学技术出版社1990年版,第260页。

③也译为凯撒、凯思乐、凯司鲁。其曾在天津英租界5号路(今大沽北路)52号开设"中美建筑公司"。

取得北京军事当局之护照,始能领取。”[①]《近代中国华洋机构译名大全》则载有“包内悌建造工程师事务所(Bonetti. P.)”[②]。可见,包内悌、鲍乃弟、邦乃提实为同一人。1933 年至 1934 年,其与凯斯勒还设计建造颜惠庆公馆(位于英租界香港路 44 号)。1996 年版《颜惠庆日记》载其名为“博内悌”。显然,把居津外国人的不同译名审慎地搞清楚,也具有研究意义。而这个基础性工作目前并不瓷实。

又如,“卞静涵宅,义租界东马路”。恽毓鼎《澄斋日记》载,1914 年 10 月 14 日“晚餐后,即至乡祠南为卞静涵之夫人诊病(卞氏系盐商,静涵之父号鹭宾,由丁丑进士官部曹)。”卞鹭宾即卞翊清,光绪三年(1877)丁丑科进士,官至户部郎中。卞静涵曾创办启元号茶庄。卞家住宅的遗址在今光复道 1 号,堂号为“启元堂”。这个电话簿又载:“卞宅(信义堂),北门内乡祠前”;“卞述卿宅,北门内沈家栅栏”;“卞耆卿宅,日租界松岛街东兴楼旧址”;“卞荣卿宅,特别二区”“卞祝吾宅,北门内户部街西口”“卞涤吾宅,南关下头”。可见,通过电话簿所载,可进一步了解乡祠卞家成员的住宅分布情况。

总之,老电话簿披露的地址线索很是可观,如果下功夫再检索,再深入,由表及里,由此及彼,没准还能挖出大人物的事迹来。当然,老电话簿也有局限性。如涉及民国初年以及沦陷时期的天津意租界地址、住址,在已见的老电话簿中还是找不到。这就需要旁征博引,注重细致比较。以下再举几例:

---

①《义建筑师邦乃提由奥购运猎枪及自卫手枪请转行发照验放函(十六年十一月二十五日至军事部)》(附义华使函)、《邦乃提运枪护照业经填送到部送请查收转给函(十六年十二月九日复义华使)》,《外交公报》1927 年 12 月第 78 期第 1—2 页。

②孙修福编:《近代中国华洋机构译名大全》,中国海关出版社 2003 年版,第 80 页。

一、德国志诚洋行民初地址在“天津意租界大马路5号”[①]。1917年向中国政府申请注册了好几个胰皂品牌。《中华民国二十六年份天津电话号簿》却载为“陈宅,义租界大马路5号”。陈宅是谁的宅子?此宅到底发生了何种变化?若针对性地查找其他史料,或许就能发现问题,推而广之或许也能生发出研究思维来。

二、日本驻天津领事馆曾于1921年对天津名人及其家族开展的密查,就披露过不少,地址很具体。如:吕调元(大马路11号)、靳云鹏(意租界大马路23号)、王鸿陆(二马路14号)、张怀斌张怀芝(二马路16号)、章宗祥(二马路19号)、张敬尧(二马路27号)、张一鹏(三马路19号)、李士伟(三马路25号)等[②]。至于这些达官显贵寓居期间的具体活动情况以及何时迁居、缘何他往,尚无头绪,都有必要一一查证。

三、天津沦陷期间,在金城银行股东名单中,开列居住在意租界一带的人物十余名。如:王福元(天津义俄交界大陆支行对过13号)、方济堂(天津意界三马路26号)、祥德堂宋捷三(天津意租界六号路荆华里4号)、吴镜谭(天津意租界六号路荆华里29号)、易幼卿(天津河东意租界南西马路3号)、珍如记刘珍如(天津意租界南东马路15号)、齐缦云(天津意界二马路13号)、桂德堂周桂泉(天津意租界河沿马路11号振华公司)、张慕记张绍姜(天津意租界二马路36号)、源达堂赵聘卿(天津意租界四马路18号)、雷鸿侪(天津意租界小二马路8号王宅)、齐源记齐致和(天津意租界三马路2号)、辅庆堂王少章(天津意奥交界三益里12号)、

---

①天津市档案馆编:《天津老商标》,天津古籍出版社2013年版,第92页。

②参见王勇则《八十年前一张表 折射日寇狼子心:一份被公开的日本驻津总领事馆调查表》,《天津档案》2003年第3期。

翟□卿(天津意租界四马路)、严淑记严树声(天津意租界西马路 3 号)、有余堂田宝珍和余庆堂田宝珍(天津意租界大马路 17 号)、李德记李守仁(天津意租界大马路 17 号王宅转)、董宅(天津意租界大马路17 号王松午代)[①]。若将其与老电话簿所载比较,就有值得研究的线索。如《中华民国二十六年份天津电话号簿》载有“张季桓宅,义租界 2 马路 36 号”。“张慕记张绍姜”与张季桓应有实质性的关联。

四、从民间收藏中发现端倪。如,有一张德兴泰铁行铁工部李润之的名片,地址是“意租界河沿马路 10 号”,工场地址位于“河北大王庙后街 12 号”。而据《中华民国二十六年份天津电话号簿》载:“德兴泰,义租界河沿永丰油厂对过”“永丰油厂,义租界河沿马路 10 号”。两相结合,历史信息就立体化了许多。

五、从回忆文章中找契合点。如张惠和《海关生涯见闻》载:1932 年他到“天津意租界大马路 15 号堂兄张务滋家”[②]。《中华民国二十六年份天津电话号簿》载:“胡世良医士,义租界大马路 15 号”。而 1931 年版《天津志略·西医士及其地址一览》则载:“胡世良,义奥交界大马路”。那么,张务滋(应该是大律师)与西医胡世良之间有何瓜葛呢?

另外,如果把不同时期老电话簿涉及的某条街巷地址有序

---

①《金城银行股东名册(1937?)》,蒙秀芳、黑广菊主编:《金城银行档案史料选编》,天津人民出版社 2010 年版,第 39—63 页。因该名册中频频出现“天津特政区”,故可判断该名册生成于 1942 年后。参见《华北政务委员会公布“天津特别行政区暂行条例”》(1942 年 3 月 28 日),天津档案馆、南开大学分校档案系编:《天津租界档案选编》,天津人民出版社 1992 年版,第 92 页。

②上海市政协文史资料委员会编:《上海文史资料存稿汇编·经济金融(4)》,上海古籍出版社 2001 年版,第 81 页。

排列起来,是可以绘制分布图和变化图的。如果这个基础性工作能有序开展的话,还可以把其他文献所载充实进去,进而加以分析。

三 基础资料是后盾

由于天津意租界的史料迄今尚未系统化,因此相关值得研究的课题比比皆是。相对而言,注重宏观性和强调规律性,已不乏研究硕果,令人备受启发。而从某个环节甚至是具体细节着力,摸清坐实,也可为加强研究提供支撑和保障。鉴于天津意租界很多历史细节仍不清楚,因此,强调基础资料是研究后盾是非常必要的。建议有志者(尤其是民间研究者)从未被利用过的基础资料入手,把更多的目光、更大的热情聚焦到反映各时期寓居人物、机构设施、历史事件等原始文献上来。提倡及时公布,反对秘而不宣,既要有整理点校的耐力定力、甘愿做嫁衣的奉献精神,也要有为专业研究者提供原料、半成品的胸怀和雅量。只有这样,才能达成共识、互通声气,也才能形成浓郁的研究氛围和强大的研究合力。

(一)关于人物资料的研究

1. 关于费雷第

谈及天津意租界开发史,费雷第(Vincenzo Fileti)是绕不过去的一个人物,因为他对意租界的发展有开创性贡献。如此,费雷第任驻津领事多少年?都做过什么?又是何时离职改任意大利驻美国旧金山领事的呢?

费雷第就是今人述作经常提到的费洛梯或费洛悌。已见其译名五花八门，又有“费利蒂”[1]“费雷梯”“菲洛梯”等。今人对其事迹的表述多以雷穆森所载为据。雷穆森《天津租界史》中译本记载：“费雷梯上尉一身兼任工程师、卫生专家、公用事业顾问以及行政委员、领事和一般的公务员。”根据译名通用规范，将其名译为“文森佐·菲莱蒂”[2]较为合适。

探讨费雷第的中译名问题，绝非纠缠细节，这涉及到文献检索路径。全方位把握各时期的译名，对促进意租界历史研究很有帮助。这是因为对于费雷第生平，已见记载仍较为简略，其人仍较神秘[3]。报章当年也译其名为“费来蒂”。下面先看看《申报》1920 年1月 23 日第 6—7 版所载《天津意租界华人参政问题》：

中美新闻社译《密勒评论报》云：天津意国总领事费来蒂君，已呈请意国政府，许租界内之华人地主有完全选举权，并以华董加入市政厅。华人深信意国政府必允准之。盖费君此举，实不愧为政治家之“阔大手腕”，且与新世界之进步相符合也。

费君于上星期对人云：余于华人纳税人未要求之前，即许彼等参加于市政，此实为公道所要求。若在五十年前，华人绝不知西方政治制度，此事自然说不到，但日下华人智识大开，熟悉欧洲事情，倘能参与市政，必能多所献替，于界内居民皆有裨益。况彼等既已

---

①如《意租界捐赠土地给传教会的契约（民国二年二月十日）》载为“代理驻天津领事费利蒂（Fileti）”“意国政府代表费利蒂现任代理领事”。天津档案馆、南开大学分校档案系编：《天津租界档案选编》，天津人民出版社 1992 年版，第 412—413 页。

②新华通讯社译名室编：《世界人名翻译大辞典》，中国对外翻译出版公司 1993 年版；新华通讯社译名室编：《意大利语姓名译名手册》，商务印书馆 2012 年版。

③近年来对费雷第的研究有所丰富。如［意］马利楚著、许哲娜译、任云兰校《建构混合态的异托邦空间——天津的意大利租界》，张利民主编：《城市史研究》第 25 辑，天津社会科学院出版社 2009 年版，第 45—63 页。此文译其名为菲洛梯。

纳税，对于市政之如何运行，当然应有发言权。余殊不信不出代议士而可以纳税，不过施行新制之前，当慎重研究其办法耳。在一九一六年，关于意租界内建造公园一事，曾举出三人，组织一委员会，其中一人系华人曾君（译音）。曾为上海人，在天津置有大地产。其他二人，一为建筑家鲍格尼诺氏，一为包工家玛索里氏。曾君因彼及彼之祖国受此光荣，十分感奋，尽力赞助公园事务。其对于栽植树木，均就本地情形及天气，加以斟酌，极有价值，又捐助花木不少，且劝其友人赞助此公园，即此一端。可见，许华人以彼等所应得之事物，必得良好之结果也云云。

按，意租界内，目下所有大地主，多为上流华人。华人之地位，已为许华人入公园一事所承认。据费君言，华人入公园者，行为甚好。该园迄今得保其优美情形。

至于新市厅之组织，拟选出董事八人，半为意人、半为各国之地主。华人因占地最多，大约可得三名。其余一名，无论法、比、英、美之人均可。此外，尚有总董一人。合共九人。总董与董事均由纳税人选出。每人有一投票权。不问其拥地之大小，凡拥有值价五百元之地产者，即有一投票权。市政全归董事九人管理。惟意国当局具有否认之权，于必要时施行之。

此项计划，须一九二一年方能实行。因市厅须彼时方能竣工也。费来蒂君于欧战之前，即提议建一新市厅，极得意侨之赞同。盖意侨亦久欲将该租界改为市政区域（按该租界向作为意国王家土地），当由总领事拟定计划，呈请意政府批准。意政府则复令暂缓，迨去年乃允许此办法。现虽尚未接到正式许可之公文，预料不至改变态度也。

查天津意国租界于一九〇二年由中政府许可设立。一九〇五年，意政府派费来蒂来华管理。最初，界内只有贫民一万八千人。十五年来，努力经营，已成一繁盛市镇。全界土地，现共有七百七十一亩。从海河到东车站，长一基罗密达[①]；从俄租界至前奥租界，阔半基罗密达。界内住有欧人一百五十人、华人一千二百人，皆上等社会。现在，每年市政收入近十万元。一九一九年所收税款，为银元四万〇八百八十一元一角五分、银两三万二千一百〇六两七分五厘，除去一切市政经费外，尚余一万七千元。界内地税之额，在天津为最轻，只占地价二十分之一。房税为百分之三，尚有地皮二十五亩未动用，亦不收税。凡收买之地皮，平均付价二百两一亩。

费君谓，俟市厅造成后，须再修筑海河一带之堤岸。一俟工竣后，不复有改良工程，则税率尚可减低。

询以意国当局是否欲将前奥租界划入。费君答称，此事有误会。彼前曾请中国警厅长将奥界内之几处洼地填平，以重卫生，且使交通便利，否则，由意租界当局代为填平，后华官担任填平。此事即解决矣。

又谓，意当局对于目下租界幅员颇满意，不愿扩大。将来天津如成一头等商埠，而有一"大天津"之存在，则中政府必将土地开放，应许外人置产。彼时，更无须再推广租界云。

费君不久将返意国，与其政府商量关于改变市政等问题。鲍格尼诺氏将与同行，在本国购办云石及油画等，以供新市厅中之陈设云。

此文传递出不少历史信息：

一、意国花园建于1916年至1920年之间，而今人著述均载为

①基罗密达，英文"kilometre"的中文译音，即公里、千米。

1924 年。由于意国花园是中国人参与兴建的,因此,意租界当局至少在当时还不敢把华人拒之于这个公园门外。这也很能说明问题。

二、文中所指的市政厅,当指意租界工部局(位于大马路意大利驻津领事馆附近),其始建年代不早于 1920 年。

三、关于"建筑家鲍格尼诺"。意租界内的梁启超住宅,已知是意大利建筑师白罗尼欧设计的。但对于白罗尼欧的生平,迄今尚无从着手。那么,其与鲍格尼诺有何关系呢?至少此二人是同时期在津的建筑师。

四、关于天津意租界的面积。已见涉及其面积的记载,多以 771 亩为据,但并存多说[①]。此文载明,1920 年前后仍为 771 亩。此载亦可视为官方记载。

而此文对于意租界收入、税费以及费雷第来华时间、控制手段等记载,也都具有价值和意义。

"费雷第"当为其官称,1914 年 4 月 4 日《大总统令》载:"义国……驻天津署正领事费雷第均给予四等嘉禾章。"《益世报》1918 年 3 月 3 日《官场纪事》载有"驻津义国领事官费雷第"。又据 1919 年2 月 22 日《大总统令》:"费雷第晋给三等嘉禾章"。那么他是因何而得到奖赏呢?熊希龄 1919 年 1 月 8 日《关于请奖天津各租界救护水灾出力外人匾额、勋章案呈大总统文》载,天津"义总领事费雷第与该国人德允明[②]等,设立灾民留养所,由本处各补助五千元"。"费雷第"之名出自北洋政府的官方记载,很值得重视,这与刘海岩《并非仅仅

---

①天津市地方志编修委员会编著:《天津通志·租界(附志)》,天津社会科学院出版社 1996 年版,第 58、76 页。参见天津档案馆、南开大学分校档案系编《天津租界档案选编》(天津人民出版社 1992 年版)所载。

②德允明时为在津医士。

是“道契”——租界土地制度的再探讨》提及的“意国领事费雷第”①，也是完全一致的。只是迄今大家还没习惯使用费雷第这个译名。

而对费雷第离任时间，雷穆森亦语焉不详。《申报》1922 年 1 月 11 日所载可为佐证：“新任意国驻天津领事格必利，乘十日九时三十分沪宁火车，北上履新。”总之，开展意租界研究，必须搞清楚历任意大利驻津领事等外交官、政务官的基本情况。比如，驻津意领都参与处理过那些重大事件？奥租界收回前后，他们是如何配合意大利当局，闹着吞并奥租界、拓展意租界的？而抗战爆发前后，又是如何与侵华日军勾结的？其政治主张尤其值得探查和揭露。若不搞清楚驻津意领任职沿革等基本情况，相关研究大概也比较费劲。

前文已提及《天津通志·租界(附志)》对驻津意领的名单遗漏较多，从当年的报章记载中可窥端倪，如：《申报》1925 年 3 月 5 日载，天津“新义领嘉布理”。《申报》1925 年 3 月 26 日《意领事过沪赴津》载“意大利新任驻天津总领事齐格里”。《申报》1925 年 4 月 4 日载“驻津义领更任斯葛理已接事旧领嘉氏定”。《申报》1925 年 7 月 19 日载“津义领锡拉克”。《申报》1927 年 10 月 3 日载“驻津义领更马吉垂悌已到任”。《申报》1931 年 10 月 19 日载 “驻津义领事赖洛”。《申报》1933 年 4 月 13 日载“驻津义领奈劳尼奉罗马政府令，调升驻沪总领事，定下月一日赴沪履新，调驻汉义领查比来津继任”。《申报》1933 年 12 月 1 日载“驻津义领事加握特、义司令加里吉、义工部局长安吉利”。《申报》1937 年 2 月 6 日载“驻津义军司令拉基欧及驻津义总领事札弼，五日晨分别到市府拜会张自忠”。显然，报章的相关记载是不完整的，而且译名随意性较强，如“齐格

①《历史教学》2006 年第 8 期。

里"即"斯葛理","赖洛"即"奈劳尼"。而对于职官名,当年也不乏简称、俗称。这都令人颇费琢磨。

幸互联网资源愈加发达,从多个外文网站中,都可检索到驻津意领的姓名及任职时间, 即:"Cesare Poma(1901–1903);Giuseppe Chiostri(1904–1906);Oreste Da Vella (1906–1911);Vincenzo Fileti (1912–1920);cav.Marcello Roddolo (1920–1921);Luigi Gabrielli di Quercita (1921–1924);Guido Segre (1925–1927);Luigi Neyrone (1927–1932);Filippo Zappi (1932–1938);Ferruccio Stefenelli (1938–1943)"。虽然此名单不一定完整(或许漏载代理领事)、任职起止时间也不一定准确(有的与《申报》及档案所载还对不上号),但足可比照中意文有所遵循。如费雷第卸任时间不晚于1920年。据《申报》所载判断,其应为返回意大利述职后被委任新职的。相信循着以上这些线索下手,可以拓宽检索途径。

2. 关于意租界寓居人物的研究首推梁启超、曹禺等知名人士

对梁启超的研究应是多元的。虽然曾在天津开过有关梁启超的研讨会,研究成果也有不少,如《梁启超与饮冰室》《梁启超和他的儿女们》等,但梁启超在津活动情况还尚未被全面掌握,尤其是对其具体行踪的梳理仍有待加强。如梁启超当时与胡适、余绍宋、杨树达等很多文人名士的交往,及其在庸言报的活动等。又如讨袁运动与天津的实质性关系,莫衷一是的情形仍旧存在。建议关注曾业英的研究成果,很有见地①。关于饮冰室住宅,缪志明在《今晚报》刊发过两篇关于梁启超寓津初期如何搬家的考证文章, 对打开思路很有帮助。总之,梁启超与天津这个课题,值得继续深入下去。

---

①曾业英:《蔡锷与小凤仙:兼谈史料辨伪和史事考证问题》,《近代史研究》2009年第1期。

关于曹禺及其家族的研究，今晚报社筹办过两次征文，亦都已结集出版。一是《曹禺与天津》，二是《〈雷雨〉与曹禺》。笔者曾对曹禺之父万德尊的为官经历感兴趣，爬梳考析过一些其事迹，但还有不少疑问。如，天津曹禺故居纪念馆悬挂的万德尊照片，显系根据曹禺早年照片绘制的，属于权宜之策。那么，到底有没有万德尊的照片存世？其毕业于日本陆军士官学校第六期步兵科，赏给陆军步兵科举人，授协军校，历任直隶总督署军事顾问官、候补道员、陆军少将、南京陆军警察学校校长、将军府参军、直隶第五路巡防统领、山东省长公署警务主任秘书、将军府将军、大总统府秘书厅秘书，官至陆军中将，照片肯定会有，只可惜至今还没有发现。近年来，湖北潜江市曹禺纪念馆对万德尊的研究力度也在加大。其在国家图书馆查《南洋兵事杂志》，已找到一些万德尊诗文。又如《北洋兵事杂志》《云南》等杂志，目前还只知道一些篇目，相关内容都值得下功夫检索。而万德尊的诗文集《杂货铺》，也令人牵挂。再如，曹禺居所与饮冰室离得这么近，很可能抬头不见低头见。而且万德尊与梁启超都卒于 1929 年，两个家族之间有何交往？为何曹禺回忆仅在南开中学听讲座时见过梁启超？还有万德尊居津期间与易乃谦、齐耀珊等军界人物的关系。《民国二十六年份天津电话号码簿》所载的“万宅，义租界南东马路 13 号”，是不是与万德尊家族有关呢？

还有民国年间寓居于此的一批军政大员、商界人物和文教人士，上文已提及一些，另外如奉系将领郭松龄在意租界“三马路卅七号”曾购置住宅一所，还曾“托病住入天津意租界意国医院”[①]。天

①参见辽宁省档案馆编《中华民国史资料丛稿?电稿?奉系军阀密电》第 3 册，中华书局 1987 年版；辽宁省档案馆编《奉系军阀档案史料汇编（6）》，江苏古籍出版社、香港地平线出版社 1990 年版。

津意租界也是反对张勋复辟行动的策源地之一，那么段祺瑞等在此谋议的具体情况，也值得厘清[1]。

除了各时期老电话簿所载部分人物地址外，在文献中也不难发现寓居人物的线索。如《益世报》1929 年 10 月 3 日载，南京国民政府卫生部部长薛笃弼“赴意租界五马路三十四号乃弟薛笃烈[2]私邸休息”。郭则沄 1933 年前后则住“天津意租界西马路五十四号”。其与陈绥士打官司打到最高法院，判决书有载。名人日记、回忆录里也时有谈及意租界的地方，如 2009 年版《曹汝霖一生之回忆》所载其妹曹汝锦与妹夫曾志忞的情况。黄郛、丁文江、董显光、徐世章等，都应继续往深处挖，其住址、活动、交游等还都不具体。广东督军陈炳焜等也有可能在意租界置业。

稍加留意就不难发现更多有意思的线索，如：“平津沦陷，先君避难于天津意租界友人谢戌生先生家，暇时乃以所成诸篇及讲义余稿改写为一完编，前后四十日，始克蒇事。”[3]谢戌生是谁？检《谢辰生先生往来书札·谢辰生年谱》可知，谢戌生为文物专家谢辰生伯兄。谢辰生 1922 年出生后不久，“随母亲寄居在天津三伯父宗汾家——意租界北东马路五号”[3]。历史学家谢国桢（1901—1982）是谢辰生堂兄（谢宗夏长子），曾在梁启超家做家庭教师。谢氏家族与

①参见高鹏《定策？夜奔？隐现：反“丁巳复辟”策划行动若干史实考》，《民国档案》2012 年第 4 期。

②薛笃烈时为天津特别市政府工务局代理局长。

③蒙默：《读蒙文通先生遗著〈周秦民族史〉》，《蜀学》2008 年第 3 辑。

③“谢国捷（1915—1989），字戌生，毕业于辅仁大学哲学系。从二十世纪四十年代开始，先后任天津旅津广东中学国文教师，河北女子师范大学、河北大学中文系及新闻系教授。书斋号有曲全室、万□□等。”李经国编撰：《谢辰生先生往来书札》下，北京图书馆出版社 2010 年版，第 524、554 页。

天津的关系比较密切。

3. 曾氏祠堂被误认为曾国荃祠堂的问题

民间口口相传,该建筑系曾国荃后裔所建家祠。曾氏祠堂旧址在光复道,现为福楼餐厅。此建筑为一层,带地下室,建筑在高台阶上,四面环廊,欧式廊柱均匀分布。建筑面积 1100 多平方米。建筑专家曾称其非为居住功能。此地于 2005 年前后整修时,曾出土“曾××之墓”碑石,后下落不明。此地曾为光复道第三幼儿园所在地。该园某老教师曾在天津广播电台讲过此为曾国荃祠堂,某位整修工程师也说挖出来的就是曾国荃墓碑。笔者不止一次地耳闻过,而且后来还不假思索地误记过、传播过。在此应予检讨。

曾国荃为曾国藩九弟,清末湘军重要将领。光绪初年历任陕西巡抚、山西巡抚,署两广总督、两江总督。谥号忠襄。曾国荃卒于 1890 年,也没在天津当过官。其后人缘何会在意租界建祠堂呢?确实令人百思不得其解。笔者特地买来《曾忠襄公文集》,也就是 2006 年版《曾国荃全集》六卷本,也没有发现什么蛛丝马迹。这个历史谜团,2011 年后被王振良揭开。原来,此宅曾作为上海爱国商人曾铸的祠堂。曾铸(1849—1908)字少卿,历任上海商务总会总理、上海城乡内外总工程局办事总董、江苏铁路公司董事,发起并领导抵制美货运动、收回苏浙铁路权运动。

曾氏祠堂前曾竖有立方柱状石碑。这通石碑在海河意式风情区改造时被某位原民动用铲车运至民权门外原冰里居民区,今仍存。王振良辗转了解到这一信息后,笔者曾陪同其前往调查,得见此碑(碑文已趋漫漶)。王振良遂将全部碑文抄录,包括:“民国八年九月十二日,上海曾少卿先生之像。南通张謇。”“曾君少卿象赞。南通张謇撰书。矫矫曾君,魁垒之士,就业于商,裁利以义,烂其有施,平章沪市，惟华亿众，昔虐于美，靡控靡诉，君挺而起，准海□?平，凭天竖理，百夫一身，当怒彀矢，蛰蛰者苏，咷咷者喜，异族格孚，绸直君子，薄海歌呼，鲁连觏二，盛誉之象，恩利千载。中华民国八年九月。”可见此碑镌立于1919年或之后不久。再将此碑文与《张季子九录(四)》所载《曾少卿象赞》以及《张謇全集(6)·艺文杂著》所载《曾少卿像赞》相较，可知文字大体一致，但亦稍有异。

曾铸之子曾志忞(1879—1929)，是音乐家，与沈心工、李叔同并称中国近代学堂乐歌创作的“三驾马车”。已知其在津期间曾居此宅，因此，此宅应为兼具祠堂功能的住宅。以往关于此建筑为曾国荃祠堂的讹传可以休矣①。

曾铸已于1908年去世，尚未得见其曾在天津意租界居住过的文献记载。而《申报》1920年1月23日提及，“华人曾君”参与天津意国花园建设，“曾为上海人，在天津置有大地产”。其是否为曾氏家族成员呢?这都值得探究。据悉，关于曾志忞在津生活情况，已有学者正在开展专题研究。

(二)关于机构资料的研究

如报馆。以益世报馆、新天津报馆的知名度最大。益世报馆显然是大课题，当年益世报社除办报外，还出版过不少单行本。近年来，专题资料和研究成果愈加丰富，学术论文和学位论文约有数十种，但专著还不多②。其中，对雷鸣远的研究相对比较丰富，而对于在益世报馆工作过的其他名人还缺乏关联性的研究。总之，与大公

①参见王振良著《荏苒芳华：洋楼背后的故事》，天津古籍出版社2014年版，第289页。

②如杨爱芹著《益世报与中国现代文学》，中国文史出版社2009年版。

报馆的研究比较起来，对益世报馆的专题性研究还比较弱，重视程度还不够。

如学校。天津意租界学校不少于10所，如木斋、渤海、含光、智德、育英等中学，木斋、培埴、智德、福婴等小学。除了木斋中学被关注得较多之外，迄今对意租界教育史尚缺乏系统研究，已见史料也过于零碎。

如回力球场（即义商运动场）。在充分掌握天津回力球场历史沿革史料的基础上，再把远东三大回力球场比较一番，是很好的研究选题。

如长芦盐运使署。《民国二十六年份天津电话号码簿》载："长芦盐运使署，义租界2马路长芦盐务稽核所内"；"长芦税警局，义租界2马路37号"；"长芦盐务稽核所，义租界2马路39号、41号"；"长芦盐运使署秘书处，义租界2马路39号"；"长芦盐务稽核分所协理公馆，义租界5马路12号"。1930年代，盐官盐商云集天津意租界成了一个特殊现象。意租界1902年开辟前，"盐味"十足。有盐包累累堆如山的盐坨，有给盐工带来精神寄托的狐仙盐庙。巧的是，长芦盐务衙门和盐官盐商后来纷纷循着这股陈年旧味而来，民主道一度成为长芦盐政管理中心和盐务活动中心。至少有六任长芦盐运使在意租界办公。历任长芦盐务稽核所经理也多有居意租界者。寓居意租界的历任盐官也不少，如长芦盐运使王鸿陆（1921年任）、张廷谔（1924年任）住宅与运署同街相望，王鸿陆居"二马路14号"，张廷谔居"二马路40号"（即原段芝贵宅）。刘恩源1923年任财政总长兼盐务署总办，寓津期间住意租界三马路。天津大盐商也不约而同地扎堆意租界，形成了芦盐官商勾结产物——"河东派"，权倾一时。如：经营永平七县引岸的裕蓟盐务总公司在

“意租界南西马路9号”,董事刘彭寿(即刘壬三)住“意租界西马路”,参与者胡若愚住意租界大马路;又如经营蓟县、宝坻、宁河等61县引岸的德兴盐务总公司在“意租界六马路6号”,董事长吴毓麟(也是津武引岸的董事)曾住意租界二马路。再如,康济恒商运事务所总办事处,设于“意租界五马路26号”①,主办者为李廷玉(即李实忱)。1937年6月,稽核所与运署合并,改组为长芦盐务管理局。局址设在“天津河东特别二区平安街73号”。当时又有不少“盐水”撒在了平安街一带,如总办芦盐出口事宜专署在“特别二区二马路大昌兴胡同21号”,晋运芦盐办事处在“特别二区平安街福安里4号”。1936年版《天津游览志》载,长芦全区缉务管理委员会1936年前已设在“特二区平安街”。长芦盐务管理局后与之合署办公的可能性颇大。再据《天津商会档案汇编(1945—1950)》载,至少1948年10月,盐务局仍在“二区平安街”办公。而检索“长芦盐”“天津盐”,可知已出版的著作和档案资料不一而足,这对缕析长芦盐务在意租界一带的活动情况,提供了方便。

如华北水利委员会。华北水利委员会在近代治河史上有很高地位,肯定是大部头。当然首先要研究从顺直水利委员会和熊希龄等贡献。再说,这里汇集了那么多中外知名的水利专家,包括李仪祉、须恺、李书田、李赋都、彭济群、高镜莹、严恺、徐世大、张含英、王华棠等一大批科技名人,连张伯苓都是华北水利委员会的委员。有的甚至后来还成长为院士,如大地测量与地球地理学家方俊,既有回忆录也有文集,其中关于天津的情况记载得很详细。华北水利委员会当年出版《水利月刊》,单行本又有好几十种。熊希龄、李仪

---

①参见《益世报》1930年7月25日《津武口岸昨尚在继续接收中》。

祉、李赋都等史料也很多，关键是得下大功夫搜罗。在笔者视野内，好像今人专著一本还没有，但已有学位论文[①]。以水工试验所为研究角度的也有论文，如《中国第一水工试验所探源》《中国第一水工试验所始末》等，但总体上还不多。华北水利委员会旧址已于2006年修复，后被列为“第三次全国文物普查百大新发现”“近现代重要史迹及代表性建筑”。笔者仅从其所属测候所的两位抗日烈士吴树德、金海祥的抗战事迹入手[②]，就已深感华北水利委员的研究角度简直是太多了、内容太丰富了，而且是跨学科的（如大沽高程水准基点等）。对此，学者应进一步重视。

---

①李建强：《华北水利委员会研究（1928 年—1937 年）》，河北师范大学 2011 年硕士论文，指导教师徐建平。

②参见王勇则著《碧血英魂：天津市忠烈祠抗日烈士研究》，天津古籍出版社 2016 年版。

海河之畔"罗马假日"的浪漫

每日新报记者 任悦 李海燕

踩着石子路,路旁林立的酒吧、咖啡厅,窗口透出温柔的光,从海河上缓缓而来小风里,隐约有动听的小提琴曲。驻足,回身,或许就在一栋欧式小楼精致的阳台上,看到一个正在拉琴的姑娘。这就是走在意式风情区的感受,宛如徜徉在欧洲街头,很是惬意。吃着意式手工冰激凌,在马可波罗雕像前拍照,不少年轻人盼望着,在这里有一次"罗马假日"一般的邂逅。

今天,我们和专家一起来到这里,为的是探访这浪漫情调之外,当年意租界历史印迹。带着我们逛意式风情区,讲意租界故事的,是天津市河北区政协文史委副主任王勇则。这位长期关注天津意租界历史文化,对该地域的历史脉络、名人行踪、建筑沿革等有所研究的专家,著有《津门开岁:徐天瑞日记解读》等。他将给我们讲述意租界富有色彩的前世今生。

"斧头"地块儿面积小位置佳

现在这么幽雅的意式风情区,在百年前是个什么样子?百余年前,海河北岸为存储长芦盐的盐坨地。英国人雷穆森著《天津的成长》(1924 年版)记载,意租界划定前,这里是破烂不堪的村庄,四周全是浅的臭水坑、垃圾堆和空地。1899 年绘制的《天津城厢保甲全图》也表明,这里大部分为水塘,大小共 7 片,由土路隔开。东南西三面分布民宅及寺庙(朝阳寺、双庙、火神庙等),还有官汛、东汛(为官盐提供保障的驻防清兵)及冰窖,最明显的设施是过街阁、棋盘街等。到 1902 年,这里划归为意租界。意租界是八国联军侵华的产物。1902 年,天津海关道唐绍仪与新任意大利驻华公使嘎里纳签订了《天津租界章程合同》,划定意租界,占地 771 亩,是天津近代九国租界中比较小的一个。其地图形状像个斧子。意租界面积小,起步晚,但是,紧邻天津老城经济带和英法租界经济带,位置优越,是建设舒适居住区的极佳区域,当时,寓居意租界的达官显贵很多。

根据文献记载,1905 年,租界内只有贫民 18000 人,到了 1920 年,租界内住有欧人 150 人、华人 1200 人,皆上等社会人物……由于意租界区域内环境优美,设施完善,文化气息浓厚,因此,当时住进过不少文化名人和达官显贵,如梁启超、刘髯公、华世奎、曹锐、程克、汤玉麟、张廷谔等等。

揭开谜团找意区名人

当年,很多有实力的人物也为这个区域的建设尽了不少力。在 1920 年的一份《申报》上有记载:"1906 年,关于意租界内建造公园一事,曾举出三人,组织一委员会,其中一人系华人曾君(译音)。曾为上海人,在天津置有大地产。曾君……尽力赞助公园事务。其对于栽植树木,均就本地情形及天气,加以斟酌……捐助花木不少,且劝其友人赞助此公园……”这位“华人曾君”,我们本期的主讲专家还专门进行了一些介绍，从这一个人物和他的家族，可以了解到,当时意租界,可真算得上是“富人区”兼“名人区”。

据王勇则先生探究,这位“曾君”或与曾铸家族有关。曾铸亲属在意租界建有祠堂(旧址位于光复道,近年改为福楼餐厅)。该祠堂长期被误认为曾国荃祠堂。民间相传该建筑系曾国荃后裔所建家祠。此地 2005 年整修时发现方柱状石碑,后下落不明。原来的居民及整修人员都说是曾国荃的墓碑。曾国荃为曾国藩九弟,清末湘军重要将领。光绪年间官至两江总督,卒于 1890 年。根据他的生平,在意租界内建其祠堂,颇令人生疑。2011 年,这个祠堂主人的谜团被天津文史专家王振良揭开。数年前整修时发现的石碑尚存,与曾国荃无干,却与爱国沪商曾铸有关。曾铸(1849—1908),字少卿,上海商务总会总理,1905 年开展抵制美货运动。碑上的文字虽已漫漶,但可识别的内容,与张謇 1919 年撰《曾少卿象赞》大体一致。

曾铸之子曾志忞(1879—1929),是音乐家,与李叔同、沈心工并称近代中国学堂乐歌“三驾马车”。其与夫人曹汝锦(也是音乐家,曹汝霖之妹)居住在天津意租界期间,居所就是曾氏祠堂的旧址。此建筑应为兼具祠祀功能的住宅。

不仅是漂亮而且很实用

现在,意式风情区是一处吸引着八方来客的重要旅游景区。可能来这里的人们不知道，这里是意大利本土以外最大的意式风格建筑群，亦是亚洲唯一一处具有意大利风格的大型建筑群。截至2013年，海河意式风情区内的各级文物保护单位和不可移动文物超过60处，其中，全国重点文物保护单位2处，天津市文物保护单位12处，河北区文物保护单位18处。这里不仅有风格各异的洋楼，风情万种的格调，还有人性化和实用性的设计。比如，今年夏季，津城雨多，有几次，市区内开启了“看海”模式，可是，在意式风情区，却是“波涛不起”。

在当年，意租界刚划定时，区域内的地平面，原比西方列强在津已建成的租界都低。意租界当局遂与海河工程局董事长毕希翁商议，实施填垫工程，所用泥土均通过人力就近运来。经大规模平整，最低处居然增高6米多。这为意租界开发建设奠定了基础。1917年天津闹大水时，意租界比大水的水平面高1.5米。水患从不殃及意租界，一直被津津乐道。1939年天津大水灾也是如此。迄今每遇暴雨，此地均无明显积水。当然，这也与海河意式风情区注重排水设施的建设和管理密不可分。

不得不说的两个闹不清名字的外国人

当年意租界的独特设计和精细管理，为这个城市留下了一批文化遗产。那么，谈到这个区域的整体开发和建设，就要来“认识”两个重要的外国人。

先来说说费雷梯(Fileti或费来蒂)。《天津租界史·插图本》载其生平事迹称，“费雷梯上尉一身兼任工程师、卫生专家、公用事业顾问以及行政委员、领事和一般的公务员。”费雷梯在不同的文献资料中，有各种不同的译名，不过，他这个名儿应该怎么叫，不做专业研究的普通人，倒是无所谓，只关心他在这里做了什么就行了。根据有关资料信息，1905 年，意政府派费雷梯来华管理，经过多年努力经营，到 1920 年，这里已成一繁盛市镇。当时的报章记载："意租界内地税之额，在天津为最轻……市厅造成后，须再修筑海河一带之堤岸……费君不久将返意国，与其政府商量关于改变市政等问题。鲍格尼诺氏将与同行，在本国购办云石及油画等，以供新市厅中之陈设。"文中所指的市政厅，当指意租界工部局。这位意大利人，在政治上也有他的独特见解，文献记载："天津意国总领事费来蒂君，已呈请意国政府，许租界内之华人地主有完全选举权，并以华董加入市政厅……盖费君此举，实不愧为政治家之'阔大手腕'，且与新世界之进步相符合也。"

在前边已经提到了另一个外国人的名字——鲍格尼诺，这又是谁呢？他是一位建筑师。他的译名也是有多个版本，研究人员一直在考证。现在，研究历史或是建筑的人，常提及意国建筑师鲍乃弟(Bonetti)，称其与奥国建筑师盖苓、瑞士建筑师凯斯勒合作，在意租界设计回力球场、立多利大楼及民宅。鲍乃弟(Bonetti)应该就是指的这个人，但民国年间官称"邦乃提"。也有人认为，意租界内的梁启超饮冰室，设计者名叫白罗尼欧，这个名字，也可能是鲍格尼诺的另一个译名。当然，这个还在考证和争议中。外国人的名字，虽然有些让人"零乱"的感觉，但是，他们确实设计出了很多有特色的建筑，让我们到今天还可以用来研究、观赏这些属于世界的历史文化的遗存。

(2016 年 8 月 21 日《每日新报》第 11 版"人文新刊·讲场")

问津讲坛第 37 期

(2016 年 8 月 27 日)

奥租界的烟云过往

主讲人:周醉天

周醉天　祖籍浙江临海,1962 年生于天津,毕业于南开大学法学系,原天津市高级人民法院刑事法官。《千秋功过袁世凯》作者,独立学者、专栏作家、近代史研究者、天津市作家协会会员、天津市历史学会艺术史委员会会员,问津讲坛主持人。

奥租界的烟云过往

周醉天

天津有九国租界，是中国近代史上拥有租界数量最多的城市。在这九国租界当中，设立最早的是英法美租界。经营最好的是英租界，法租界次之，意租界是后起之秀。比较大的是英、俄、比租界，最小的是美租界，且让人代管，存在感弱一些。日租界最乱。那么，九国租界中的奥租界呢？奥租界是九国租界中最不起眼的，很多人对奥租界并没有认知。今天就给大家介绍奥租界。

奥租界大马路（今河北区建国道）

一 奥租界是谁的租界

奥租界是哪个国家的租界?很多人估计会说是奥地利租界。这种说法当然是错的。奥租界其实是奥匈帝国的租界。奥匈帝国在哪呢?为什么现在体育比赛、国际会议里看不到这个国家?因为它没有了,现在已经没有奥匈帝国这个国家存在了。那么它曾经是怎样一个国家呢?

奥匈帝国属于欧洲,1867年至1918年间是"二元君主国"。所谓二元君主国,又称双元王国、双元帝国,是一种政治体制。这种政治体制的特点是,两个分开的王国由同一个君主来统治,对外采用一致的外交政策、相同的关税同盟,并且共同拥有同一只军队。但在对内的其他事务,则采取分别自治。1867年至1918年,奥匈帝国由匈牙利王国与奥地利帝国组成联盟,全称是"帝国议会所代表的王国和领地以及匈牙利圣史蒂芬的王冠领地"。其实,从"帝国议会所代表的王国和领地以及匈牙利圣史蒂芬的王冠领地"这个名字就能看出来一个现象,奥匈帝国实际上就是两块领地的结盟,也是奥地利帝国和匈牙利妥协的产物。在奥匈帝国,匈牙利对内享有一定程度的立法、行政、司法、税收、海关等自治权。在对外事务方面(外交和国防),匈牙利则与奥地利一样,统一由帝国中央政府处理。匈牙利国王与奥地利皇帝是同一个人,即Franz·Joseph。这就是典型的二元制君主国,人们提到二元君主国时往往指奥匈帝国而言。

奥匈帝国曾经发生过非常著名的事件,成为第一次世界大战的导火索,即萨拉热窝事件。事件的详细过程是这样的:

奥租界的奥匈帝国士兵

1914年6月28日，这一天是星期天，奥地利皇储弗兰茨·斐迪南大公携妻子索菲亚来到波斯尼亚首府萨拉热窝，作特别访问。这个时候，无论是萨拉热窝，还是波斯尼亚，都被奥匈帝国统治着。而这一地区在被奥匈帝国统治之前，是由奥斯曼帝国统治的。奥斯曼帝国就是土耳其的前身，是比奥匈帝国更早一些的强国，曾占领欧亚大片土地，塞尔维亚、波斯尼亚都曾被其占领。后来，奥匈帝国打败了奥斯曼帝国，才占领了波斯尼亚。由此可以看出，奥匈帝国当时有强大的国力。

20世纪摆脱了土耳其人统治的塞尔维亚日趋强大起来，成为南部斯拉夫人的核心。而波斯尼亚和黑塞哥维那两地的斯拉夫人，希望与塞尔维亚合并，建立统一的南斯拉夫国家，强烈要求摆脱奥匈帝国的统治。而奥匈帝国不愿意看到统一的南斯拉夫出现，于是加紧进行以摧毁塞尔维亚为目标的战争准备。主持制定侵略塞尔维亚战争计划的，正是斐迪南和总参谋长冯。

当时，在塞尔维亚国内已出现反奥宣传活动和爱国团体，从行为上看也差不多就是个暗杀组织。在德国的支持下，1914年奥匈帝国决定在邻近塞尔维亚边境的波斯尼亚萨拉热窝举行大规模军事演习，时间选定在6月28日，这一天正是塞尔维亚国庆日。斐迪南夫妇决定亲自前往萨拉窝巡视。针对奥匈帝国的这一挑衅行动,一些秘密组织拟定了行刺斐迪南的计划。6月28日上午10时左右,斐迪南夫妇在城郊检阅部队之后,乘坐敞篷汽车进入萨拉热窝城。当车队经过市中心米利亚茨卡河上的楚穆尔亚桥驶进阿佩尔码头时,埋伏在这里的第一个暗杀者没能动手,因为一个警察走过来站在他面前。相距不远的另一个暗杀者察布里诺维奇突然从人群中冲出来，向斐迪南夫妇乘坐的车掷出一枚炸弹,但被车篷弹到地上,在第三辆车前爆炸,碎片击伤了一个将军的副手和一个女侍。斐迪南故作镇静地走下车,察看现场,对被警卫捉住的察布里诺维奇瞄了一眼，然后登车挥手说:“先生们,这个人发疯了,我们还是按原计划进行吧。”车队迅速驶进市政厅,斐迪南夫妇参加了市政厅举行的欢迎仪式,然后略作休息,驱车前往医院看望受伤的随从。

天下事很多都充满了传奇。本来是去医院，但司机拐错了方向,正好撞上了在街口拐角处守候的秘密组织成员普林西波。普林西波当即拔出手枪,刚要举枪射击,被一个警察发现,警察冲上来就要抓他的手臂。正在这时,又出现了一名秘密组织成员名叫米哈伊洛·普萨拉,他朝警察颈部猛击一拳,警察冷不防一个趔趄。这时,普林西波的枪声响了,奥皇储夫妇双双毙命。顿时,四下里一片混乱,米哈伊洛趁机飞快地逃离了现场,而普林西波当场被捕,死在狱中。这就是萨拉热窝事件的经过。

1914年7月28日,奥匈帝国向塞尔维亚宣战,直接引发了第一次世界大战爆发。1914年7月30日,俄国开始总动员出兵援助塞尔维亚。1914年8月1日,德国向俄国宣战。同年8月3日,德国又向法国宣战。1914 年 8 月 4 日，德国入侵保持永久中立的比利时。同日,英国向德国宣战。8 月 6 日,奥匈帝国向俄国宣战。8 月 12 日,英国向奥匈帝国宣战。

1917 年 11 月,俄国发生十月革命,建立了新政权。新政权宣布退出战争,各同盟国(德意志帝国、奥匈帝国、奥斯曼帝国、保加利亚)也无力再战,战败求和,第一次世界大战结束。

正是第一次世界大战,导致了奥匈帝国这个国家被瓜分了。一战之后，奥匈帝国分裂为多个国家，在其领土上新成立了四个国家,即奥地利、匈牙利、捷克、斯洛伐克。同时其它部分领土被意大利、罗马尼亚、波兰和南斯拉夫占领。

二十世纪初，奥匈帝国驻天津署理领事与天津海关道唐绍仪订立《天津奥国租界章程合同》,天津奥租界出现。因此,天津奥租界理应是奥匈帝国的租界。

二 天津奥租界的历史

天津租界的形成有几个阶段,每个阶段伴都随着战争:第二次鸦片战争结束后,天津出现了英、法、美租界;甲午战争结束后,出现了日本租界与德国租界,同时英国还扩张了租界;八国联军入侵津京后,新形成天津的俄国租界、意大利租界、比利时租界、奥租界。至此,九国租界在天津全部出现。

原天津奥租界的位置在海河东岸:西边濒临海河,与天津城隔东浮桥相望;东到京山铁路(津榆铁路),北至金钟河(今河北区狮子林大街)。隔河(现今是隔条马路)是法国建筑望海楼天主堂,东南方隔马路(该马路是现在的北安道,也称胜利路)与意租界相邻。

奥租界的总面积,计约1030亩。为什么这个区域会成为奥匈帝国的租界呢?1900年八国联军占领天津时,最先由德国军队占领天津城东海河东浮桥对岸的一片市区（今河北区北安桥至河北区狮子林桥一带)。当德国的这支部队调防北京时,便改由奥国军队驻守。随着俄国、意大利、比利时相继在天津开辟租界后,奥匈帝国也要求援例设立专管租界。清光绪二十八年十一月二十八日，即公元1902年12月27日,奥匈帝国驻天津署理领事贝瑙尔与天津海关道唐绍仪订立了《天津奥国租界章程合同》,奥租界正式出现于天津。

奥租界出现后，内部情形大致是怎样呢？其主要道路是大马路,也就是今天河北区的建国道。那时候奥租界当局保留了北侧的兴隆街、十字街、于厂大街、粮店前街、粮店后街等传统的华人居住街坊,同时填平了大马路南侧的水坑洼地,并规划了四条东西向的马路,即大马路、二马路(今河北区民主道)、三马路(今河北区进步道)、四马路(今河北区自由道),以及三条南北向马路,即今平安街、寿安街、庆安街。

奥匈帝国统治者在欧洲惦记着图谋巴伐利亚普鲁士的领土,同时还要对抗俄国,因此对天津租界的控制非常有限。奥租界的行政管理机构为工部局,下设警务处、工程处、捐务处,还设一个卫生巡捕长，管理全区的卫生事宜。奥租界的行政大权掌握在警务处下,巡捕长为奥国人,副巡捕长则由中国人担任。巡捕共七、八十人,都是雇用中国人充任的。与此同时,奥租界工部局还将位于河北区的海河以东地区化为四段。每一段设一个“派出所”,由一副巡捕长带领两个头目,负责全地段的治安工作。

奥租界所在区域原为天津老市区的一部分，租界开辟前已经有众多的华人居民。1906年天津奥租界人口为25744人,其中外国侨民 232 人,中国人 25512 人。此后,奥租界工部局规划挖高垫低,填平租界南部的低洼沼泽,强迫居住在北部高地的中国居民迁移,造成界内中国居民大量外迁。到 1910 年,居住在奥租界内的华人还有 14946 人。

由于奥租界地处海河岸边，且又与繁华的商业区隔河相望,自然成为一部分军阀政客的首选居住之地,例如冯国璋、袁世凯、鲍贵卿、王占元、王士珍、龚心湛、曹锟等等,都在此建有富丽堂皇的寓所。奥租界的建筑多为独立的花园洋房,环境优雅,大部分为 20 世纪名人寓所。建筑风格多种多样,有文艺复兴式、希腊式、哥特式、浪漫主义式、折衷主义式及中西合璧式等。

最早在奥租界添置房产的是曾任民国大总统的冯国璋，在其任直隶总督时，就将工部局工程师布吕纳建造的三所楼房纳入名下。1917 年 7 月 30 日,冯国璋的眷属和男女仆夫百余人为躲避张勋复辟所带来的动荡住进奥租界。其后,吉林督军鲍贵卿、湖北督军王占元、国务总理王士珍、龚心湛,卸职后都在奥租界建房居住。这些寓公进入租界带来了大量财富,推动了租界的建设和发展。

三 奥租界的名人

“左右逢源”的奥租界,已经成为海河左岸的一道风景线。这道风景线是由两个人组成的,袁世凯、冯国璋。

(一)袁世凯

袁世凯虽然科举不中,但从袁世凯父辈所给予他的教育来看,袁世凯绝非不学无术之人。其家庭出身还是属于“高干家庭”:叔祖父袁甲三，相当于现今的国务委员，甚至副总理；父辈也有几位是“部级干部”。可惜，袁世凯却未能高中。“大丈夫当效命疆场安内攘外，乌能龌龊久困笔砚间自误光阴”，这是袁世凯绝意科举的誓言，走出了另外的一条道路。

在朝鲜，袁世凯两次平定叛乱，把占领皇宫的日本军队打跑。另外也做了许多有益的事情，诸如练兵、海关、无线电、金融铸币等，从而赢得朝鲜君民的热爱。甲午战争前夜，袁世凯回到北京。

在北京，袁世凯与徐世昌分别十六年后重逢，重叙旧好；与康有为、梁启超等维新派一起，组织强学会，捐款并参与维新变法的宣传事务中。后袁世凯被委以温处道而不就，在督办军务处做听差。为什么？为了寻求更有发展的机会。练兵是有前途的，也被袁世凯认可，但却被胡燏棻捷足先登。于是袁世凯开始运作，并终于运作成功。徐世昌送袁世凯出崇文门，赴天津上任。

小站练兵之后，袁世凯署理山东巡抚。李鸿章去世后，袁世凯又任直隶总督兼北洋大臣，1902 年 8 月 15 日至天津上任。1907 年任军机大臣执掌外务部，1909 年 1 月罢官回籍。1911 年 11 月复出，1912 年 3 月 10 日就任中华民国临时大总统（第二任），10 月经选举为第一任（正式）大总统。1916 年 6 月 6 日去世。

袁世凯奥租界中的楼房于 1917 年建成。位于奥租界金汤二马路（今天津市河北区海河东路三十九号），是袁世凯在光绪三十四年（1908）间买的一块地皮（五点七亩），委托英、德建筑师设计成欧洲古典式建筑。此楼高三层，砖木结构，共有房五十四间，建筑面积两千零八十九平方米。这幢德式外观的小洋楼，红色的陡坡屋顶，扣钟状的采光亭。从海河对岸观看，宅邸最引人注目的是四周墙身托起的又高又陡的双坡顶，以及在屋顶上建造的采光亭。据介绍，

袁氏旧宅

这种造型起源于意大利文艺复兴早期，并在德国建筑风格中进行演化,变为有外棱的“扣钟”。这种造型简洁活泼,其建筑风格在天津独一无二。有鉴于这幢洋楼在天津小洋楼建筑中的重要价值,1997 年“袁氏宅邸”被列为市级保护文物。

(二)冯家的故事

冯国璋天津故居位于河北区民主道 50—54 号和海河东路花园巷,当年是奥租界二马路与沿河马路。1913 年,冯国璋买下了此处原有的由奥地利人盖的三所楼房，又委托一位德国建筑师按原建筑风格进行扩建。建成后共有楼房 110 间,平房 54 间,人称“冯家大院”,如今这里已经成了一家饭馆。

在直隶总督任上,冯国璋在“冯家大院”住过一段时间。后来主政江苏,又去北京代理民国大总统,就不在大院居住了。现在冯氏家族在天津还有很多人,年纪最大的是冯国璋四子冯家迈的长女、

冯国璋旧居

冯巩的姑姑冯容。冯容生于1933年2月，在冯国璋的孙辈中排行十九，自小生活在北京。

冯家的家教严格，家风淳厚。冯国璋的妻子，也就是冯容的奶奶，一生没有停止过劳动。当年府中佣人众多的时候，她也经常为冯国璋下厨烧菜。冯容后来考上清华大学建筑系，毕业后分配到军工单位四机部。因出身不好，1957年12月被调到塘沽盐场当技术员，自此便定居天津。这一年冯容24岁。

1980年，冯容被选为塘沽区副区长，分管城市规划与建设。在副区长任上，她干了一件大事——为天津经济技术开发区的选址。后来在市规划局副局长任上，冯容也主持了很多天津市重点工程的规划建设，诸如京津塘高速公路、天津站铁路枢纽改造、天津古文化街的建设等等。1993年，冯容退休。退休后，冯容仍然关心关注天津的城市发展，对于天津历史风貌建筑也有一种保护的责任心。冯容女士提出保护民园，保护五大道，为天津的城市发展、历史文化的保护做出了贡献。

（三）曹锟的故事

曹锟家族在奥租界的房子叫“曹家大楼”，位于今天的进步道

94号，也就是进步道与北安道拐角处。曹家大楼建于民国初年，属意大利建筑风格，砖木结构，局部三层，原有甲、乙、丙、丁、戊几幢建筑组成，平面布局紧凑。主体建筑运用拱券门洞石柱式、石条台阶等建筑形式，楼前为圆形台阶，入口由三连圆拱券与爱奥尼克式廊柱构成，立面正中山墙饰富于变化的弧形曲线和弧形矩型窗饰花卉，高坡楼顶。这幢正面楼座，连同后面民族路现武警干休所的楼房，中间有"天桥"连通，整个建筑宏伟庄严。

中华民国大总统曹锟为天津东大沽人，生于贫寒之家。父亲曹本生，是一个排船（即造木船）工人，生有五男：长子曹镇（馥庭）、次子曹锟（仲珊）、三子曹锐（健亭）、四子曹钧（秉权）、五子曹锳（子振），女二：曹大姑、曹二姑。曹锟起家得道后，曹锟兄妹亦得势而起。曹家大楼早年为曹镇、曹锳旧宅，也有人说是曹锐私宅，亦或曹锟私宅。归属虽不明确，但隶属曹家无疑。因此，百姓都称其为"曹家大楼"。据说曹家大楼未建成即停工，并闲置多年。1928年，市港务局在此办公。1930年港务局裁撤后，留德医学博士李允恪在此筹建市立医院，后为天津市立第一医院门诊部。曹家大楼主体保存完好，因独特的建筑形式，近年来成为影视剧的取景地。

曹氏家族的兴旺离不开曹锟的发达。作为中华民国总统，曹锟还背着"贿选"的名声，背了一百多年。

曹锟是如何逐渐发达的呢？1894年底，胡燏棻主持编练新军，最初在新城，后移师马厂。胡燏棻请的德国教习，用德式武器，按德国操典，一共练成十营四千七百五十人，名为定武军。定武军里还有若干前来投效的武备生，这些武备生都是北洋武备学堂的毕业生，其中就有曹锟。1895年10月下旬，定武军移驻天津小站练兵。同年12月16日，袁世凯接管定武军。进入定武军，入胡燏棻麾下，曹锟开始在军界崭露头角，并逐渐发达起来，曹家也随之发达了。

军阀混战时期，曹锟是直系军阀的首领，通过直皖战争、直奉战争打败了皖系和奉系，并拥戴黎元洪第二次出任总统。在黎元洪任上，有人提出给议员发钱。为什么给议员发钱？这里面有历史背景。民国初，议员经常不参加会，例如1923年制定宪法的会议屡次流产。热心于制定宪法的人非常担忧，于是想尽办法欲促成此事，便提议修改宪法会议规则：出席者，给出席费二十元；缺席者，则扣费；请假，须有五位议员证明；缺席超两次者除名，等等。因此，给议员发钱一说，是黎元洪在总统任上已经确定好的事情，跟曹锟没有关系。

另外，关于曹锟“贿选”还有一个历史背景，值得注意：1913年9月《中华民国议院法》公布施行，中有规定国会议员得享“岁费”。“岁费”，就是议会按年给议员发的津贴，议员岁费每年五千元。除岁费外，每年两院议长有“交际费”五千元，副议长三千元，而议员还有数目不等的差旅费。当时五千元岁费，大致相当于国立大学教授的薪俸水准。由于民国政府财政极度困难，库空如洗，而国会对议员岁费做出如此之高的规定，引起报刊舆论及各界人士的强烈不满，饱受国民诟病。实际上，民国政府财政紧张，议员们也很难拿到，或者不能足额拿到岁费。日积月累，欠议员的各项津贴就有五千元，如此就有议员制造闹事、拒绝开会等事端。于是，就有曹锟开五千元支票给议员发钱的事情发生了。但这应该理解成补发历年欠薪，而不能将其认为是“贿赂”。据领取五千元支票的议员汪建刚表示：“虽然接受了众议院会议科所送补发的岁费五千元，但并未附带什么条件，也没有在选票上写过曹锟的名字，自认为比较干净……。”吴景濂曾经说过，可以“出席不选曹”。叶夏声是国民党元老了，他则致电国民党的议员，要求“出席选孙”。陈垣说“补发欠薪，受之何愧”。据此可知，议员们领曹锟发的五千元支票是心安理得的，没有背负什么情感、道德的包袱，也可以说明曹锟发钱的行为非是“贿选”。

结 语

奥租界划定后，首先要修建道路，因东浮桥一带是老城区，在租界划定之前已有数万中国人在此居住。该区内屋户鳞次，人烟稠密，商业也比较繁荣，堪称天津城市的发源地。兴隆街、十字街、于厂大街、粮店前后街都是老居民区，街巷已经定型，难以改变。规划地带只能集中在东浮桥大马路的南面（今河北区建国道、民主剧场附近），这一地区地势低洼，住户寥寥无几。为此，奥租界当局首先实行填平工程，并规划了四条马路、三条横街，还有一个大兴昌胡同。东浮桥大马路两侧地势陂斜，北高南低，将高处挖出一米多才建成平行马路。为修建从东北角通往老龙头火车站的电车线，比商天津电车电灯公司同津海关与奥、意租界当局合资，将东浮桥改建为铁桥，名为金汤桥（原桥今已被废弃，现桥为新品），开通了通往东车站的电车。随着租界地区的发展和电车的运行，城市中心逐步沿着电车行驶线路向租界地区转移，电车沿线也逐渐形成新的商业区。同时，大批华商也将其资本从华界转入奥租界。大马路电车沿线到处是商店、戏院、茶园、菜市场、饭馆等，逐渐形成了一条繁华的商业街。坐落于天津法租界的济安自来水公司和法国电灯公司直接供应天津奥租界居民用水用电。

1917 年 8 月 14 日，中国政府对奥宣战当天，中国军警进驻天津奥租界，该租界被改为天津第二特别区，区公署主任为刘凤鸣。1918 年北洋政府与奥签订和约，完成收回租界的法律程序。1919 年 7 月 12 日，意大利政府代表致函巴黎和会，提出由意大利接租天津奥租界，理由是："津租界意最小，不敷居住。奥界毗连意界，有桥直达华界，意得之，可兴商务。奥界多水坑不料理，碍卫生，意得之，可整顿；意不欲强据奥界，愿请 5 国公平估价，由奥约陪意款项下扣除。"当月 15 日，因美、法、日反对，意大利建议在和约中写明天津奥租界全部交还中国，仅在赔偿中写明中国允将奥界一部划归意租界等。但巴黎和会六国专门委员会并未同意意大利的建议，于是，意大利接租天津奥租界的企图未能实现。

最"短命"租界的烟云过往

每日新报记者 任悦 李海燕

上一期的《问津讲坛》,我们让读者领略了百余年前,天津九国租界中,意租界留下的浪漫风情。当时的意租界面积较小却别有风韵。与意租界相邻,有一个一直不太被人重视,甚至被误当成意租界一部分的"小天地",那就是奥租界。这一次,我们就借着九月的好天气,跟着专家去秋游奥租界的遗存,别看它不像英、法、意等租界那么有名,可是,它也记录过一段历史的烟云过往,创造过多个纪录——它是近代中国唯一的一个奥匈帝国租界;它是当时天津最北部的一个租界;它也是最"短命"的一个租界。今天要给我们讲奥租界故事的,是天津市作家协会会员、天津市历史学会艺术史委员会会员周醉天先生。他曾在2012年出版专著《千秋功过袁世凯》;2014年担任《近代天津名人传略》撰稿人。现在还是"天津法院博物馆"顾问、红桥区档案馆文史顾问。现在,我们就和周先生一起找找奥租界留下的记忆。

不起眼儿的奥租界

当年,在天津设立的九国租界,英法美租界设立最早;英租界经营最好,法租界次之,意租界是后起之秀;英、俄、比利时租界都很大,美租界最小,并且让别国代管,几乎就是没有形成过租界,而比利时租界基本上没有搞起来。那么,奥租界呢?就更不起眼儿了,甚至许多人就没有奥租界的概念。它当年是哪一个国家的租界,一般人也都稀里糊涂说不清了。有人说是奥地利租界,有人说是澳大利亚租界,其实,都不是,它是奥匈帝国的租界。到了现在,它的痕迹几乎淹没在意式风情区里边了,很少有人再提到曾经有个奥租界。

1900年,八国联军占领天津时,德国军队占领了天津城东,海河东浮桥对岸的一片市区(今河北区北安桥至河北区狮子林桥一带),当这支部队调防北京时,改由当时的奥匈帝国军队驻守。当俄国、意大利、比利时陆续在天津开辟租界后,奥匈帝国也要求按例设立专管租界。1902年12月27日,奥匈帝国驻天津署理领事贝瑙尔,与天津海关道唐绍仪订立了《天津奥国租界章程合同》,天津奥租界正式开辟。它是当时天津九国租界中最北面的一个。奥租界坐落于海河东岸,东到京山铁路,北至海河支流金钟河(今河北区狮子林大街),隔河,现在说就是隔条马路,就是法国建筑望海楼天主堂,东南方隔路(今河北区北安道,也称河北区胜利路),与同样位于河北区的天津意租界相邻。四至面积1030亩。天津奥租界是近代中国唯一的一个奥匈帝国租界。

奥租界的"装修工程"

奥租界划定后，首先就是修建道路。因东浮桥一带是中国老城区，在租界划定之前已有数万中国人在此居住，屋户鳞次，人烟稠密，商业也比较繁荣，堪称是天津城市的发源地，像兴隆街、十字街、于厂大街、粮店前后街都是老居民区，街巷已经定型，难以改变。只能将规划地带集中在奥租界的东浮桥大马路的南面（今河北区建国道、民主剧场附近）。这一地区是大水坑，地势低洼，住户寥寥无几。为此，奥租界当局首先实行填平工程，并规划了四条马路，即大马路（今河北区建国道）、二马路（今河北区民主道）、三马路（今河北区进步道）、四马路（今河北区自由道）；横向马路有河北区平安街、河北区寿安街、河北区庆安街，还有一个大兴昌胡同。东浮桥大马路两侧的地势陂斜，北高南低，为了找平，将高处挖出一米多，才得以建成平行马路。当年，比利时国电车电灯公司为修建从东北角通往东火车站的电车线，同天津海关一起与奥、意租界当局合资，将东浮桥改建为铁桥，开通了通往东车站的电车。随着租界地区的发展和电车的运行，城市中心逐步沿着电车行驶线路向租界地区转移。电车沿线也逐渐形成新的商业区。同时，大批华商也将他们的资本转入奥租界。到这个时候，大马路电车沿线，到处是商店、戏院、茶园、菜市场、饭馆等，逐渐形成了一条繁华的商业街。坐落于天津法租界的济安自来水公司和法国电灯公司直接供应天津奥租界居民用水用电，这里也就成了当时比较时尚的生活区。

奥租界里“挖”名人

由于奥租界地处海河岸边，闲时可以欣赏海河的旖旎风光，别有一番情趣，且又与繁华的和平、南开商业区隔河相望，本区域生活品质又很高，所以，在清末民初的动荡时期，不少失意下野的中国政界人物就看中了这里的环境，选择入居到这个世外桃源。最早在奥租界添置房产的是曾任民国大总统的冯国璋。他 1913 年任直隶总督时，就将工部局工程师布吕纳建造的三所楼房纳入名下。1917 年，冯国璋的眷属和男女仆夫百余人为躲避张勋复辟所带来的动荡，住进奥租界。其后，吉林督军鲍贵卿、湖北督军王占元、国务总理王士珍、龚心湛、大总统曹锟等人，卸职后都曾在奥租界建房居住。这些寓公进入租界所带来的大量财富，推动了租界的建设和发展。那些名人们在这个区域多是建设了独立的花园洋房，风格多种多样，建筑形式有文艺复兴式、希腊式、哥特式、浪漫主义式、折中主义式及中西合璧式等。

两大旧居“左右逢源”

现在，海河左岸有一道风景叫“左右逢源”。它是由两个名人旧居组成的——袁世凯和冯国璋旧居，冯国璋的“冯”与袁世凯的“袁”让这两个比邻而居的建筑合称为“左右逢源”。

“左右逢源”中的袁世凯旧居，那座很有代表性的小楼 1917 年建成，它位于奥租界金汤二马路（今天津市河北区海河东路三十九号），是袁世凯在光绪三十四年（1908）买得的一块地皮，后来建成这幢德式外观的小洋楼。从海河对岸观看，这个宅邸红色的陡坡屋顶,扣钟状的采光亭别有风韵。这种造型起源于意大利文艺复兴早期,在德国建筑风格中进行演化,造型简洁活泼,极有特色。1997年,因为它在天津小洋楼建筑中的重要价值,被列为市级保护文物。这类建筑风格在天津也是独一无二的。

冯国璋旧居是一幢红色小洋楼,位于河北区民主道50—54号和海河东路花园巷,当年是奥租界二马路与沿河马路。1913年,冯国璋买下原来的三所楼房后,又委托一位德国建筑师按原建筑风格进行扩建,修建了庭院式花园,建成后共有楼房110间,平房54间,人称"冯家大院"。如今这里已经成了一家饭馆。据说,有很多年轻人喜欢在这里办婚礼,就是想感觉一下"大宅门"的生活场景。

奥租界是怎么"消失"的

天津奥租界仅存在14年,是最短命的一个租界。1917年8月14日,当时的北洋政府对奥宣战。当天,中国军警进驻天津奥租界,该租界被改为天津第二特别区,区公署主任为刘凤鸣。有一个叫杨以德的警察厅长,带领中国军警接管奥租界,这位"杨厅长"也是一个争议性人物,一百年来,他的名声并不好,以前天津人都叫他的外号"杨梆子",但实际上他也做过一些好事,比如给那个告状的"杨三姐"报了仇,这是另一个故事了,与租界无关。

1918年、1921年北洋政府先后与奥、德签订和约,完成了收回租界的法律程序。1919年7月12日,意大利政府代表致函巴黎和会,提出由意大利接租天津奥租界。理由是:"津租界,意最小,不敷居住。奥界毗连意界,有桥直达华界,意得之,可兴商务。奥界多水坑不料理,碍卫生,意得之,可整顿;意不欲强据奥界,愿请5国公平估价……”意思就是说,想接手奥租界,意大利会好好经营这块地方。过了3天,因美、法、日反对,这个动议没有成功。意大利改而建议:在和约中写明,天津奥租界全部交还中国,仅在赔偿一章中载明,中国允许将奥租界的一部分划归意租界,这个主意又遭到巴黎和会6国专门委员会的反对,意大利接租天津奥租界的企图未能实现。

(2016年9月18日《每日新报》第11版“人文新刊·讲场”)

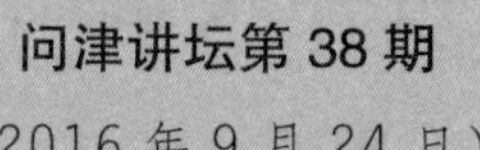

问津讲坛第38期

（2016年9月24日）

德租界及德国人

主讲人:周利成

周利成 *1965*年生人，天津市档案馆副研究员，编辑研究部副主任，授天津市档案系统编研专家衔。著有《天津老戏园》《外国人在旧天津》等。近十年来，一直致力于老画报研究，收集清末至民国时期画报近二百种，其中有许多孙中山的珍贵资料。

德租界及德国人

周利成

一　德租界的设立、扩张与收回

清光绪二十一年（1895）八月，德国驻华公使绅柯(F reiherr Schenk zu Schweisberg)照会清廷总理衙门，借口德国在中日甲午战争后“迫日还辽(东半岛)”有功，向清政府索要天津、汉口划定租界的权利，以享受与英、法两国在中国通商口岸的同等待遇。与此同时，德国外交大臣也向清政府驻德公使许景澄提交了“租界节略”，毫无实力抗衡的清政府遂饬令天津海关道同驻津德国领事商谈划定租界事宜。同年九月十三日，直隶总督王文韶饬派天津海关道盛宣怀、天津道李岷琛，与德国领事司艮德（Baron Edwin Vonseck-endortt)在天津签订《天津租界合同》，允许德国在天津设立租界。合同规定，天津德租界东临海河，北接美租界(今开封道东段)，西至海大道(今大沽路)，南自小刘庄之北庄外起顺小路(今琼州道)至海大道，总面积共计 1034 亩。

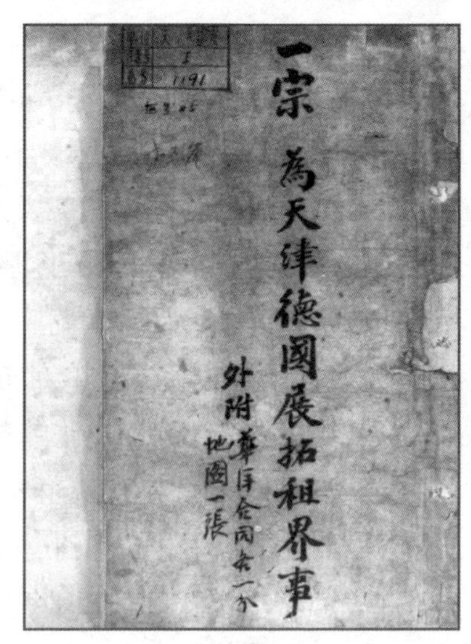

天津德租界扩张档案

津海关道盛宣怀、随办洋务候选道伍廷芳等四名官员与德国驻津领事办理交涉和具体踏勘地址。当时伍廷芳曾提出过异议，认为既然已经有了英、法两国租界，其他国家的商人在这两个租界里转租土地、添盖房屋、投资经营，至今五十余年相安无事，为何只有德国人提出要设立自己的租界呢？他还担心，如果德国在天津设立租界，当时与中国已经订立条约的国家多达十几个，倘若各国都想利益均沾，竞相效尤，都提出设立本国租界，清政府将会陷入被动局势，无法应对。为此他建议依照上海公共租界的办法，在新开或已开的通商口岸，如有国家要求划分租界，则由该地关道会同各国领事商定，划给一地作为各国公共租界，各国官商可在此租地盖房，投资经营，而免除其他各国的觊觎之心。但总理衙门却以“前准英、法、美三国租界时，他国并未来争”为由，并未采纳伍廷芳的建议。

租界划分后，德方即开始向界内土地所有者征收土地。德国人当时自恃强权，每亩只肯出价 75 两白银，界内居民因给价过低纷纷拒绝卖地。直隶总督裕禄为了信守合同，防止发生事端，亲自出面解决，决定由中国官方筹款，按界内居民土地房屋的不同等级给予补贴，最终清政府补贴了白银 12 万两，这一数额已经超过了德国为开辟租界所支付的全部地价。

光绪二十六年(1900)八国联军入侵天津期间,联军司令官、德国人瓦德西（Alfred Heinrich Kavl Ludwig Conrt Von Walderesee）曾一度在德租界梁家园北洋西学学堂校舍内(今海河中学)设立司令部,并在德租界及其附近的三义庄、桃园村等地安营扎寨、放养战马和存储军械、粮草。德国人遂乘此机会,将三义庄、桃园村一带划入德租界范围,称之为“新界”。

光绪二十七年(1901)六月五日,德国驻津领事秦莫漫(Dr.A. Zimmermann)与天津河间道张莲芬、直隶候补道钱鑅[①]签订了《德国推广租界合同》,正式确认德租界“新界”的位置。扩张后的德租界四至为:南由小刘庄北沿小路(今琼州道)至海大道(今大沽路);西起马场道,沿李家花园(今人民公园)西墙,过西楼村到崇德堂砖窑;北沿马场道,与英租界接壤;东临海河。总面积达 4200 亩(另有 2304 亩、2440 亩等说法)。

1914 年 7 月,第一次世界大战爆发。作为同盟国的德国为了摆脱战时困境，于 1917 年 2 月违反国际法，恢复“无限制潜艇战”,宣布将击沉一切驶往协约国口岸的中立国商船。时为中立国的美国于 1917 年 2 月 3 日宣布与德国断绝外交关系，并呼吁各中立国采取一致行动。同年 2 月 9 日,北京政府向德国提出抗议,声明如抗议无效,则断绝两国间的外交关系。就在德国的答复送来后不久,北京政府于 3 月 14 日宣布与德国绝交,同时收回其在华的一切特权。

1917 年 3 月 15 日,接到北京政府内务部的命令后,直隶省长朱家宝遂派天津警察厅长杨以德、天津交涉员黄荣良率军警 300

---

①按,百度有关其名字都写作钱“荣”,系以讹传讹。

人前往接收天津德租界。杨以德等先期抵到德国领事馆与德国驻津领事交涉具体接收事宜，随即共同接收了德租界工部局及巡捕房，德租界内各项事宜一律换由中国政府派人掌管。中国军警升起中国国旗后，宣告天津德租界主权交接完毕。

同年3月28日，北京政府内务部公布了《管理津汉德国租界暂行章程》。《章程》规定，接收后的天津、汉口德租界改为特别区，各自设立临时管理局，管理区内的警察及一切行政事宜。天津特别区临时管理局由杨以德充任局长。8月4日，北京政府正式向德国宣战，宣布废止中德两国所订立的一切条约、合同、协约。此后，又将特区临时管理局改为正式的特区管理局，1928年改称天津特别行政区第一区。

第一次世界大战结束后，中国作为战胜国于1919年1月派遣代表团参加了巴黎和会。在会上，中国代表明确提出收回天津、汉口德租界的要求。同年6月28日，由英、美、法等国与德国签订《凡尔赛和约》，第130条规定：德国在天津、汉口德租界内所有属于德国政府的房屋、码头、军需品、各种船只等各种公产转让给中国。第132条规定：德国承允取消得自中国政府现有汉口及天津租界之契约。这些条款，确认了中国对德租界的收回。但是，和约中规定的由日本继承德国在山东的一切权利，是中国政府所不能接受的。为此，中国代表拒绝在《凡尔赛和约》上签字。这也致使中国收回德租界的行为仍无国际条约的依据。

1921年5月，德国为了恢复对华贸易，与中国另行制订了新的双边条约。条约附件的换文中声明，德国政府承担《凡尔赛和约》中有关在华租界等条款所规定的义务。至此，北京政府终于完成了收回天津德租界的一切法律程序。

二 德租界人物

德租界里居住的人,有外国人,也有中国人,以中国人居多。据《二十世纪初的天津》一书记载,1906 年德租界共有 1028 户、5078 人,其中华人 860 户、4113 人;1910 年的人口增至 1331 户、5427 人,其中华人 1247 户、4841 人,外国人 84 户、586 人。居住在这里的外国人多是官员,如驻津领事馆的领事、工部局的人。其次是商人,如天津当年有许多洋行,太古、怡和、公懋、先农、禅臣等洋行,这些洋行的最高领导人都是外国人。晚清和北洋时期,中国在军事上主要是模仿德国,所以武器大多从德国进口,像一些机器、电器、五金、药品、化肥等也多来自于德国,这给德国人在天津开办洋行创造了机会,据统计当年德国人在天津开办的洋行共有 36 家。除了官员、商人,还有一些传教士、职员等等。

德租界居住的外国人流动性很大,但也有一些人在这里相对

坐落于三义庄附近的德租界教堂

稳定地居住，甚至一住就是十几年、几十年，也有的终老于此。其中最具代表性的就是德璀琳和汉纳根。

（一）德璀琳

古斯塔·冯·德璀琳（Gustar Von Detring），1842 年出生于德国日尔曼贵族。1864 年来华，初在中国海关总税务司赫德手下任四等税务员。1867 年 5 月来津，时仅为四等文书。1869 年，以三等税务资格调至天津海关。1876 年任烟台关税务司，参与中英谈判签订《烟台条约》，并从李鸿章手里为外国商人争得许多权益，得到赫德的赏识。1877 年 12 月，接替克黎出任炙手可热的天津海关税务司，从此飞黄腾达，把持天津海关达 22 年之久。成为除赫德之外，无人能与之匹敌的“古斯塔夫大王”。

1）参与天津早期城市建设

1887 年，在英工部局董事长德璀琳的提议下，英租界当局将海大道（今大沽路）一线与墙子河（今南京路）之间的大片土地廉价收买，这些土地很快就被外国商行和投机者占有了。当时刻有外国人名字开头字母的界石如雨后春笋般遍地林立，房屋刚一盖好马上就会被人租赁，甚至很多房屋还未建成就早已有人预订了。就这样，以英租界为先河的天津房地产业逐渐发展起来。

德璀琳与家人在天津留影

1882 年德璀琳征得赫德和李鸿章同意，按货物价值，千两收银一两，作为铺设租界道路和造林绿化的费用。当时,在租界内建成了天津的第一条沙石路,并被命名为“德璀琳路”(今大同道附近)。三年后,英租界的城市建设初具规模,“租界内街道逐次修筑整齐……夏季,马路上覆盖着清凉的枝叶,茂密的绿荫,(租界)成为众望所归的各国侨民住宅区”。1892 年,德璀琳又募集了 1600 两白银开始修建津京大道。

1886 年,经直隶总督李鸿章赠予,德璀琳攫取了佟楼以南向西“养心园”的大片土地,后在该地建造了天津设计和装饰最豪华三座小洋楼,人称“德璀琳大院”。德璀琳死后,大院由其妻儿继承,并由其女婿汉纳根代管。第一次世界大战后,因汉纳根及继承人中有德侨关系,经英美两国领事商得,及特派直隶交涉员同意,依照当时管理特种财产的规定,将该产转为美侨卢克托管。至 1921 年 5 月,中德订立发还德侨财产的新约后,该产发还给了德璀琳夫人,但仍由卢克代管。1939 年,德璀琳夫人去世后,该房产即由其女儿和外孙等继承。后曾被德商租用和被美军占领,建国后该房被拆除,现为第一招待所。

1886 年,德璀琳以开赛马会名义圈占了与“养心园”毗邻的大片土地,建成了“具有远东无双的跑道和设备”的天津赛马场。德璀琳酷爱赛马,他还在自己的私邸修建了一个大马号,饲养着许多优良种马。从 1886 年起,他为赛马会建立起完整的优胜马匹、马主和赛手的记录,还曾担任赛马场的秘书和旗手,“他的赛马成就可以写满一卷书,他的马厩里养了一些十有九胜的马匹”。

1887 年英国女王维多利亚即位 50 周年,天津英租界当局修建了维多利亚公园。为了纪念戈登在开辟天津英租界的“突出贡献和卓越功绩”,在德璀琳的倡议下,英工部局投资 3.2 万两白银,于

1889年在维多利亚公园内开始兴建英工部局，为纪念天津英租界的规划者和协助清廷镇压太平军的英国军官戈登，取名“戈登堂”（今市政府所在地）。据称，它是当时中国通商口岸第一座租界市政大厦。1890年5月戈登堂落成，驻津英国领事举行了盛大的命名典礼，仪式由德璀琳主持。

德璀琳在津的公馆坐落在英租界领事道（今大同道）南侧，正门在维多利亚道（今解放北路），今已不存。此外，德璀琳还在在佟楼、马场道、吴家窑、八里台卫津河沿等地购得七块土地，建国后均被政府收回。

2）整治海河 开办邮政

海河在当时是天津中外贸易的生命线，但由于泥沙淤积阻塞了河道，严重影响其通航能力，也影响各国商人的利益。早在1888年，德璀琳就向李鸿章建议让谙熟河道工程的洋商部会顾问、工程师林德（De.Linde）对海河进行一次水文测量。1892年夏，在与林德、海关道台一起骑马考察了海河后，德璀琳提出了“从河道几个弯处颈部裁弯取直，以造成一个几乎直线入海河的河道”的建议。虽然这一建议没有马上被采纳，但整治海河、清淤疏浚已引起了清政府的重视。1896年，在德璀琳的提议下，林德终以顾问身份，与法国总领事杜士兰、天津洋商总会会长克森士等会商，协议成立海河工程局，同时组成海河工程委员会。在最初的7年中，德璀琳一直是该局的重要一员。

1898年整治海河第一期工程，清政府拨款10万两，英工部局改造公债15万两。而后两期的100余万两的工程款，均为英工部局发行的公债：由津海关从进出口、转口货款中征收万分之五以作公债本息，后又增加到关税的2%和3%，并定名为“河捐”，这便是海关征收河捐的由来。几年后，一般中型船舶和军舰均能直达市区。不仅疏浚了河道，还在大沽口修筑了拦江沙坝，增设了灯塔、雾角、灯标等助航设施。一些由于航道原因而改航青岛、大连等地的船舶重又回到了海河。这次海河整治工程，客观上巩固了天津港的贸易地位。1900 年八国联军侵华，德璀琳说服了各国公使，终于将整治海河计划纳入了不平等的《辛丑条约》之中。

德璀琳初任津海关税务司时，正值清王朝总理衙门委托赫德开办海关邮政。由于天津是距北京最近的水旱码头，交通方便，津海关便成为海关邮政的中心。1878 年赫德征得李鸿章的同意，指定德璀琳在天津英租界设立邮政总办事处，在天津、北京、烟台、牛庄、上海设立华洋书信馆，同时发行了一套三枚以蟠龙为图案、上印“大清邮政”字样的邮票，德璀琳亲自为这套邮票设定了颜色。

1886 年 11 月 6 日，德璀琳还在津创办了第一家在华英文报纸《中国时报》，并联合怡和洋行大班茄臣组建了天津印刷公司，负责报纸的印刷与发行。

3）中国的“外交部长”

德璀琳与直隶总督兼北洋大臣李鸿章有着“深厚而持久的友谊”，共同主宰中国的外交命运达 25 年。从中俄伊犁交涉，到甲申中法战争，再到甲午中日战争，德璀琳无不侧身其中。在这 25 年中，他成了中国实际意义上的外交部长。当时，北京的外交使团如果不先到天津拜见李鸿章和德璀琳，就什么事也办不成。

1876 年，作为清政府全权代表的李鸿章与身为烟台海关税务司的德璀琳初次相识，是在中英烟台条约谈判中，由于“德璀琳在谈判期间协助解决了马嘉理（Margary）遇害产生的危机问题，并且修改了税则，显露了非凡的才干，很得李鸿章赏识”。翌年，德璀琳调任天津海关税务司，由于公务李鸿章也经常往返于京津之间。随着交往的密切，他二人逐渐建立了“一种深厚而持久的友谊”。李鸿章任直隶总督后，在城市规划、医学、教育、陆海军编制、矿务、铁路等诸多方面，都听取了德璀琳的意见。李鸿章对德璀琳已由信任，发展成了依赖。

1884年中法战争期间，李鸿章派德璀琳参加了中法谈判，并“成功”地签订了《中法简明条款》。1894年冬，甲午战争失败后，李鸿章急于求和，派德璀琳携带他的亲笔信代表清政府到日本议和，在被日方拒绝后，李鸿章不得不于1895年2月亲自出马赴日本，签订了丧权辱国的《马关条约》。

李鸿章还利用德璀琳来削弱赫德的势力，多次委托德璀琳代表清政府对外谈判签约，办理外交。赫德在华任海关总税务司近50年，有清政府的“太上皇”、“财政总长”之称。对在各口岸任职的税务司，赫德拥有绝对的权威，为了防止口岸税务司与地方势力和商人相勾结，实行了口岸税务司在一地方任职不得超过两年的制度。但由于有李鸿章的支持，德璀琳不仅任津海关税务司长达22年之久，还担任了众多的社会职务。一次赫德来天津赞扬一些服从命令的下属时，英工部局董事长狄更森(J.W.Dickeison)却说：“可是赫德先生，不管您怎么说，您最好的税务司却是一个过分刚强而又不服从您的命令的人。”这个最好的税务司指的就是德璀琳。由此可见，绝对权威的赫德在不肯驯服的德璀琳面前也是无可奈何。“李鸿章一向认为我是他的批评者而不愿我的势力太大，他利用我的属员(即德璀琳)来抵制我。”心中明白却又不能明讲的赫德也只能在给海关驻伦敦办事处主任金登干的信中发发牢骚。1885年英国驻华公使巴夏礼死后的第7天，英国政府任命赫德为新的驻华公使，李鸿章遂积极支持德璀琳接替总税务司的职位。为了英国的即得利益不致落入德国人之手,老谋深算的赫德权衡再三,最终还是辞谢了公使仍当他的总税务司。可见德璀琳已对赫德的地位构成了一定的威胁。

4)身后无子 葬于津门

在津海关税务司任内,德璀琳利用手中权力,给洋商特别是英国商人带来了许多利益。所以从 1878 年到 1893 年(中间除了 1882 至 1884 年)的 13 年间,他先后 10 次被推举为英租界董事长。在扩张英租界,垄断工程,掠夺开平煤矿等侵略活动中,他更是主要的策划人。由于他在帝国主义侵略中国的活动中是个"功臣",因而曾得到法、奥、葡、比、丹麦、普鲁士、巴西等国政府及罗马教皇授予的勋章。

由于他多次代表清廷办理外交事务,为此,清政府曾赏赐他头品顶戴,并几次授予勋章。最后一个勋章是慈禧太后 60 寿辰时,赏给他的头品顶戴。

德璀琳一生无子,生了 5 个"善交际、爱运动"的女儿。大女婿是曾任李鸿章顾问的德商汉纳根,二女婿美国人腊克是美丰银行的经理,三女婿包尔曾任奥国驻津领事,四女婿英国人纳森是开滦硬矿务局总经理,五女婿是英国的驻华使馆武官。由于德璀琳全家显赫的地位,"他的家庭在整整一代里成为天津的社交中心"。

1904 年 11 月,为开平煤矿公司权利事,德璀琳与张翼赴伦敦与英国墨林公司打官司胜诉。后"为使该企业及其资产受到外国保护,将其对外资本开放,并作为一个英国公司在伦敦登记",为此,德璀琳每年从开平公司秘密领取几百两银子的车马费。赫德得知后,借题发挥,紧追不舍。此时李鸿章已逝,失去后台的德璀琳不得不辞去津海关税务司一职。

1905 年 11 月 18 日，德璀琳由欧洲返津，但未回天津海关工作。1906 年 4 月 1 日，请长假两年。1913 年 1 月 4 日，德璀琳死于天津，家人依其遗嘱将他葬于德璀琳大院的一角。当时的《京津泰晤士报》是这样评价他的："他对天津的永久繁荣所起的影响简直是不可估量的，在社会公共生活中很难找出哪一阶段时间，德璀琳没有出过有益的大力……在将近 40 年的时间里，他在华北占有如此优越而又如此有威力的地位，以致我们不可能在想到天津时而不想到他。"

(二)汉纳根

先后在李鸿章、袁世凯手下任职，与大总统黎元洪交往甚密的德国人汉纳根，因参加过甲午战争和"小站练兵"而被清廷封为将军，而被人们尊称为"韩大人"。依靠他与天津海关总税务司德璀琳的特殊关系，获得在中国开采井陉煤矿的特权，而一举成为津城屈指可数的大富豪，但最终却落得客死他乡、没钱安葬的下场。

1)修建炮台　参加海战

汉纳根(Constantin Von HanneKon)，1855 年生于德国，贵族出身。曾任德国普鲁士陆军炮兵上尉，1879 年被清廷驻柏林使馆聘用来华。初任李鸿章副官，后又以德国克虏伯财团代理人身份，受李鸿章之命，设计旅顺、北塘等炮台。1880 年戈登来到天津后，与汉纳根共同探讨了旅顺港要塞大工程计划，并提出了修改意见，"经过半个月的经常而有趣的交往，他成为汉纳根在总督府后面庙宇里的贵客了"。此后，汉纳根到达旅顺，"在缺少适当材料和工具"的条件下，建造了"一个世界上难以攻陷的堡垒之一的要塞"。1884

年，汉纳根曾任防守旅顺港军队的司令官。1886 年，汉纳根从旅顺回到天津，在李鸿章设立的北洋武备学堂任教官，参与建立北洋新军，制定大连湾与威海卫要塞计划。

1894 年中日战争爆发后，已升任少校的汉纳根于 7 月 23 日乘坐装有 12 门大炮的“高升”号离开大沽，带领 1000 余名士兵前去增援仁川牙山的 4500 名中国卫戍部队。25 日，即日本宣战的第二天，“高升”号在朝鲜海岸外遇到了日本分舰队。日方“浪速号”先是向“高升”号发射一枚鱼雷，但未击中。随后以持续 30 分钟的猛烈炮火将“高升”号击沉。舰上 1300 人中只有 170 人泅水生还，汉纳根也在其中。稍事修整后，9 月 17 日，汉纳根又乘旗舰“定远”号参加了黄海海战，担任着协助提督丁汝昌指挥作战的任务。开战不久，丁汝昌即从飞桥上跌落而负伤，旗舰改由刘步蟾接管，此战虽是无功而返，但清廷仍加封汉纳根为将军。随着汉纳根在清政府的地位日升，他成了外国租界里的著名人物，人们都尊称他为“韩大人”。袁世凯“小站练兵”时，汉纳根担任教习官，按德国操典训练“新建陆军”。这支军队就是以袁世凯为首的北洋军阀的重要武装力量。

2)架设“瓶颈线路” 开办大广公司

1900 年义和团运动爆发后，汉纳根也积极参加了八国联军侵略中国、镇压义和团的战斗。他曾陪同一个德国军官骑马从天津到北京，作为第二批解围纵队参加解救使馆被围困的战斗。八国联军占领北京后，为了让使馆的密码电报能够及时地发送国外，汉纳根建议修复天津、北京间在战斗中被破坏了的电报线路。在得到获准后，他回到天津，带领着奥地利维多利亚海军分队（Victorian Naval Contingent）立即着手抢修。几星期后，他们埋好电线杆准备拉线时,却发现没有必需的绝缘体器件。于是,他们收集了大量的旧啤酒瓶子,用瓶颈代替绝缘体磁瓶,最后终于接通了这条电报线路。以后的几个月中,这条线路一直担任着使馆向国外发送密码电报的任务。

八国联军侵占天津后,汉纳根的“功劳”得到联军的肯定,并将汉纳根架设的这条线路称之为“瓶颈线路”。在1925年3月汉纳根去世前,《华北明星报》的英国记者雷穆森(O.D.Rasmussen)探望他时,他提起这段“辉煌的历史”仍是津津乐道:“我们到处都找不到合适的绝缘材料,在失望中,我们决定用破啤酒瓶的颈部来代替。我们收集、购买了这个地方的每一个旧瓶子,几天的功夫就装了好几车。很快地我们架好电线并通了电报。从那时起一直到很久以后,我们的这个临时电报线路被人们称作‘瓶颈线路’。”不久,中国政府在原基础上架设了通讯线路,这条“瓶颈线路”被改造成了电话线路,这也是天津与北京间的第一条电话线路,也为三年后成立的天津电话局奠定了基础。

八国联军占领天津后,汉纳根在津成立了“大广公司”(也称“汉纳根洋行”),他提出以占用政府土地为条件,修建城区南部的排水系统,修造沟渠,并绘制了各类草图。几次修订后,经公共工程局研究,都统衙门的同意了该方案。该洋行在老城西南挖掘了一个占地100亩被称为“蓄水池”的排污池,老城区的污水被排入海河下游,修建一条从海光寺至西南角的宽10米的马路。这一排水系统一直沿用到20世纪50年代才被改造。

3)开采井陉煤矿　一举成为巨富

汉纳根来津后不久,即与德璀琳的大女儿结婚。甲午战争后,汉纳根听从了德璀琳让他从事开采煤矿生意的建议,并经李鸿章引见拜见了慈禧太后。慈禧对汉纳根大加赞赏,褒扬了他对清政府的“巨大贡献”,面谕李鸿章对其开矿一事应尽量给予便利。汉纳根便顺利得到了开矿的合法手续。依据开平煤矿纳森(Edward Jonah Nathan)提供的资料,汉纳根对直隶省井陉县一带进行了深入勘查。他偕同采矿师柯泽尔(Kozes)及两名中国向导,用马驮着探矿器械,身带武器,花了三年的时间走遍了晋冀交界的山区,最后选定在井陉县东北横涧村一带着手开采,矿区面积10余平方公里,探明该地煤蕴藏量达3亿吨。

井陉煤质优良,俗称无烟砟,烧成清水焦炭后,专供炼钢使用。井陉矿务公司对外标榜中德合资经营,实际是清政府无力投资,开办资金统由德华银行承担。从建矿到出煤,用了两年半的时间,汉纳根坐镇矿区,监督一切。所需用物资,均由华人账房萧雨荪负责供应。

汉纳根经营井陉煤矿如此顺利, 还应归功于大总统黎元洪的支持。当年,汉纳根在北洋武备学堂任教官时,骑术不高的黎元洪时为马队班长,汉纳根曾多次给予他鼓励和鞭策,并耐心地言传身教。在黎元洪练得一身精湛的骑术后,他二人也成了至交的朋友。汉纳根在娘子关附近开设了许多小煤矿,由于交通不便,挖出来的煤运不出来,因而各矿亏累严重。黎元洪得知后,特为娘子关修筑了一条轻便铁路,使小窑煤及时运输,行销远地,井陉煤矿获利丰厚。得到巨额回报后,汉纳根又先后投资兴建了赛马会、天津印字馆等。

汉纳根在德租界海滨路(今台儿庄路)买下豪宅,与黎元洪做了邻居。汉纳根热衷于骑马、赛马,每天清晨都要骑上他的高头大马在德租界一带跑上几个来回。他视骑马为神圣,每次都要着盛装骑马,其华丽的服装非常引人注目,常有路人驻足观看。有时黎元洪也与他一起“飙马”。

传说,汉纳根还投资了起士林点心铺,因此每当他乘车到起士林时,只要汽车喇叭一响,起士林的经理都要立即跑出来迎接,毕恭毕敬地把他让进去坐在贵宾席上,跑前跑后地亲自侍奉左右。

4)矿产被收　抑郁而终

第一次世界大战爆发后,汉纳根在津为德军购买了大量军用物资运输回国,还在德国俱乐部组织为战争捐款。据说,他曾在会场设立了黑、白、黄三色绘成的三个德国士兵形象的木牌,牌上布满钉孔,牌前各放一碗铜钉。然后,他宣布,在黑色士兵上按一个钉子,代表捐款 10 马克,在白色士兵上按一个钉子,代表捐款 100 马克,在黄色士兵上按一个钉子代表捐款 1000 马克。活动结束后,当看到黄色士兵上的铜钉寥寥无几时,他认为大家不买他的账,不捧他的场,于是自己竟疯狂地抓起一颗又一颗的铜钉按在黄色士兵身上!他的这一不冷静行为,也让他的财产在瞬间丧失殆尽。

1918 年德国战败后,中国政府开始遣返德侨,这一消息不啻给如日中天的汉纳根一个晴天霹雳!他虽走遍了所有关系,用尽了一切手段,企图争取保留在中国的居住权,但终未如愿,最后只得舍弃他的巨额产业而黯然回国。

因禁不起这样灭顶灾难的打击,回国后的汉纳根颇为消沉、颓废,事业上更是郁郁不得志。1921 年,他与德华银行总经理第佛士、秘书德鲁,以及工程师、会计等一行,再次来到天津,重又踏上了他朝思暮想的这块土地,准备第二次创业!但当得知曹锟为贿选总统筹款而已将井陉煤矿收归国有、从业人员均被解雇时,汉纳根发热的脑袋就像是被浇上了一瓢冷水,一下子从头凉到了脚!失去了淘金根基的汉纳根,也失去了事业奋斗的方向,一下子被击垮了,再也没有了创业的信心,终日借酒浇愁,终至倾家荡产,身无长物。1925 年 3 月 12 日,汉纳根终因患食道癌而死于德美医院,但家人却无钱为其料理后事。他的生前好友高星桥,花巨资将其殓于水晶棺(一说是一副普通棺木)内交由德商亨宝轮船公司转运回德国安葬。

(三)杨宁史

杨宁史(1886—?)(W.Jannings),1886 年出生于瑞士阿尔本,中学毕业后在德国汉堡一家公司任职,入德国籍。1908 年,在德国禅臣洋行从事贸易工作,1911 年奉派来华,在天津禅臣洋行任职,三年后升任经理,为总公司主要股东之一,其股份占全公司的三分之一。

禅臣洋行(Siemssen & company)是一家历史悠久的德国独资公司,总行设在德国汉堡。1846 年该行在广州设立分行,1856 年在上海设立分行,后又在天津、汉口、青岛、北京、太原、沈阳、大连、哈尔滨等我国各重要商埠开辟分行。天津禅臣洋行位于特一区威尔逊路 113 号,设有出口、进口、西药、机器、羊毛、皮毛、日本、保险等部,向包括德国在内的欧洲各国出口中国土产,将国外的五金、钢铁、杂货、化学原料、纸张等进口到中国,并经营各种机器设备、钢铁制品、运输工具、铁路器材及电力设备等。由于天津禅臣洋行业绩突出,进入 20 世纪 30 年代后,杨宁史遂成为德国禅臣洋行在华唯一代理人,并兼任天津物华进出口公司、上海洪记进出口公司顾问。

杨宁史是中国通,不但能讲流利的中文,而且还酷爱中国文化,尤其喜爱收藏研究中国文物古董,收藏的铜器闻名全国。天津英租界马场道上德璀琳大院3号楼的三层小楼,为杨宁史的私宅,他与妻子长期生活在这里。这所小楼不但建筑装修得豪华奢侈,而且室内均以中国古物作为装饰。杨宁史还热衷于旅游,在华期间,他曾周游中国,很多城市与名山大川无不留下他的足迹。

1932年3月,阎锡山从大连回到山西任太原绥靖公署主任,制订了《山西省政十年建设计划方案》,全面开展经济建设。山西工业空前繁荣,炼铁厂、钢厂、水泥厂、造纸厂、机器厂、煤矿林立,数量最多时达60余家,吸引了大批外省人和外国人来此投资贸易。善于经营的杨宁史也是此时来到太原,结识了阎锡山。杨宁史曾派德国专家为阎锡山建立西北炼钢厂,并为其代购同蒲铁路材料、火车头、机器等。二人成为朋友。"七七"事变前,杨宁史几乎垄断了太原重工业器材的所有进口业务。

抗战前夕,阎锡山曾为西北炼钢厂向杨宁史订购了一批德国进口机器,并且预付了大笔货款。为接收这批物资,杨宁史回到天津,但等货物从德国运至天津时,抗战爆发,天津沦陷。天津日伪政权几次派人到禅臣洋行仓库没收这批物资,杨宁史均以该物资虽为中国订购但尚未付款为由加以拒绝,保全了这批物资。

天津沦陷期间,禅臣洋行曾与日军一八二〇部队合作,从事军火生意,包收数量巨大的紫铜、钢铁以充日军军需之用,并聘请日本人原田、齐藤二人充任公司顾问。因此该行在津声名显赫,生意兴隆,居同行业之首。

抗战胜利后,杨宁史一面指使副经理罗希堵(W.Rohnstock)将禅臣洋行资金转移瑞士,一面将已解体的伪蒙疆政府在该行订购的大量机枪、迫击炮、炮弹等军火献纳给国民党陆军第94军军长牟廷芳，借以向国民政府邀功买好。但所有在津德侨，包括杨宁史在内，仍被告知“不得离开天津，等候有关方面审查”。当听说国民政府将要查封德侨产业，遣送德侨回国时，杨宁史极为焦虑。

1945 年 11 月，行政院长兼外交部长宋子文到北平视察，从临时驻平办公处主任谭伯羽处获知杨宁史收藏国宝的消息，遂专程来到天津与杨宁史商议献纳事宜。经过三个多小时的谈话后，杨宁史答应将自己数十年收藏的 241 件近代铜器献给国立北平故宫博物院，俾资中国保存文献。他承认，这些藏品原本就属于中国，理应归还中国政府。经过与谭伯羽磋商，双方达成协议，杨宁史无偿捐献 241 件铜器，由国立北平故宫博物院辟景仁宫专室陈列，并拟订室名为“杨宁史献呈铜器陈列室”。室内用文字形式，写明这些文物的搜集、收藏、献呈经过，关于陈列方式及编制目录说明等，准予参考杨宁史聘请的两名德国文物专家博士康思顿(Dr.Consten)、罗越(Dr.Loehr)的意见。陈列室开幕时由博物院邀请中外名流前往参观。同时允许两名德国专家留华，一年内完成其对该项铜器的研究及编撰图说工作，并出版专集，所需费用由中国政府承担。

1946 年 1 月 18 日，谭伯羽致函天津市长张廷谔：“关于德侨及德方产业事宜，奉院长谕，由其(杨宁史)随时接洽，需往来平津间，特函请吾兄，转嘱贵属当地军警予以保护，并给予居留证明。”张廷谔遂下令市警察局、市警备司令部，遵照办理。同年 1 月 21 日，在天津警方的“护送”下，杨宁史携带铜器来到北平，并将其暂存于北平瑞典百利洋行内。1946 年 1 月 22 日，教育部平津区特派员沈兼士，国内文物鉴定专家于思泊、邓以蛰，国民政府行政院院长临时驻平办公处专门委员曾昭六、董洗凡，教育部清理战时文物损失委员会平津区副代表王世襄，博物院总务处秘书赵儒珍等，在故宫绛雪轩查验并接收了这批文物，运至延禧宫库房保存。据统计，此次杨宁史献纳的有铜器 120 件、兵器 121 件，两项共计 241 件，包括“宴乐渔猎纹战国壶”、“商饕餮纹大钺”以及鼎、卣、爵杯、玉柄戊等。

事后，宋子文询问谭伯羽，杨宁史收藏这此铜器花费究竟有多少？谭伯回答说，我曾私下里打听过，据说，杨宁史收集这些中国古代铜器历时数十载，前后所费折合美金约有 10 余万元，其中一大部分是沦陷时期河南等地出土的青铜器。而据派往参加接收的专家称，杨宁史所献铜器中颇多商代、周代器具，皆属精品、绝品，为收藏家所罕见，堪称无价之宝，其价值不是能用金钱来衡量的。宋子文听后不无恻隐地说，杨宁史多年收藏不无微劳，而今一朝恭谨呈献，衡以人情，亦属割其所爱，理应予以酬金，以示体恤。于是，1946 年 3 月 5 日，国民政府给付了杨宁史国币 2000 万元的酬金，并且下令对禅臣洋行德籍同仁及其家属暂缓遣送。天津市警察局给杨宁史办理了临时居留执照，并通令所属予以保护。

但杨宁史随后递交的“恢复德侨营业暂行办法”“恢复德侨营业永久办法”并没有得到国民政府的认可。同年 3 月 9 日，市警察局奉令开始调查杨宁史在敌伪时期资敌罪行，并且将禅臣洋行查封。

随着“捐宝救德产”梦想的破灭，杨宁史愈感到事态不妙。通过禅臣洋行买办王公泽向国民党 94 军行贿黄金 700 两作为买路钱，他以为第二战区司令长官阎锡山运送物资为由，带领洋行主要负责人及部分德侨，通过平汉、正太铁路前往太原。见到一年前订购的物资完好无损地运抵太原，阎锡山深感欣慰，对杨宁史大加赞赏。1946 年 3 月 24 日，杨宁史被聘为第二战区司令部技术顾问，同时充任西北实业公司旗下的同记贸易公司的经理，协助该公司安装、操纵机器。杨宁史曾于1947年七八月间到上海与吴明焯、王公泽等共同开办宏济沪行，1948年初曾在北平担任同记平行总经理。

1948年6月，华北军区第一兵团挥师北上，打响了晋中战役，解放战争的炮火在太原隆隆响起。阎锡山遂安排杨宁史等达乘CAT空运大队飞机至北平，并将他引荐给了华北剿匪总司令部总司令傅作义。抵达北平后，杨宁史避居北平中椅子胡同13号，开办同记贸易公司北平办事处，并时刻准备转移上海。因杨宁史已被列入德侨遣送名单之中，北平警察局遂对其监视居住。1948年11月，杨宁史申请离平赴津视察同记公司天津分公司业务。在得到"可予照准"的批示后，12月2日，杨宁史夫妇抵达天津。1949年1月15日天津解放后，同记公司天津分公司被军管会接管，杨宁史夫妻也被限制行动自由。此后，杨宁史曾以"同记公司北平业务无人负责，夫妻二人来津时没有携带衣物"为由呈文军管会，请求"发给通行路条，准假一周"。军管会经过调查后，只准许其妻回平。但她回到北平后的第二天就离境回国了。

1950年11月30日，德国禅臣总公司致函天津市人民政府称，"总公司已任命杨宁史为该公司的唯一代理人，申请在天津解放路29号复业天津禅臣洋行，经营中德之间的进出口业务"，并汇款5000美金作为复业启动资金。经市政府外事部门调查认为，"杨宁史原为纳粹党员、曾为日军包收军用、曾与阎锡山有过经营贸易"，因此，市政府未予批准。

1954年6月16日，天津市人民政府将杨宁史驱逐出境。在他准备乘"马利克克"号轮船回德国时，海关检查人员在他的行李中发现夹带有珍贵文物、考古书籍等共计326件，其中有商代铜鼎，唐、宋、元、明的精品瓷器,汉、唐样式颖特的陶俑等,除219件虚报为“磁狗”“磁罐”“瓦兽”外,其余均未报关。经天津文物局专家鉴定,这些均为我国的极品文物。海关经与市外事处、文化局研究,决定依照《海关法》175条、177条及《禁止珍贵文物图书出口暂行办法》第九条规定,予以全部没收。另有两套考古书籍、58张考古照片,以及1946年献纳241件文物,国立北平故宫博物院为其开具的收据和刊载这一消息的有关报纸,海关拍照后予以放行。

三 德租界建筑

德租界一经划定后开发较快,其原因:一是该界采取了由德华银行投资开发的方式,二是得益于于德国人在城市建设方面的成功经验。在德租界存在的二十余年间,租界当局主要致力于老界的建设。他们很好地学习了毗邻的英租界建设模式,与英租界的中街(解放北路)相连,铺设了整齐的中央大道威廉街(解放南路)。很多德国洋行都设在英租界或法租界,而德国侨民大多居住在威廉街两侧,最具代表性的建筑也多在威廉街的两侧,如德国驻津领事馆、驻军司令部、租界工部局、德华学校、德美医院、起士林餐厅、光陆电影院、东光大楼等等。德租界的商业不是很发达,德租界码头建设得很差,无论从建筑、设施,还是商贸活动等方面,与近邻英租界码头不可同日而语。现今解放南路两侧仍然保留着一幢幢优美的德式风格建筑,最具代表性的是德国俱乐部。

(一)德国球房——康科迪娅俱乐部

随着越来越多各国侨民的到来,西式的社交团体——俱乐部开始在天津出现。俱乐部在天津的历史几乎与租界一样长。1896年,德国侨民成立了康科迪娅俱乐部,创立人之一是奥尔格?包尔。俱乐部成立伊始,主要活动都是在英租界,因为当时德租界还没有设立,德国侨民大多工作生活在英租界。1905年春,俱乐部开始征集设计方案,最终德国设计师罗克格的设计方案被选中。经过一年的建设,1907年德国俱乐部建成。同年7月31日,举行了隆重的落成典礼。德国俱乐部建成后,成了在津德侨的社交中心。从德国诸位王子、德璀琳、汉纳根、瓦德西、拉贝,到法国总理、美国议员;从民国大总统黎元洪、徐世昌,到亲王贵胄、下野军阀等等诸多社会名流,都曾光临这座俱乐部。

这座俱乐部的兴衰起落,正是19世纪末到20世纪前半期,中德乃至世界历史的写照。早期,德国王子频频造访俱乐部,标志着德国的强盛;俱乐部接连不断庆典、舞会、演出,显示着德租界曾兴盛一时。然而,第一次世界大战德国战败,德侨遣返,俱乐部被中国政府接收,转而成为中英美商业俱乐部,成为世界大战胜利者交往的中心。二十世纪二三十年代,德国重返东方,俱乐部变得更加开放,成为德侨对外交往的中心。第二次世界大战爆发后,俱乐部又经历了历史的转折:抗战胜利后,俱乐部一度成为驻津美军俱乐部。天津解放后,俱乐部先是作为人民政府交际处,1954年成为市政协机关大楼,1992年正式成为市政协俱乐部。

(二)起士林西餐厅

阿尔伯特·起士林出生于1879年6月11日,年轻时曾是远洋轮船上的厨师,随船环游世界,熟悉西方各国名菜的风味。1904年,阿尔伯特?起士林随船来到香港,在一家德国人开设的西餐店任厨师，同时寻找着自己创业机会。1905年，在德国驻北京领事馆总领事的建议下，起士林来到天津。同年，他在法租界开了一家的小西餐店，并以自己的名字“起士林”命名。1906年，又在今解放路北京影院对面正式开设了起士林。当时各国租界里的西方人很多，身在异乡他们吃到正宗的西餐，有一种回家的感觉，起士林自然也就有了一批固定的常客。因此，起士林的生意非常红火。

早期的起士林餐厅

随着客人的不断增多，起士林很想扩大经营规模。1913年，他给德国的好友弗里特希·巴德写信，邀他来津一起合伙经营，巴德欣然应允，店名遂改称为“起士林·巴德”。起士林精通做菜和做面点，而巴德则是一位烤制西点的专家，他们珠联璧合，得到了更多新老顾客的青睐，也为该店赢得了可观的收入。1915年，在天津旧法租界24号路天祥市场后面（今和平区长春道）开设了分店，该地段繁华，起士林也日日发达，资产愈益雄厚。

1920年起士林招收了两名年轻人：一个来自奥国的陶必治（Robert Toebich），一个来自德国得瑞斯顿省（Dresden）受过制作糖果点心业专业教育的制点技师瑞却尔（Walter Reichel）。在以后的日子里，陶必治以其出色的经营管理赢得了起士林的信任。起士林将自己的妹妹嫁给了他。瑞却尔出色的制点技艺也得到了顾客的普遍认可。1934年4月1日，以国币23万元，起士林和巴德将“起士林·巴德”西餐厅转兑给了陶必治、瑞却尔，陶必治占股权为51%，瑞却尔为49%。合同还规定，该店仍沿用起士林原名。9月，巴德离开天津，回到德国巴伐利亚 Nordl Munchnerst7.Munich, Bavaria。

陶、瑞接任后，于1934年在南京开设分店。1937年，在“八·一三”事变中，南京分店被日军炸毁。1938年，移地上海静安寺路72号设立分店。因生意兴隆，供不应求，又于1941年在愚园路赫德路225号开设了第二家分店，德国人协耳（W.Shall）为上海两分店经理。同年还在北戴河开设了一家分店。天津总店楼顶上附设了屋顶花园，每到夏季，华灯初上、繁星满天之时，屋顶花园上乐曲婉转，舞星鼓姬轻歌慢舞，游人如织。即使是日伪政府严格取缔商户住户灯光的空袭时期，获得特许的起士林楼头仍是灯火辉煌。此时，起士林的经营达到鼎盛，不但成为引领全国西餐业的一面旗帜，还成了世界的知名品牌。

抗战胜利后，1945年10月起士林被美军第一师接收，改为军用食堂。营业范围仅限于美军，并由美军自订价格，按美金计算，但主权仍为陶必治、瑞却尔所有，长春道上的分店也仍由陶、瑞经营。直至1946年6月1日，起士林被列入敌伪产业，分店被河北平津区敌伪产业处理局天津办事处接收。

处理局接收不久，外交部就接到了德侨代表徐迺及奥侨代表盖苓的呈文，声明起士林大部分股份为奥人陶必治所有，小部分为德人瑞却尔，并且瑞却尔的股份也于1938年以3.5万德国马克抵押给了陶必治。因此，起士林不应按敌伪产业处理，应予发还。同年8月15日，国民党行政院发布训令：承认奥国政府，在中奥未订新约以前，旅华奥侨应暂视为无约国人民，与无约国人民受同样待遇，以前因敌侨身份集中者，应予释放。奥侨私人财产亦应解除受敌产处理之拘束，已被接收保管者应予发还。此后，陶必治也将证明自己奥国身份的护照及起士林产权证等 16 件重要文件呈请外交部查验，并呈文行政院，请求发还其在天津、上海的起士林总、分各店。

正在此案悬而未决之即，同年 11 月 14 日，励志社天津分社接收了起士林天津总、分店。

1947 年 3 月，外交部认同了起士林总店系陶必治、瑞却尔合资，长春道与上海的分店也按二人合资财产与总店一并处理。原已列入首批遣送回国的陶必治也被外交部批为“暂缓遣送”。

随后，外交部致电津外交部特派员公署及天津政府称，将陶必治51%股权暂予发还，瑞却尔 49%股权仍由处理局监管。令陶必治觅妥殷实铺保，具结保证书，15 日内办理发还手续，并登报公告。

在处理局、市政府进一步查验了陶必治的 16 件证明文件后，同年 4 月 12 日，励志社和处理局将起士林总分店启封，决定将该店陶必治所属部分由其觅保后发还，涉及德侨瑞却尔部分仍由政府接管。但这样的发还操作起来非常困难，因为没有人能分清，哪些是陶必治的，哪些是瑞却尔的。正在此时，处理局又接到起士林职工王连平等的来函，声明陶必治并非奥侨实为纳粹党员，并附送德使馆护照影印本和其在德商会调查表中填写的自认德籍的材料。

经查陶必治原为奥国人，在奥国被纳粹党侵占后加入德籍。虽然在奥国解放后又恢复了奥籍，但他仍与纳粹保持密切关系。于是，同年 8 月，陶必治又被列入被第二批遣送名单之内，并公布于 8 月18 日的《大公报》上。9 月 1 日，陶必治、瑞却尔终被集中遣送回国。同日,行政院电称,奥侨纳粹党员陶必治财产,应与敌产同样处理,由我国接收保管。中央信托局苏浙皖区敌伪产业清理处也令天津政府暂缓发还起士林。9 月 27 日,河北高等法院第一分院虽以汉奸罪对瑞却尔提起公诉,但因瑞却尔的回国,起诉书也就变成了一张废纸。于是,处理局又派人将起士林全部资产予以收回接管,暂缓办理发还。

1948 年 4 月 14 日,励志社将起士林移交给处理局。6 月 1 日,河北平津区敌伪产业处理局与天津市政府外事处签订合同, 将起士林租给后者经营,试办六个月。租金按营业收入额的 4%交付。处理局派一名会计稽查营业账目,一名管库员负责管理仓库,监视提货。12 月,租期届满,市府申请退租,处理局还未及答复,天津即宣告解放,起士林遂收归国有。

在抗战胜利后,国民党政府将大批德、日侨遣送回国,而阿尔伯特·起士林并不在遣送名单之列,有关资料显示他与一些国民党要员交往甚密。1950 年,天津人民政府欲购买德美医院,因医院中有起士林与巴德的股份, 外侨事务处遂于 11 月 23 日将住在解放北路 205 号的起士林请来询问有关情况, 档案中清楚地记载了整个谈话过程,从最后起士林先生的签字上可以看出,他的身体状况当时不是很好。

1952 年 9 月 8 日, 起士林委托中国银行天津分行出售扬子公司2000 股股票。经分行寄香港后, 香港银行复信称:“扬子公司系孔、宋匪帮所主持,此股票系敌产,已被冻结,现扬子公司已发行新股票,原股票已宣布无效。”后将股票退还起士林,起士林得知后遂赴香港交涉。1955 年 1 月 11 日,起士林先生在德国去世。

老天津的“德国制造”

本报记者 任 悦 李海燕

在深秋的艳阳里，70多岁的市民老陆和爱人坐在起士林餐厅，在他们看来，这里还是那么幽雅，心里升腾起的，还是那份甜蜜。在老陆夫妻这个年龄的天津人记忆里，四五十年以前，能到这里请对象吃一次，那绝对是奢侈而相当有效的“撩妹”方式。时光流逝，这个带着德国味道的老建筑，知名度犹在。除了这家西餐厅，当年天津的德租界里建成的学校、洋行、报馆、俱乐部、电影院、医院等设施，都充分发挥了德国人在城镇建设规划方面的天赋。我们在这个月就请专家来说说德租界的往事。

今天，我们请来的主讲人，是天津市档案馆副研究馆员，编辑研究部副主任周利成先生。周先生著有多部专业著作，近10年来，一直致力于老画报研究，收集清末至民国时期画报近200种，从中寻找到很多天津的老故事。

著名的瓦德西在德租界待过

1895 年 9 月,德国在天津设立租界。东临海河,北接美租界(今开封道),西至海大道(今大沽路),南至小刘庄庄外小路(今琼州道),总面积共计 1034 亩。1900 年,八国联军入侵天津期间,联军司令官、德国人瓦德西曾一度在德租界梁家园北洋西学学堂校舍内(今海河中学)设立司令部,并在德租界及其附近的三义庄、桃园村等地安营扎寨,放养战马和存储军械、粮草。德国人遂乘此机会,将三义庄、桃园村一带地区划入德租界范围,称之为“新界”。1901 年,“新界”正式确认。扩张后的德租界总面积是原来的数倍。经过历史变迁,到 1921 年 5 月,天津德租界被当时的北京政府收回。

见证两次世界大战风云的俱乐部

德租界一经划定后,开发较快,在德租界存在的 20 余年间,租界当局主要致力于老界的建设,铺设了整齐的中央大道威廉街(解放南路)。德国侨民大多居住在威廉街两侧,它的最具代表的建筑,也多在威廉街的两侧,如德国驻津领事馆、驻军司令部、租界工部局,以及德华学校、德美医院、起士林餐厅、光陆电影院、东光大楼等等。至今解放南路两侧仍然保留着一幢幢优美的德式风格建筑,其中最具代表性的莫过于德国俱乐部了。

1896 年,德国侨民成立了康科迪娅俱乐部。俱乐部成立伊始,主要活动都是在英租界,因为当时德租界还没有设立。1905 年春,俱乐部开始征集设计方案, 最终德国设计师罗克格的设计方案被选中。经过一年的建设,1907 年德国俱乐部建成,它成了在津德侨的社交中心。从德国诸位王子、德璀琳、汉纳根、瓦德西、拉贝,到法国总理、美国议员;从民国大总统黎元洪、徐世昌,到亲王贵胄、下野军阀等等诸多社会名流,都曾光临这座俱乐部。

可以说,这座俱乐部的兴衰起落,正是 19 世纪末到 20 世纪前半期,中德乃至世界历史的写照。早期,德国王子频频造访俱乐部,俱乐部接连不断搞庆典、舞会、演出,显示着德租界一时兴盛之至。第一次世界大战德国战败,德侨遣返,俱乐部被中国政府接收,转而成为中英美商业俱乐部,成为世界大战胜利者交往的中心。20 世纪二三十年代,德国重返东方,俱乐部变得更加开放,成为德侨对外交往的中心。二次世界大战爆发后, 俱乐部再次经历历史的转折。1945 年抗战胜利后,一度成为驻津美军俱乐部。天津解放后先是作为人民政府交际处,1954 年成为市政协机关大楼,1992 年正式成为市政协俱乐部。

几代“吃货”舌尖上的起士林

阿尔伯特·起士林出生于 1879 年 6 月 11 日,他年轻时曾是远洋轮船上的厨师,随船环游世界,熟悉西方各国名菜的风味。1904 年,他随船来到香港,在一家德国人开设的西餐店任厨师,同时寻找着自己的创业机会。1905 年,起士林来到天津。同年,他在法租界开了一家小西餐店,并以自己的名字“起士林”命名。1906 年,又在今解放路北京影院对面正式开设了起士林西餐店。当时,各国租界里的西方人很多,身在异乡他们能吃到正宗的西餐,有一种回家的感觉,起士林自然也就有了一批固定的常客。因此,起士林的生意非常红火。

随着回头客的不断增多，起士林很想扩大经营规模，于是在1913年，他给德国的好友弗里特希·巴德写信，邀他来津一起合伙经营，巴德欣然应允，店名遂改为“起士林·巴德”。起士林精通做菜和做面点，而巴德则是一位烤制西点的专家，他们精湛的技艺和珠联璧合的配合，得到了更多新老顾客的青睐，也为该店赢得了可观的收入。1915年，又在天津旧法租界24号路天祥市场后面(今和平区长春道)开设分店。由于地处繁华，日日发达，使得起士林的资产越来越雄厚。

1920年，起士林招收了两名年轻人，一个是来自奥国的陶必治，一个是来自德国得瑞斯顿省、曾受中等教育及制糖果点心业专门教育的制点技师瑞却尔。在以后的日子里，陶必治以其出色的经营管理赢得了起士林的信任，起士林将自己的妹妹嫁给了他；而瑞却尔出色的制点技艺也得到了顾客的普遍认可。1934年4月1日，起士林和巴德将“起士林·巴德”西餐厅转兑给了陶必治、瑞却尔。陶、瑞接任后，于1934年在南京开设分店。1941年，天津总店楼顶上建成了屋顶花园，每至夏日，华灯初上，繁星满天之时，屋顶花园上婉转乐曲，缠绵悱恻，舞星歌姬，轻歌曼舞，游人如织，举扇成幕。之后的若干年，起士林经历了战争与权属纷争，其实，这些并不重要，重要的是，它成了几代“吃货”心目中和舌尖上割舍不下的记忆。

天津的德国名人

当年，在德租界里居住的人，有外国人，也有中国人，其中有不少德国人在中国近代历史上,留下了重要的印迹。

先说一位叫德璀琳的德国人,他参与了多项天津早期的城市建设。1892年,德璀琳募集了1600两白银,修建了当时的津京大道。

1886年,德璀琳以开赛马会名义圈占大片土地,建成了“具有远东无双的跑道和设备”的天津赛马场。1887年,在德璀琳的倡议下,英国于1889年在维多利亚公园内开始兴建英工部局,取名“戈登堂”,据称,它是当时中国通商口岸第一座租界市政大厦。德璀琳提出并实施了海河整治的工程,经过整治,海河除了为一般中型船舶和军舰直达市区疏浚了河道,还在大沽口修筑了拦江沙坝,增设了灯塔、雾角、灯标等助航设施,一些由于航道原因而改航青岛、大连等地的船舶,重又回到了海河。这次海河整治工程,客观上巩固了天津港的贸易地位。德璀琳与直隶总督兼北洋大臣李鸿章有着“深厚而持久的友谊”,共同主宰着中国的外交命运达25年。德璀琳一生无儿子,生了5个“善交际、爱运动”的女儿,1913年1月4日,德璀琳死于天津。

德国人汉纳根当年在德租界海滨路(今台儿庄路)上买下豪宅,与黎元洪做了邻居。他先后在李鸿章、袁世凯手下任职,与大总统黎元洪交往甚密,因参加过甲午战争和“小站练兵”而被清廷封为将军,被人们尊称为“韩大人”。袁世凯“小站练兵”时,汉纳根担任教习官,按德国操典训练“新建陆军”。他曾经是津城屈指可数的大富豪。但是,受到战争等因素的影响,最终却落得客死他乡、没钱安葬的下场。

时光荏苒,岁月沧桑。旧时的德租界早已成为历史,现在,天津德式风情区正以新的容颜迎接八方来客。作为具有一定历史、文化、科学、艺术、人文价值,反映时代特色和地域特色的建筑,展现着它们特有的魅力和品位。

(刊于 2016 年 10 月 23 日《每日新报》第 10 版“人文新刊·讲场”)

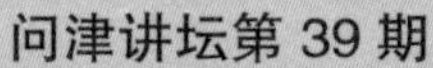

问津讲坛第39期

(2016年10月29日)

美租界和美侨

主讲人:耿科研

耿科研　1977年生,河北唐山人。曾先后在南开大学国际商学院、外国语学院、周恩来政府学院和历史学院就读,2014年获历史学博士学位。现任天津财经大学人文学院讲师。主要从事中国近现代史教学研究工作。研究方向为近代天津城市史、租界史。

美租界和美侨

耿科研

近代中国特殊的历史境遇为外侨来华发展打开了便捷之门。天津为仅次于上海的北方大埠，外侨人口数量自开埠起持续增长。20 世纪后，随着各国租界市政建设日趋完善，天津商机倍增，除无国籍侨民外，近 40 个国家和地区的侨民曾在此居留。美国作为最早在津设立租界的三国之一，其侨民人口一度居于前列。1906 年，在津美侨 560 人，居日、英、德之后；1921 年 1818 人，居日、英、俄之后；1926 年 2012 人，仅次于日侨，位列第二，达到历史最

AMERICAN ASSOCIATION DIRECTORY

AND

ADDRESS LIST

OF ALL

AMERICAN CITIZENS RESIDENT IN TIENTSIN.

Compiled and published by the American Association of Tientsin.

March 1st 1927.

Printed by the N. C. Star, Tientsin.

《1927 年天津美侨联合会人名地址录暨美国侨民通讯录》

《1928 年天津美国商业与社会指南》

高点；1933 年为 343 人；1936 年为 1571 人；太平洋战争爆发后，美侨人数骤减，1943 年仅余 8 人。[①]二十世纪二十年代美侨数量的变化及生存状况，为了解近代天津外侨群体特别是美侨群体提供了重要样本。

现藏于美国陆军军事学院文化遗产与教育中心（USAHEC）图书馆的两份英文资料价值极高，一为《1927 年天津美侨联合会人名地址录暨美国侨民通讯录》（以下简称《1927 年通讯录》），二为《1928 年天津美国商业与社会指南》（以下简称《1928 年指南》）。《1928 年指南》除前言、附录（天津地图）、分类广告外，主体部分包括驻津美国官方机构与公共社团人名录、美商公司洋行名录、美国侨民姓名地址录和女性侨民名录等，全书约 130 页，容量是《1927 年通讯录》的 3 倍多。两者互为补充，相对完整地记录了 1920 年代末天津美国侨民社会的诸多历史细节。

一 美租界划定及变革

第二次鸦片战争后，英法两国于 1860 年在天津划定租界。美

①李竞能主编：《天津人口史》，南开大学出版社 1990 年版，第 108 页。

国政府因居间调停“有功”，也获得了在津设立租界的特权，天津美租界由此划定，位置在开滦胡同（今开封道）以北毗邻英租界，面积131亩。

美国随后爆发内战，无暇顾及，且美国“系欲各国公立租界，不愿分行办理”，即仿效上海办法，设立公共租界，故曾于1896年6月27日将天津美租界退还中国。然而，庚子事变中，各国以保护本国侨民人身财产安全为名，在津拥兵施政，设立都统衙门，总理津郡地方，而且原本并无租界的俄、意、比、奥等国都相继在津划定租界。有鉴于此，1901年，美国驻华公使康格（Edwin Conger）照会外务部，要求“将美租界复行拨给”。[①]未果，后英、美协商，议定美租界由英租界工部局接管。

1860年英国原订租界、美租界范围今图（后者1902年并入英租界，成为英租界“南扩充界”）

以往，学界多以“1902年英美两国私相授受”定性美租界并入英租界的问题。[②]事实上，考察这一事件的处理程序，英美两国也并非完全是“私相

①《美驻华公使为请将美租界复行拨给照会外务部》（光绪二十七年），天津档案馆、南开大学分校档案系编：《天津租界档案选编》，天津人民出版社1992年版，第15–16页。

②吴同宾、张仲、辛公显：《天津英租界概况》，中国人民政治协商会议天津市委员会文史资料研究委员会编：《天津文史资料选辑》第9辑，天津人民出版社1980年版，第3页。

授受”。虽然英美双方进行了前期协商,并征询了德租界当局的意见,但在达成合并意向后,英国公使萨道义(Sir Ernest Mason Satow)确曾于1902年照会袁世凯,详细阐述了美租界因无市政机构管理而导致的“鄙秽情形”及其潜在危害,并介绍了前期各国交涉的过程。该照会称:“天津英国租界西南,即英、德租界之间有临河地段,向有美国租界,乃美国官场总未取用……本年春间据本国租界工部局禀称,此项地段既无工部局管辖,素为藏污纳垢之区,近两年经联军驻扎,此等弊端似水之归壑,且与本租界毗连,其鄙秽情形敝局不能不视为重要……已于上年春间设法将此项地段归入敝局所管推广界内,禀经前任甘总领事面商德、美两国领事均无异言……兹特函请贵部堂查照,一律允将其地归于英工部局管辖。”[①]

萨道义照会理据明晰,且合并方案于租界管理及津地社会治安不无裨益,因此,袁世凯批复,同意将天津美租界并入英租界。袁世凯复函,“查天津英租界西南临河地段,既经贵大臣与美公使商妥办法,归贵国工部局管辖,本大臣自应亦无异言。”[②]是为天津英租界“南扩充界”。

1902年10月23日,津海关道唐绍仪遵照袁世凯指示发布告示,称原美租界并入英租界内,归扩展界工部局管理:[③]

---

①《英同意将天津美租界归由英管辖事致函北洋大臣》(光绪二十八年),天津档案馆、南开大学分校档案系编:《天津租界档案选编》,天津人民出版社1992年版,第16–17页。

②《袁世凯致英驻华公使复函》(光绪二十八年七月初四),天津档案馆、南开大学分校档案系编:《天津租界档案选编》,天津人民出版社1992年版,第18页。

③该告示系笔者根据英文版本译成中文,详见CHINA: Regulations. Land. British Municipal Extension, Tientsin (Amendment). (No. 8 of 1911) (Oct. 2, 1911),英国国家档案馆,FO 881/9926。

海河岸边紫竹林地方，英德租界之间有原美租界一地，至今未有定章维系界内治安及道路、水沟清洁。现经美、英驻京公使达成共识，由英租界扩充界工部局依照其章程管理该界。其地主权仍归中国政府所有。

是故，津海关道唐绍仪现发布通告：自光绪二十八年九月二十二日起，英租界扩充界工部局依据扩充界章程负担原美租界治安、道路、卫生各项。地亩税及市政税收等均照英扩充界办理，中外民人一体对待，不得差别歧视。

中国政府若在界内继续延展电报、电话线路工程，工部局不得反对阻挠。

此布。

光绪二十八年九月二十二日（西历 1902 年 10 月 23 日）

至此，整个程序仍然没有全部完成。1911 年 10 月 2 日，经英国外务大臣 E. Grey 核准，驻华公使朱尔典正式将上述津海关道告示及相关修正内容补充入《1898 年天津英租界扩充界土地章程》中，称为“天津英租界扩充界章程 1911 年修正章程”（The Land Regulations of the British Municipal Extension, Tientsin, Amendment Regulation, 1911）。①

由此可见，美租界并入英租界，从动议，到形成事实管理，再到进入章程、以租界根本法的形式正式确认，前后耗时达 10 年之久，决非简单的“1902 年私相授受”。

①CHINA: Regulations. Land. British Municipal Extension, Tientsin (Amendment). (No. 8 of 1911) (Oct. 2, 1911)，英国国家档案馆，FO 881/9926。

二 侨民群体构成与分布

《天津通志·附志·租界》共收录与租界相关的中外人物335人,在42位美国人中,侨居津门时间在1920年代前的有32人,之后的仅10人;就侨民行业类别而言,42人中有27人为传教士或外交人员(领事、副领事),占64%,商人4人(1人兼传教士),海关人员4人,军人2人,律师3人,报业3人(1人兼律师),其他1人。[①]学界对天津美国侨民社会,特别是一战之后,美国在华势力渐强、美侨社会最繁荣阶段的相关细节,如群体规模、职业类别、空间分布及美商行号等研究领域,尚有较大探索空间。

(一)群体规模

就非驻军类美侨而言,1921–1925年间,天津美侨占在华美侨总数的比例相对稳定,分别为22%,22%,21%,21%和19%(表1)。作为远东第一大商埠的上海始终是各国外侨人数最多的城市,以1925年为例,当年在华美侨总人口为9844人,其中上海公共租界1942人,法租界1151人[②],合占在华美侨总数的31%。也就是说,上海和天津两大商埠集中了半数以上的在华美侨人口。

1927年汉、浔英租界相继收回,天津英租界也进入酝酿收回阶段。大量侨民离津返国,非驻军美侨骤减2/3以上,仅余647人。政治形势的严峻带来了另一类外侨人口的显著增加。为防止中国局势动荡危及其在华政治经济利益,各国争相加派军队。1927年驻津

①天津市地方志编修委员会编:《天津通志·附志·租界》,天津社会科学院出版社1996年版,第413—452页。

②邹依仁:《旧上海人口变迁的研究》,上海人民出版社1980年版,第145—146页。

美军突增至4497人，为1926年的4.75倍，1928年降至2375人，其他美侨人口略有回升，为878人。1929年驻津美军进一步撤离，恢复千人以下规模，其他类别变化不大。

表1:1912-1931年间在华美侨、天津美侨及驻军人数统计

<table>
<tr><th rowspan="2">年份</th><th rowspan="2">在华美侨
（不含驻军）</th><th colspan="2">天津美侨（不含驻军）</th><th colspan="2">驻津美军[①]</th><th rowspan="2">天津美侨
（含驻军）</th></tr>
<tr><th>华界</th><th>租界</th><th>官</th><th>兵</th></tr>
<tr><td>1912</td><td>3869</td><td colspan="2">--</td><td>34</td><td>953</td><td>--</td></tr>
<tr><td>1913</td><td>--</td><td colspan="2">145</td><td>37</td><td>938</td><td>1120</td></tr>
<tr><td>1920</td><td>--</td><td colspan="2">--</td><td>38</td><td>910</td><td>--</td></tr>
<tr><td>1921</td><td>8230</td><td colspan="2">1818</td><td colspan="2">--</td><td>--</td></tr>
<tr><td>1922</td><td>9153</td><td colspan="2">2017</td><td>30</td><td>474</td><td>2521</td></tr>
<tr><td>1923</td><td>9356</td><td colspan="2">2000</td><td colspan="2">--</td><td>--</td></tr>
<tr><td>1924</td><td>8817</td><td colspan="2">1846</td><td colspan="2">955</td><td>2801</td></tr>
<tr><td>1925</td><td>9844</td><td colspan="2">1877</td><td colspan="2">955</td><td>2832</td></tr>
<tr><td>1926</td><td>--</td><td colspan="2">2012</td><td colspan="2">946</td><td>2958</td></tr>
<tr><td>1927</td><td>6970</td><td colspan="2">647[②]</td><td>248</td><td>4249</td><td>5144</td></tr>
<tr><td>1928</td><td>6023</td><td>505</td><td>373</td><td>251[③]</td><td>2375[④]</td><td>3504</td></tr>
<tr><td>1929</td><td>--</td><td>376</td><td>--</td><td>39</td><td>768</td><td>--</td></tr>
<tr><td>1930</td><td>6875</td><td>376</td><td>--</td><td>43</td><td>998</td><td>--</td></tr>
<tr><td>1931</td><td>8637</td><td>225</td><td>--</td><td>47</td><td>785</td><td>--</td></tr>
</table>

资料来源：在华美侨、驻津美军人数整理自[英]伍德海、贝尔主编：《中华年鉴》(H. G. W. Woodhead and H. T. M. Bell ed., The China Year Book)，国家图书馆出版社2010年影印版；天津美侨（不含驻军）人数主要参考李竞能主编《天津人口史》；其他来源详见注释。

①表中1924-1926年数据包含少量驻守京奉铁路沿线各处的兵员。

②《京津外侨之调查》(1927年3月21日)，天津市地方志编修委员会、天津图书馆编：《〈益世报〉天津资料点校汇编》(一)，天津社会科学院出版社1999年版，第292—293页。

③《1928年指南》中的《驻津美军军官名录》列有美军第十五步兵团及亚洲舰队海军陆战队第三旅全部军官姓名、军衔及职务，共计251人，其中132名常驻军官（个人或连同家眷）列入了当年的侨民通讯录中，详见《1928年指南》，第2—13、51—78页。

④该数据为天津市公安局调查统计结果，有学者据此推论，"美国驻军后来也一直保持着相近的规模"（尚克强：《九国租界与近代天津》，第128页）。不过事实并非如此，1929年起，驻津美军仅为1928年规模的1/3左右。

(二)职业构成

《1927 年通讯录》和《1928 年指南》所记载的在津美国侨民人口都在 700 人以上,男性多属商业、驻军、宗教、外交、海关及教育、医疗、法律等专业技术领域,商人居多,女性多为家庭主妇。[①]以 1928 年为例,347 名女性侨民中,单人户的 50 名女性分别从事驻军医护、传教、教师等职业,家庭户的女性除宗教人员外,仅有极个别女性在商业机构任职。表 2 中"单人户"系指侨民名录中仅登记有其一人资料,不代表婚姻状况。"家庭户"系指在户主(一般为男性)名下同时登记有其侨居在津的妻子、儿女等家庭成员信息。行业兼属的情况只择其一进行统计。

表 2:《1927 年通讯录》和《1928 年指南》记录的天津美国侨民人口概况

年份	家庭类别/数量		商业	驻军	宗教	外交	医生	律师	教师	出版	海关	英工部局	不详	总数
1927	单人户	户数	52	17	25	4	2	0	9	0	7	0	50	166
		男	47	11	3	4	2	0	2	0	7	0	33	109
		女	5	6	22	0	0	0	7	0	0	0	17	57
	家庭户	户数	100	50	10	2	4	2	5	5	2	1	19	200
		男	144	72	21	2	11	4	7	10	3	3	28	305
		女	147	76	17	3	3	7	9	6	5	1	31	305
	人数	-	343	165	63	9	16	11	25	16	15	4	109	776
1928	单人户	户数	61	53	23	4	1	1	4	2	4	0	42	195
		男	58	44	4	4	1	1	0	2	4	0	27	145
		女	3	9	19	0	0	0	4	0	0	0	15	50
	家庭户	户数	72	79	10	2	6	2	1	1	3	1	32	209
		男	109	100[②]	20	2	15	4	1	1	4	3	40	299
		女	104	103	19	2	6	7	1	1	5	1	48	297
	人数	-	274	256	62	8	22	12	6	4	13	4	130	791

①《1928 年指南》第四部分"美侨女性名录"共收录 241 名女士的姓名、住址、电话等信息,除少数各差会的传教士及在津从事教师职业的女性侨民列出了职业信息外,其余大多没有职业信息。

②原通讯录中有 3 个家庭的 6 个孩子未标明性别,此处姑且按照 3 子 3 女归入男女人数中。

由表 2 可见,与 1927 年相比,1928 年商业、驻军类美侨人口变动较大,前者减少约 20%,而后者增加幅度超过 55%。报业出版类及教师类美侨虽然人数不多,但也属变动较大的职业类别,前者减少 75%,仅剩 4 人。以《华北明星报》经理兼主编福克斯为例,1927 年其家族有两户共 5 人在津侨居,1928 年只剩 1 人。1927 年教师类美侨共 25 人,其中任教于北洋大学的有 7 户 18 人,南开大学 2 人,另有 5 位女性任教于天津美国学堂,1928 年则锐减 80%,仅剩 6 人。

(三)空间分布

与英、法一道,美国在第二次鸦片战争后即在津开辟了专管租界,但因内战等因素影响,美国一直未对其租界实施实质性管理,美侨早期大多也未在美租界内生活居住。直到 19 世纪最后 20 余年间,美租界整体状况仍然较差,是一块"没有卫生管理,也没有警察制度,到处充斥着一些坏人、随军小贩、酒贩子和贪婪成性者"的"刺眼之物"。[①]按照雷穆森 1925 年的记载,19 世纪末,英租界内的适宜地点都被老资历的英国商行占据了,法租界依仗其同样便利的交通地位,成为外人商居的理想之地,美商行也大多建在法租界。[②]那么,1925 年后,美国侨民社会生活的主要场所是否一直是在法租界内呢?

目前,天津法租界人口统计资料尚未发现,学界所引仅为个别年份的英租界美侨人数(不含驻军),1913 年为 71 人,占当年天津

①雷穆森:《天津租界史(插图本)》,许逸凡、赵地译,刘海岩校订,天津人民出版社 2009 年版,第 204 页。

②雷穆森:《天津租界史(插图本)》,第 300 页。

美侨(不含驻军)总数的49%;1925年为294人,占16%;1929年为273人。[①]由表2可见,《1928年指南》中登记的在津商业类美侨有133户共274人。将其按工作区域统计后发现,户主或个人工作地在英租界的有53户,法租界52户,前俄租界17户,前德、前奥、意租界各1户,华界4户,工作地不详的4户,英、法租界比例相近,共占79%;而按照居住区域统计发现,274位商业类美侨人口中,居住在英租界的共有56户128人(占47%),法租界6户11人(4%),俄租界4户7人(3%),前德租界33户72人(26%),前奥租界1户2人,意租界2户2人,华界1户4人,另有30户48人居住地不详。居住地不详的30户48人中,在英租界经营的有11户21人,在法租界经营的有11户15人,在前俄租界经营的有4户4人,在意租界经营的有1户2人,在华界经营的有2户5人,经营地和居住地都不详的1户1人。若推测《1928年指南》的侨民通讯录中之所以没有单独列出上述侨民的居住地是由于其居住地与经营地相同,故省略,则商业类侨民中选择居住在英租界的比例可能高达55%,前德租界基本没有变化,仍为26%,而法租界即使加入"商、居地相同"推测后,也仅占9%。

《1928年指南》显示,当年英租界内美侨总数约362人,其中非军人口212人,占在津非军美侨人口数的近40%。若按各租界内美侨人口统计,居住在英租界的美侨占租界美侨总数的比例更高达55%。究其缘由,自1900年前后实现三次扩张,英租界地域面积和空间容量大大拓展,1920年代加速开发建设,推广界内涌现大片高档住宅,为津门首善之区,天津美侨经营、聚居以及社团活动重心

①李竞能主编:《天津人口史》,第324—325页。

的逐渐转移自然也就不难理解。

此外，特一区（前德租界）也是美侨相对集中的区域。美军第十五步兵团总部设在特一区内，大量军官及其眷属居住在美国营盘附近。1930 年 2 月，特一区内有美侨 116 户共 269 人，与英租界不相上下。[①]这一趋势从美国人格蕾丝 1934 年 10 月的家信中也可以得到进一步证实，“大多数美国人都住在特别区，属于中国管辖的地区。”[②]由此可知，1930 年代中后期，特一区仍为美侨聚居的主要区域之一。

三 侨民共同体与公共机构

就美侨单人户与家庭户比例而言，1927 年 776 人中，家庭户人口 610 人，约占总数的 79%。1928 年 791 人中，家庭户人口 596 人，约占 75%。由此可见，1920 年代前后的天津美侨社会相对成熟和稳定，其中绝大部分为举家侨居，与男性单独闯荡淘金、流动性较大的外侨群体有显著不同，其组织的完善程度更高。除依靠美驻华公使馆、驻津美国领事馆保障侨民群体安全外，在津美侨还组织了服务于侨民公共利益的社团或机构，如天津美侨联合会、天津美国商会、天津美国学堂、天津美国大学同学会等。对内，这些机构从侨民共同体利益出发，一方面发挥上传下达的信息媒介作用，成为美驻华使领馆与侨民间联系的纽带。另一方面则为群体成员提供各种现实的帮助及侨居异乡所必需的心理归属。对外，侨民社团兼具民

---

①《大公报》，1930 年 2 月 12 日，第九版。

②爱丽诺·麦考利·库珀、刘维汉：《格蕾丝：一个美国女人在中国（1934-1974）》，傅志爱译，生活·读书·新知三联书店 2006 年版，第 47 页。

间外交的功能，通过多种渠道加强美侨社会与在津其他外侨群体及本土华人精英阶层的联系，为创造更好的商业氛围和侨居环境服务。

(一)美侨联合会

天津美侨联合会(American Association of Tientsin)是在津美侨群体“全民性”的社团组织，核心机构由主席、副主席、秘书、司库和执行委员会构成，内中商界巨头居多，另有律师、医生、传教士等，能够充分代表侨民社会整体的公共利益。

表 3:1927、1928 年天津美侨联合会组织情况

年度 联合会	1927		1928	
	担任人	行业 / 职务	担任人	行业 / 职务
主席	E. C. Cheek	K. C. 贸易公司	B. C. Eastham	执业律师
副主席	B. C. Eastham	执业律师	L. H. Nuland	德士古火油公司经理
秘书	J. Warner Brown	美丰银行经理	G. C. Magatagan /H. M. Young	公懋洋行秘书兼司库 / 福中公司经理
司库	J. Fistere, Jr.	南星颜料厂	S. S. Richards	美孚洋行
执行委员会①	P. T. Ortman	美国运通银行	C. J. Donnell	D. & B. 公司
	F. F. Spielman	公懋洋行董事长	N. A. Gorman	马克敦工程建筑公司
	T. Miller	未详②	E. K. Lowry	美清公司总经理
	F. S. Williams	未详	J. H. McCann	美国公理会传教士
	C. J. Donnell	D. & B. 公司	R. T. McDonnell	马克敦工程建筑公司
	Dr. C. A. Siler	执业医师	C. E. Seymour	大来木行经理
	R. T. McDonnell	马克敦工程建筑公司	F. F. Spielman	公懋洋行董事长

①侨民联合会主席、副主席、秘书、司库亦为执行委员会成员，表中从略。

②此处 T. Miller 所指不详。《1927 年通讯录》和《1928 年指南》记录有两位 T. Miller，一为 T. L. Miller，1927 年任职于东方工程建筑公司(Oriental Engineering & Construction Co.)，1928 年改任信中公司经理；另一位为 T. N. Miller，此间一直任职于东方房地产公司(Oriental Real Estate Co.)。

由上表任职人员变动情况可知，联合会在1928年进行了改选，11人委员会中约2/3的成员换由新人继任，原副主席、执业律师Barry C. Eastham继任主席，Donnell & Bielfeld公司合伙人C. J. Donnell，马克敦工程建筑公司合伙人R. T. McDonnell，公懋洋行董事长F. F. Spielman继续担任委员。联合会年度改选既是制度性的，同时也与侨民人口流动有关，比如J. Fistere, Jr.和P. T. Ortman没有出现在1928年的侨民通讯录中，二人可能已经离开天津；而Dr. C. A. Siler在1928年通讯录中则明确标有"返美休假"字样。

除日常联络职能外，联合会还与领事、商会领袖等协作，负责重大节日如美国独立日、华盛顿诞辰日等庆祝活动的组织，安排大型宴会、舞会、体育竞赛。届时不仅美侨政、军、商、民齐聚，还向中外官绅遍发请柬，盛况每每轰动津门。①

(二)美国商会与美商公司行号

天津第一家美商洋行是1882年在津创立的Russell & Co.，也是天津洋商商会（Tientsin Chamber of Commerce）的元老级会员（1887至1904年）。②1915年天津英国商会（British Chamber of Commerce）成立后，各国纷纷仿效，原天津洋商商会遂成总会。《天津通志·附志·租界》记载天津美国商会（American Chamber of Commerce of Tientsin）"成立于1920年前后，由《华北明星报》创办

---

①《美侨庆祝华盛顿诞辰》(1924年2月22日)，《美侨庆祝国庆纪念》(1925年7月3日)，《美国独立纪念盛况 美领事署招待中外官员》(1927年7月5日)，天津市地方志编修委员会、天津图书馆编：《〈益世报〉天津资料点校汇编》(一)，第273—274，284，293页。

②《1928年指南》，第XIII页。

人福克斯协助组织，福克斯本人曾代表天津美国商会出席华盛顿会议。”[①]事实上，“代表美国在津贸易及商业利益”的天津美国商会1916年已告成立，办公地点在英租界领事道(今大同道)。[②]《1927年通讯录》记载了商会当年的组织及人员构成情况，共包括会长、第一副会长、第二副会长、司库、秘书各1人，执行委员5人，分别由马克敦公司、福中公司、公懋洋行、美丰银行等负责人出任。

现有资料显示，在居津各国官商中，美国人最早与华人组建的天津商会取得直接联系。美驻津总领事于1907年5月30日致函天津商会，咨询人员构成、是否遵照商部章程以及天津有无华商股份公司等情况。天津商会隔日即予详细答复，并附商会章程及清单，分列商会职司各员构成、人数及华商股份公司名单和股份详情。[③]

美国商会成立后也与天津华人商会保持了比较密切的联系。1919年9月，天津商会副会长卞荫昌升任会长。日本驻津总领事船津辰一郎借口卞在津门抵制日货风潮中扮演核心角色，先后向直隶交涉公署及农商部工商司提交公函，迫令其辞职。[④]此举引发天津及国内各商会的抗议。值得注意的是，天津美商会为此迅速召集临时会议，议决呈请美国公使对日领非理干涉“有相应表示”，并致

---

①天津市地方志编修委员会编:《天津通志·附志·租界》，第271页。

②《1928年指南》，第XIII页。

③《美驻津总领事若士得为查询津商会章程办事人员事致商会函及复函》(1907年5月30日、6月1日)，天津市档案馆、天津社会科学院历史研究所、天津市工商业联合会:《天津商会档案汇编(1903-1911)》(上)，天津人民出版社1989年版，第80—82页。

④《农商部工商司致函天津总商会转发日驻津总领事船津辰一郎要求卞荫昌退职函并商会复函》(1919年11月12日)，天津市档案馆、天津社会科学院历史研究所、天津市工商业联合会:《天津商会档案汇编(1912-1928)》第1分册，天津人民出版社1992年版，第57—59页。

函天津商会表示支持,“中国民意机关之商会选举,系自由之选举,尚望始终保守权利,幸勿以强权所迫而变更自主的选举”。天津商会文牍长及会长本人分别复函致谢。[①]

美国商会的组建既是天津众多美商维护自身经济利益的客观要求,也是美国对华贸易逐步发达的重要标志。关于近代天津各租界洋行情况,《天津通志·附志·租界》设有专章,但资料仍有待完善,其中提及的美商洋行仅大来木行、美孚石油、美丰、公懋、慎昌、德士古、利和、海京和百治等9家。[②]《1928年指南》对美国在津商业情况的记录在较大程度上填补了现有资料的不足,共收录美商公司企业90余家,记录了包括行址、业务范围、投资人、经理人、会计师等详情。

美商业务涵盖众多领域,金融业中银行3家、保险8家、信托1家,加工制造业纺织3家、食品1家,印刷、卷烟、机械、木材和化学各1家,建筑业2家,商业服务类的会计、仓储、棉花检验、经纪代理等6家,生活服务类的洗衣、照相、药房、殡葬等5家,报业出版1家,行业不详11家,其余40余家均为经营进出口贸易的洋行企业。其中经营一般进出口业务的7家,主营皮毛出口的13家,地毯出口7家,汽车进口6家,石化制品及药品进口6家,工程设备进口3家,缝纫器材进口1家,木材1家。

美国输入天津的货物煤油占第一位,其次为面粉、木材、烟草、汽车及机械设备等。天津对美输出以羊毛为大宗,其次为地毯、猪

---

①《美国驻津商会声援津商会保卫自主权函并津商会夏琴西等致谢函》(1919年11月24日、28日),天津市档案馆、天津社会科学院历史研究所、天津市工商业联合会:《天津商会档案汇编(1912-1928)》第1分册,第63—65页。

②天津市地方志编修委员会编:《天津通志·附志·租界》,第219—223页。

鬃、棉花、蛋类、草帽辫、未硝山羊皮、羊肠、皮毛、核桃等。[①]由于皮毛类贸易占据天津对美输出贸易之重要份额，在津美商还专门组织了天津皮毛贸易协会（Tientsin Fur Trade Association），1928年时加入该协会的美商行号有近20家。[②]民初至1920年代中期，受欧战影响，日、美在津贸易迅速扩大，远居英国之上。美国在天津贸易总量中所占的份额逐年增加，由1913年的2%升至1922年的32%。[③]

资料显示，91家美商行号位于英租界内的有43家，法租界37家，前德租界5家，前俄租界3家，前奥、比租界各1家，另有1家位置不详。如前所述，选择在法租界内居住的美侨人数远低于英租界和前德租界，但法租界内的美商行号数量却并不低，仅次于英租界。

（三）美国学堂

为便利美侨子弟入学，美商会于1922年春出资，在英租界马场道（今马场道和浙江路）与董事道（今曲阜道）拐角处创立天津美国学堂（The Tientsin American School），程度从幼儿班直至7年级（1927年秋季起开办8年级班），英美籍学童约占3/4。美侨子女学费减免10%，美传教士子女减免20%，多个子女同时就学减免额度更高。每学年分春、秋两学期，全英文授课，教学计划与美国本土同步，保证学生随时回国或转至东方其他美国学校时，都能

①《美国对华贸易之发展：自天津对外贸易观察》，《大公报》，1928年6月21日，第四版。
②《1928年指南》，第31页。
③《近三十年天津对外贸易统计分析》，《大公报》，1928年1月1日，第十版。

保持学业连贯。1927 年时,学校共有年级专任教师 4 人,另聘有幼儿教育、法语、汉语、体操等多名教师,并配备专职医护顾问,监管学生健康。

学堂董事会为决策中枢,由校董及侨民联合会、商会及美国驻军方面代表推举正、副董事长,并监督财务状况,校长负责日常管理工作。对照《1927 年通讯录》和《1928 年指南》的相关信息,校董及各方代表构成有两个明显的特征:第一,商界领袖居多。1927 年,学堂董事长为 Donnell & Bielfeld 公司 C. J. Donnel,副董事长为美孚洋行 F. Twogood,秘书为公懋洋行董事 W. A. Morgan,司库为美清公司总经理 E. K. Lowry。资助方及校董代表主要包括慎昌洋行、大来木行、美生洋行、德士古火油、英美烟公司、滋美洋行的董事、经理等。社会团体方面,美国商会的执行委员 C. J. Donnel 为校董会董事长,美侨联合会代表为其秘书 J. Warner Brown(美丰银行经理),军方代表为 J. W.史迪威[①]。第二,与美侨联合会及美国商会完全由男性主导不同,美国学堂为美侨女性,特别是商界领袖夫人提供了代表席位。1927 年校董会 5 名增选代表中 3 人为女性,分别为Mrs. E. K. Lowry(美清公司总经理夫人),Mrs. R. T. Evans(律师夫人),Mrs. P. H. Benedict(美孚洋行董事夫人)。1928 年校董会成员13 人,商界领袖 8 人,驻军代表 2 人(除 J. W.史迪威外,增海军陆战队代表 1 人),3 名女性校董 Mrs. E. K. Lowry,Mrs. R. T. Evans 及Mrs. E. Lee(第十五步兵团准尉夫人)名次仅居董事长(大来木行经理 C. E. Seymour)之下,足见其贡献及地位不容小觑。

---

①J. W. 史迪威(Maj. J. W. Stillwell)(1883-1946),美国陆军四星上将。1904 年毕业于西点军校,1926-1929 年担任美国驻天津第十五步兵团少校。

七岁入读天津美国学堂的伊斯雷尔·爱泼斯坦(Israel Epstein)曾回忆,“父母之所以选择这所规模很小、由社区居民主办的学校,大概因为他们认为在天津外国人办的学校中,它是最民主、最少殖民主义气息和狭隘的地方观念。”爱氏入学的1922年,学堂刚刚创建,“规模很小”便不足为奇。但正是在这所学堂的图书馆,爱泼斯坦阅读了20卷儿童百科《知识全书》以及当时美国出版的青少年杂志《圣尼古拉斯》和《青年之友》,还第一次读到了华盛顿·欧文、爱德加·爱伦·坡、费尼莫尔·库珀和马克·吐温等美国作家的作品。[①]

图4:近代天津美国兵营走出的五位美军将领:马歇尔(左上)、史迪威(左下)、魏德迈(右上)、麦克鲁(右下)、包瑞德(中)

(四)美国大学同学会

正如美国驻华公使舒尔曼1924年对天津美侨演说时所主张的,侨华美人在“力求商务发展”的同时,应注意“与中国以经济之

①伊斯雷尔·爱泼斯坦:《见证中国:爱泼斯坦回忆录》,沈苏儒、贾宗宜、钱雨润译,新世界出版社2004年版,第45—51页。

协助”,并“联络中美人士之感情”①,天津美国侨民社会既具有高度的内向性共同体认同,同时对外开放度较高,与在津其他外侨群体及华人精英阶层联系广泛,甚至共组社团,集聚社会资本。民国时期颇具影响的扶轮社、狮子会等国际社团渊源均在美国。②1920 年代末,天津中美人士还成立了美国大学同学会(American University Club)。

《张伯苓年谱长编》记载:“1927 年 1 月 20 日,天津美国大学同学会在松亭饭庄召开成立会,中美人士百余人出席。”③会议通过同学会章程,并“选定本年职员,会长为协和贸易公司总经理祁仍奚,会副为德士古煤油公司经理纽兰,书记为瑞通洋行总经理克利世,会计为瑞通洋行华经理严曾荷,理事为南开大学校长张伯苓及驻津代理美领事伯克”,“系凡在天津居住之中美国人,曾在美国大学肄业者,均有为会员之资格”。④次年,张伯苓被推选为会长。因入会人数增至 265 人(中美两国各百余人),同学会组织设置也有相应调整,副会长增至 2 人,秘书增至 2 人,理事增至 5 人,成员遍及在津中、美工商、实业、教育、军队、政府等领域。⑤会内定期组织聚会及联谊活动,美国第十五步兵团军乐队时常参与助兴。⑥美国大学同学会为天津中美精英人士互动提供了重要的平台。

---

①《美国舒公使昨日来津》(1924 年 5 月 15 日),天津市地方志编修委员会、天津图书馆编:《〈益世报〉天津资料点校汇编》(一),第 278 页。

②天津扶轮社情况详见江沛、耿科研:《民国时期天津租界外侨精英社团——扶轮社述论》,《历史教学》2013 年第 12 期,第 3—11 页。

③梁吉生:《张伯苓年谱长编》上卷,人民教育出版社 2009 年版,第 429 页。

④《旅津中美人士组织美国大学同学会》,《大公报》,1927 年 1 月 22 日,第七版。

⑤《1928 年指南》,第 13—27 页。

⑥《美国同学会黎邸欢舞小纪》,《大公报》,1927 年 3 月 27 日,第三版。

结 语

一战之后，美国无论在政治、经济，还是文化方面，都迅速超越了英、法等老牌资本主义国家。二十世纪二十年代，美货和美片如潮而至，美国形象和观念源源不断流入多元文化交织的近代天津。[①]美侨群体在天津的影响力和主导性日渐显现，固然得益于美国国家势力的扩张，同时也离不开在津美国侨民的努力经营。虽然没有专管租界，但在使领馆外交人员、驻军，以及侨民联合会、美国商会等侨民社团的纽带作用下，美侨群体呈现出显著的"共同体"特征。

一方面，国家派驻的使领机构及驻军为美侨群体提供了坚实的认同根基和安全保障，前者自然被侨民认同，并切实成为共同体结构的有机组成部分。1925 年 4 月，美国兵营附近的 30 名中国人集资为美军第十五步兵团修建了一座刻着中英铭文的大理石牌楼，纪念"美军官兵于 1924 年在中国内战期间的善举"，上书："军阀竞立，变乱迭生。榆关一役，祸及京津。溃兵四散，鹤唳风声。小民何辜，一夕数惊。美国兵营，保卫安宁。昼夜防守，辛苦逾恒。颂我将士，捍患多功。懿□保哉，名震西东。"[②]对战争的恐惧和对安全的渴求没有国界，中国百姓在战乱频仍的年月都对驻津美军心存感激，更何况远涉重洋侨居异域的美侨，他们对驻军的认同和依赖不言自明。1938 年 3 月，美国第十五步兵团撤离天津回国，天津美

①伊斯雷尔·爱泼斯坦：《见证中国：爱泼斯坦回忆录》，第 45 页。

②该牌楼现立于美国佐治亚州本宁堡军事基地，铭文内容系根据书中图片辨认，详见阿尔弗雷德·考尼比斯：《扛龙旗的美国大兵——美国第十五步兵团在中国 1912–1938》，第 258 页。

侨联合会赠给该团一个银质三角台，感谢其对“在津美国侨民的配合与友善”。[①]1938 年 3 月 2 日，英、法租界巡捕、仪仗队、义勇队、童子军整齐列队，人头攒动的街上欢呼、叫喊、鼓掌和鞭炮声震天动地，“似乎全城的人都出来欢送”，女人们冲破警戒线，甚至“令人心碎地嚎啕大哭”。[②]

另一方面，使领人员及驻军的政治性和军事性也决定了他们(甚至包括其家眷群体)作为国家意志“俘虏”的身份实质。同在异乡为异客，远离故土的他们同普通侨民一样，有着诸多相似的心理感受。驻津美兵发表在军队《哨兵报》上的文字很少有耀武扬威的“侵略斗志”，更多是借文字来排解孤寂、彷徨、思乡的情绪。美军第十五步兵团“驻扎在远离祖国半个地球以外的地方为国效力”，《哨兵报》“记载了这个小型军队之家的希望、恐惧和焦虑”。[③]在这一点上，“我群” 认同带给驻军官兵的安全感和归属感与其他侨民毫无差别，他们在自身特殊的身份和使命之外，自然也会尽力寻求融入本国侨民团体及当地社会生活之中。二十世纪二十年代，天津中外人士组织的体育运动社团、队伍众多，赛事频繁，“美兵营”“美兵队”字样时常见诸《大公报》体育专栏。

毫无疑问，作为近代中国屈辱历史的特殊产物，外国驻军以其鲜明的政治性、军事性，成为列强对华侵略活动最显性的表征。因

---

①阿尔弗雷德·考尼比斯:《扛龙旗的美国大兵——美国第十五步兵团在中国 1912-1938》，第 253—254 页。

②【加】德斯蒙德·鲍尔:《小洋鬼子——一个英国家族在华生活史》，谢天海译，刘海岩校，天津人民出版社 2010 年版，第 104—105 页。

③阿尔弗雷德·考尼比斯:《扛龙旗的美国大兵——美国第十五步兵团在中国 1912-1938》，第 117 页。

此,被侵略的一方在其“外侨研究”中剥离“侵略者”(外国驻军)的成分,不将其看作侨民群体的一部分,似乎也在情理之中。这种“剥离”是被侵略民族文化创伤和集体认同的自然反应之一。然而,如果以近代来华外侨群体本身为出发点,借助社区研究、族群研究或共同体研究的方法和视角来考察其群体构成、社会网络、互动模式,并剖析其文化特征与民族性时,无论其为军为商,都是研究者无法回避的对象。

美国人没管过美租界

本报记者 任悦 李海燕

这一段时间，美国又成了全世界关注的焦点，因为那里的大选刚刚结束，借着大家都对美国的事儿挺感兴趣的这个“热乎劲儿”，我们来探寻旧日天津租界的历史之旅：百年前的美租界吧。

想当初，美国是最早在天津设立租界的三个国家之一，但是，当年天津的美租界，在近代历史上却是一个“迷之存在”，它没有像其他的租界一样经过大规模的建设和完善的管理。虽然美国人对划定的租界没怎么“上心”，但是，美国侨民数量曾一度居于各国侨民前列。这里边有怎样的原因？当年美侨在天津过着怎样的美式生活？一起来听专家说。

从问津讲坛的“租界系列”一开讲，走上讲坛的，都是男讲师。这一次，我们要热烈欢迎一位知识型女性走上讲坛，厉害了，我的姐，她就是现任教于天津财经大学人文学院的女博士耿科研。耿博士毕业于南开大学历史学院，主要从事中国近现代史教学研究工作，现已发表有关近代天津买办阶层、美国侨民社会、英租界等研究的多篇学术论文。跟着这位女讲师,我们一起“穿越”回第二次鸦片战争后的岁月吧。

抢了块租界地却根本没利用

英、法两国于1860年在天津划定租界。当时,美国政府因在其中调停“有功”,也获得了在津设立租界的特权,天津美租界由此划定,位置在今开封道以北至彰德道,毗邻英租界,面积131亩。在天津有了租界以后,美国人并没有进行建设和管理,因为,几乎在天津美租界确定的同时,美国南北战争爆发,一直持续到1865年4月。美国政府根本无暇顾及租界事务,开发计划搁浅了。在划定之后的几十年内,美租界几乎没有任何实际意义的开发。相邻的英租界、德租界的管理已步入正轨,不能私设摊点,卖东西的小贩就都涌到美租界,搭起临时房屋做生意,后来又慢慢滋生了酒馆、烟馆、赌场、妓院等地下交易。英德两国工部局不能到美租界执法,美国不管,中国不问,这131亩地越来越乱。美国还曾于1896年6月27日,将天津美租界退还中国。然而,庚子事变中,各国以保护本国侨民人身财产安全为名,在津拥兵施政,原本并无租界的俄、意、比、奥等国都相继在津划定租界。看到这种情况,美国人又觉得“太亏了”,1901年,美国驻华公使康格照会外务部,要求“将美租界复行拨给”,未果。

此后英、美双方进行协商,并征询了德租界当局的意见,议定美租界由英租界工部局接管,并由英国公使萨道义照会袁世凯。萨道义提供了明晰的理由以及合并方案,提出了这种合并对租界管理及天津地方社会治安都有好处,因此,袁世凯批复,同意将天津美租界并入英租界。1902 年 10 月 23 日,津海关道唐绍仪遵照袁世凯指示发布告示,称原美租界并入英租界内,为天津英租界“南扩充界”。不过,直至 1911 年 10 月 2 日,英国驻华公使朱尔典才正式将津海关道告示及相关修正内容补充入《1898 年天津英租界扩充界土地章程》。天津美租界并入英租界,从动议到形成事实管理,再到进入章程、以租界根本法的形式正式确认,前后耗时近 10 年之久。

美国人也流行“男主外女主内”

美国人根本没有管理过美租界。后来,美租界也就不存在了。不过,当年在天津生活的美国侨民数量不少。当时,英租界里居住的美侨最多。因为,自 1900 年开始,英租界前后实现三次扩张,租界面积和空间容量大大拓展,上世纪 20 年代,加速开发建设,界内涌现大片高档住宅,成为当时的高楼居住区。在天津的美侨,经营、聚居以及社团活动重心逐渐向这里转移。除英租界外,当时的德租界也是美侨相对集中的区域。美军第十五步兵团总部设在这一区域内,大量军官及其眷属居住在美国营盘附近。

1927 年,天津英租界进入酝酿收回阶段,大量侨民离津返国,非驻军美侨骤减 2/3 以上。政治形势的严峻带来了另一类外侨人口的显著增加,那就是军人。为防止中国局势动荡危及其在华政治经济利益,各国争相加派军队。1927 年驻津美军突增至 4497 人,为 1926 年的 4.75 倍,1928 年降至 2375 人,其他美侨人口略有回升,为 878 人。1929 年驻津美军进一步撤离,恢复千人以下规模。现藏于美国陆军战争学院文化遗产与教育中心(USAHEC)的两份英文档案,为了解上世纪20年代末的天津美国侨民社会提供了重要的一手资料,两份资料所记载的在津美国侨民人口都在700人以上。

一战之后,美国无论在政治、经济,还是文化方面,都迅速超越了英、法等老牌资本主义国家。上世纪20年代,美货和美国影片如潮而至,美国形象和观念源源不断流入多元文化交织的近代天津。这时的天津美侨社会相对成熟和稳定,其中绝大部分为举家侨居,与男性单独闯荡淘金、流动性较大的其他外国侨民群体有显著不同。当时,在津的美国男性侨民多属商业、驻军、宗教、外交、海关及教育、医疗、法律等专业技术领域,商人居多,驻军其次,而女性多为家庭主妇。以1928年为例,347名女性侨民中,单人户的50名女性分别从事驻军医护、传教、教师等职业,家庭户的女性除宗教人员外,仅有极个别在商业机构任职。

各种社团组织服务于“美式生活”

当年,在津美国侨民组织完善程度更高。除依靠美驻华公使馆、驻津美国领事馆保障侨民群体安全外,在津美侨还组织了服务于侨民公共利益的社团或机构,如天津美侨联合会、天津美国商会、天津美国学堂、天津美国大学同学会等。这些机构从侨民共同体利益出发,一方面发挥上传下达的信息媒介作用,另一方面则为群体成员提供各种现实的帮助及侨居异乡所必需的心理归属。而且,侨民社团兼具民间外交的功能,通过多种渠道加强美侨社会与在津其他外侨群体及本土华人精英阶层的联系,为创造更好的商业氛围和侨居环境服务。例如:天津美侨联合会中商界巨头居多,另有律师、医生、传教士等,除日常联络职能外,联合会还与领事、商会领袖等协作，负责重大节日庆祝活动的组织，安排大型宴会、舞会、体育竞赛。届时不仅美侨政、军、商、民齐聚，还向中外官绅遍发请柬，盛况每每轰动津门。

为便利美侨子弟入学，美国商会于1922年春出资，在英租界马场道（今马场道和浙江路）与董事道（今曲阜道）拐角处创立天津美国学堂，程度从幼儿班直至7年级（1927年秋季起开办8年级班），英美籍学童约占3/4。每学年分春、秋两学期，全英文授课，教学计划与美国本土同步，保证学生随时回国或转至东方其他美国学校时，都能保持学业连贯。

天津美国侨民社会既具有高度的共同体认同，同时对外开放度较高，与在津其他外侨群体及华人精英阶层联系广泛，甚至共组社团，集聚社会资本。据《张伯苓年谱长编》记载："1927年1月20日，天津美国大学同学会在松亭饭庄召开成立会，中美人士百余人出席。"当时，南开大学校长张伯苓及驻津代理美领事伯克当选为理事。次年，张伯苓被推选为会长。

当年，美侨群体在天津的影响力和主导性较强，原因固然得益于美国国家势力的扩张，同时也离不开在津美国侨民的努力经营。虽然没有专管租界，但在使领馆外交人员、驻军，以及侨民联合会、美国商会等侨民社团的纽带作用下，美侨群体活跃津门，也成为一种有代表性的生活模式。

（刊于2016年11月20日《每日新报》第11版"人文新刊·讲场"）

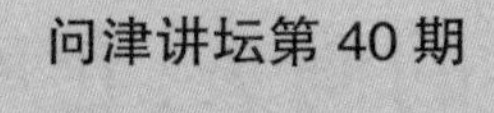

问津讲坛第 40 期

(2016 年 11 月 26 日)

仓库、电车与工厂：比租界的历史演变

主讲人:徐凤文

徐凤文 *1965* 年生，天津人。自由撰稿人，独立策展人，城市观察者，专栏作家。多年从事博物馆陈列展览工作。著有《中国陋俗》《黔东南意象》等。涉及历史文化、饮食民俗、城市地理、旅游文化等多种文化领域。曾为中央电视台《欢乐中国行》、天津电视台《伟业照千秋》等数十台大型文艺晚会担任编导、策划、和撰稿工作。*2011* 年，担任天津电视台文艺频道天天新艺栏目特约评论人等。

比租界：
海河东岸的码头、仓库与工厂

徐凤文

出了天津站，沿着与海河平行的河东六纬路，到大直沽和刘庄浮桥附近，就是昔年的比租界。虽然比利时人经营的电车曾深刻地影响了这座城市，但由于比利时国力不强，加之比租界所处的位置是海河左岸偏僻的地区，所以，比租界成为天津各国租界中开发程度最差、名声最小的租界地。上世纪 80 年代中后期，笔者曾在其周边街巷闲逛，几乎找不到“租界”的痕迹。

历史上，河东曾有上河东、下河东之分，比租界基本上是下河东，包括大直沽、田庄、小孙庄、郑庄子以及贾沽道、东局子、张贵庄一带。下河东最著名的是充满刚烈气息的烧酒、足球和工厂：历史上，大直沽曾是元代海运盛行时海津镇所在。天津开埠以后，这里出产的高粱酒、五加皮、玫瑰露、状元红以及产自御河的天津冬菜，至今享誉海外；一般人都以为河东足球是六七十年代兴起来的。其实，早在上世纪 20 年代，河东青年子弟就喜欢踢球了，多时有三十多支足球队；比利时租界位于河东区大直沽、田庄、小孙庄附近，人们熟悉的天津自行车厂即在此地。笔者曾在紧邻“二宫”（全称为第二工人文化宫）的天津市历史博物馆上班，去大直沽吃早餐时，都会遇到下夜班的工人坐在桌边边吃早点边喝直沽高粱酒，与工友谈论着厂里的逸闻趣事。

一 “团购”来的比租界

占了租界以后，比利时人马上沿着我们地段南边的界线埋他们的桩子，一直到铁路边上。原来是比利时人就只等我们采取坚决的步骤，好让他们在左岸站稳脚跟，可以肯定地说，如果我们没有占领左岸，这块地方就会落入其他列强之手。

——《俄国在远东》（俄）科罗斯托维茨

如果不是刻意提及，很少有人能够想起天津租界中还有过比利时国租界，不止今天的读者“忽略”了比租界的存在，若非上世纪20年代收回比租界成为重大新闻事件，国人也不会“恍然知天津于英法日等国租界外，尚有一比租界”[①]。令人意想不到的是，比利时并没有加入八国联军的远征。那么，这个面积不足3万平方公里、人口不过千万的欧洲小国，何以在天津分得一块“地盘”呢？难道是跟着八国联军“团购”来的？

据曾在天津海关税务司任职的美国人马士所著《中华帝国对外关系史》，以及时任俄国驻华使馆秘书科罗斯托维茨在《俄国在远东》中的记述，1900年的秋天，各国抢夺天津租界进入到白热化

①《北洋画报》1927年3月19日《比租界访问记》。

阶段:先是 11 月 7 日,俄国要求在海河东岸建立俄国租界;紧接着,法国人要求将法租界拓展到墙子河,并把国旗插到了河对岸的盐坨上;意大利人要求在俄租界沿河上边的盐坨地建立意大利租界,奥匈帝国则要求在意租界前面设立奥租界;日本人要求将原来的日租界扩展到天津城根,并在德国租界的下游设立扩展界;德租界的上空和开平煤矿公司的库房上,则升起了德意志帝国的国旗。当俄国人在海河左岸的空地插牌子圈地时,比利时人就找到俄国领事,说比利时商行计划在俄国人要据为租界的地方建工厂。俄国领事建议比利时人在武备学堂以下的地段建工厂。于是,等到俄国租界沿海河往下的界线一划定,比利时人就紧跟着在俄租界的旁边钉起了桩子。到了 1902 年 2 月 6 日,比利时全权大臣姚士登遂委派驻津领事馆嘎德斯与清政府天津河间道张莲芬、天津海关道唐绍仪、直隶候补道钱鑅等人订立了《天津永代租地协定》,在俄租界以南,由比利时出银四万五千两划定现河东区大直沽、小孙庄、田庄一带 740 余亩土地为比国租界。自 1860 年天津开埠起,比利时上院就有在中国设立租界的提议。四十多年后,比利时人不费一兵一卒,终于把租界"团购"到手了。

驻扎在天津的比利时士兵

比租界合同主要内容如下:

——比租界内所有地亩、民房由租界委员代为购买立契,交与驻津领事官收执,比国商民可在租界内建筑房屋、铺面、教堂、学堂、医院、墓地等。

——租界除世昌洋行、信义洋行、顺全隆洋行租地外，约有五百亩以上，分作三等：一为庄基地；一为平地；一为水坑地。比国出银四万五千两，划定合同。界内已盖房屋准允居民暂住，六个月内迁出，不能再行添置。

——比租界允许沿河一百米之地为大直沽庄自用码头，如有船只停泊码头及上下货物，比租界概不收取码头捐及各等费用。允许在大直沽庄前代修公路一条，直通大直沽码头，修路费由比国出资。

——大直沽庄前原有水沟一条，通海河，为全庄吃水必需之沟，在租界以内的一段水道，比利时允许存留。

——界内的闽粤义园土地，比利时允许存留不动，准人祭扫。

——土地经比利时国经营后，按其他国租界章程向天津县署交纳租费，界内别国洋商租地一并归比利时领事官收齐交纳。

——中国如有犯罪人逃至租界，中国官方可按别国租界拿犯章程，随时知会领事官照章办理。

——中国允许照图中所画直线，在大直沽庄西三百米之内修通路一条，北与铁路相接。

比利时租界工部局旧影

比国租界位于海河东岸，西濒海河，临河地带长 1168 米，北接十五经路(俄租界),东至大直沽(大直沽中街附近),南靠小孙庄(天津自行车厂附近),与海河对岸的小刘庄及德租界隔河相望,并将租界以东到铁路之间的数百亩土地划为预备租界。比租界成立以后,曾由工程师绘具地图划分区段及马路,作长期规划,但比利时国会并无在华经营租界之意,而且比利时国内对于在华的租界意见不一:一派主张无条件交还中国,一派主张暂行保存。

按照租界协议,比租界当局准许原业主继续居住,每年另纳租金。比租界商贸萧条,只有若干杂货铺、货栈和酿酒烧锅。居民不过百户,土地多为农田,寥寥无几的货栈、酒坊散落其间。"人迹所罕至,众口所不谈",除了一条沿河道路外,一直保持原有的乡村景观。另外,界内仅有十条坎坷不平的道路,两条宽至三丈,余则很窄,且没有安装街灯。污水、垃圾都要居民自行处理,至于消防、卫生等设施更是一概没有。租界内没有比利时人居住,巡捕也只有区区十二个人。这与海河西岸各国租界的繁华景象形成了鲜明的对比。

二 比国人的"股票租界"

嗣比国政府指派其驻津侨商四人,并另委派四人,组成临时管理机关,并由领事邀集该国资本家,组织地亩公司,名曰"比国租界地亩公司",于民国二年成立。

——吴霭辰《华北国际五大问题》

比利时租界地亩公司董事会包括天津华比银行公司经理、天津电车电灯公司经理、天津仪品放款公司经理等。其经营方法,是以地亩作为抵押,发行债票。除了工部局自用外,其他均由该公司经营。

虽然对原有的洼地进行了吹填,与河对岸的德租界一样,比利时人不想支付巨额的土地款,而将其转给比国租界地亩公司经营。比利时政府依然保留治理权,由居留侨民成立董事会管理租界行政事务。

比利时人修筑河岸、道路向银行借贷的 8 万余两白银很快花完,最初在界内规划的十余条干线也无力实施,只能简单地修修路基。为此,比利时人只能转而经营土地,将比国租界经营成了“股票租界”。比利时人以很低的价格(每亩地一千文)获得土地后,把租界里的地皮划分为三等:一等地为沿海河一带,每亩地价 3000 元;二等地位于海河与大直沽之间,每亩地价 2000 元;大直沽附近为三等地,每亩地价 1500 元。

房租是比利时租界的主要收入来源。比利时租界划定之后,仍准许原业主继续居住,但需按房产估值的百分之四缴纳房租,地亩则按每亩每年五角缴纳。但这方面的收入实在有限,每年大直沽一带房租收入不过千余两,维持租界当局日常开支都勉为其难,为此不得不搞“副业”增加收入。例如,海河裁弯取直之前,大直沽距离海河很近。比租界当局虽然对这片租界没有什么直接建设,却乐于以倒卖土地暴敛捐税(码头捐、车捐、土地捐、烧酒捐)取利。又如,天津河东一带早有斗蟋蟀之风,在意、奥租界盛极一时。比租界工部局见有利可图,便利用界内空旷地带搭棚设立斗蟋蟀的赌场。棚内用布幛分设若干圈,每圈内设斗蟋蟀的场地及旁观席位。养蟋蟀的甲乙双方约定输赢金额,旁观者也可以押注,然后进行决赛。赌徒趋之若鹜,每次赌注多者可达千元以上。比租界工部局从中抽头

比利时驻津领事馆

百分之十至十五，并以其百分之七十报效比国领事及巡捕官分肥，百分之三十由比租界工部局文案（翻译）靳云波等人俵分。既然设立赌场如此赚钱，比利时人亦长于经营之道，何不将这荒僻的租界地改为娱乐场所？据说，有人向比利时租界当局提出类似的建议，欲把这片租界建成北方的澳门。但比利时人对建赌场这样的“邪门歪道”不感兴趣，便没有成行。

相比其他各国租界，比利时租界的地理位置是最不理想的。大直沽一带占据长达1公里的河岸线，具有良好的航运条件，但由于距离天津老城和租界中心较为偏远，加之比利时国力孱弱，所以比租界水运交通的地理优势未能发挥。

1908年，海河工程局的吹泥船向比利时租界吹填了1万立方米的吹泥。这是当年租界建设的常规模式，即利用海河清淤吹填的泥沙将海河两岸原来的低洼地吹填垫平，包括后来的英租界扩展地“五大道”地区、南京路至西康路、营口道至马场道一带以及广东路一带，都是用疏浚海河的土吹填起来的。第一次世界大战爆发前，比利时租界终于做出新的规划：计划重修海河护岸，将沿河地带建造为坚固的码头，提供天津租界中最便利的航运设施，结合紧邻的京奉铁路大力发展仓储业务。但由于第一次世界大战爆发，比利时遭受入侵，规划未付诸实施。京奉铁路局为使水陆连接，向比租界当局提出买回码头之建议，但未成事实。后比租界当局将码头分段售与私人团体使用。

虽然对岸德租界开发也比较缓慢，但至少是“开发”了，而比利时租界长期处于“待开发”的停滞状态：地多荒芜，未及开辟；市政设施很差，污水、垃圾都由居民自行处理，甚至连消防、卫生等设施也不具备；租界内仅有不过十条坎坷不平的道路，其中只有两条宽至三丈，其余皆很窄小，且都没有安装街灯。1925 年天津印字馆出版的英文版《天津插图本史纲》有云：“20 多年来，比利时租界一直处于近乎停顿的状态，现在才要开始其期待已久的发展。”1927 年《大公报》所刊《即将收回之天津比租界现状》一文说当时比租界是一片“荒原”：“只是几所房子，三个警岗，道路全是无名土路。”1927 年 3 月 19 日《北洋画报》所刊《比租界访问记》亦云：“界内居民，本有三百余户，今则以地价付清，迁去不少，所遗寥寥云……摄影毕，四顾苍茫，别无可以留恋浏览之地，遂匆匆乘车归。”

天津比国租界原定租期二十五年，即从 1902 年到 1926 年期满。1925 年，比利时政府受国内与国际环境的影响，向中国政府表

左侧为比例是租界，对岸为德租界

示愿意退还庚子赔款,用于中国的实业、文化和慈善事业,并放弃1865年所签订的不平等条约,再据平等与相互原则重新签订贸易条约。但由于国内外政局动荡,直到1929年8月31日,中比两国才签订交还天津比租界的约章。此后拖延近两年,中比两国始于1931年1月15日举行收暨换旗仪式。换旗仪式地点在比租界工部局,外交部长王正廷、比利时驻华大使华洛思出席了典礼。典礼大致仿效接收威海卫办法,简单隆重。其中有"主席恭读总理遗嘱""静默三分钟"等程序。这一天,天津各机关各团体各学校一律放假,举行庆祝活动。

三 河东岸的英美工厂

(比租界)地点坐落在大直沽附近,与市内繁盛区域距离得很远,而且地方也小得很。平常人的足迹,多有不去的。一条百多丈长的大马路,几条小胡同,多芦草房子,内容也就简陋得很。比领事盖一所领事署在里面,附设一个巡捕房,雇了有十来个巡捕,便公然也是一所租界,什么捐也得抽。

——幸福斋主《津沽杂记》

比利时租界在天津虽然不太知名,但比利时人在天津开办的比国电车公司却在天津鼎鼎大名,并对近代天津城市的发展产生了深刻的影响。1904年比国通用银行财团取得了在天津设立电车电灯公司的专利权,转年在河北金家窑建成发电厂。1906年围城电车通车,后陆继发展、扩充到六条线路。比国财团垄断天津的电力及交通事业,获取了丰厚的利润。各路电车每日收到几十万枚铜元,据说比利时全国的教育经费完全由天津电车电灯公司负担。此外,比国商人还在法租界中街设立比商天津仪品公司,又名仪品放款公司。该公司经营房地产及抵押放款,并经租别人委托的房产,对欠租住户和不履行合同的业主,即以比租界工部局的名义查封其房产,由仪品公司拍卖抵偿。嗣后又成立比国砖窑、粘板公司、津塘轮船运输公司等,聚敛了大量财富。还有比商沙立洋行,以运销军火为主要业务,天津警察厅的武器装备、北洋军阀皖系张敬尧军队的枪弹,都是沙立洋行经办购运的。一些比商企业虽未设在比租界,但却以比租界为护身符,托庇于领事裁判权的保护,在天津发了大财。

虽然天津的有轨电车是比利时人经营的,但河东这一带终究太荒僻了,比国人也没有开通电车的规划和设想。比租界标志性的风景,是海河上的轮船和临近的铁路。上世纪二三十年代,住在大直沽的孩子们大都跟随大人去过河边。跨过宫前街的街心,走过一条狭窄的小胡同,不到六七十米,就到了村边土坡的坎沿了。隔着杂草和小树林,能够看见海河里缓缓行驶的半截突突突冒着黑烟的大烟囱。烟雾在空中要漂浮很长时间,耳畔不时传来轮船汽笛闷声的鸣叫。笛声不长,浑厚稳重,甚至有些闷,似乎是憋了半天凝成了一团,不过两三声,不似附近纱厂、洋行上下班时的笛声那么狂躁刺耳,让人不安。

比租界毗邻铁路干线,又有大片沿河地带,加之地势较高,遂成为开办工厂和商业货栈最佳的地点。在其他各国海河沿岸用地紧张的情况下,比租界成为一块闲置的“价值洼地”。最先打比国租界“主意”的是隔壁的俄国人。随着俄租界的快速发展,俄国人曾想用租买的方式将货栈、仓库设在大直沽。英国著名的“威斯蒂帝国”

旗下的和记洋行是最先在比租界建厂的企业。1922 年 7 月,英国垄断资本联合国际有限公司先后两次通过比利时工部局华籍文案(翻译)靳云波购买比利时地产公司地块两处,总计一百八十亩,兴建了天津英商和记洋行(后来的食品一厂),从事冷藏和蛋禽加工产业。仅此项交易,比租界当局便获利 54 万元。和记洋行是当时华北最大的蛋品加工厂,仅在华北设立的收购站(支庄)就有一百三十多个,几乎垄断华北蛋品市场。

随后,英、法、日、美等国的商人纷纷涌进比租界买地建房办工厂。比租界当局坐享其成,趁机发了一笔大财。看到卖地就可以赚到大钱,比租界当局总想借机扩大自己地盘。1918 年海河裁弯取直后,比利时领事称海河加宽了,要求把租界线向外扩充 33 米作为补偿。在没有得到中国当局答复之前,就派了工部局的翻译去撒白灰划线,结果翻译官被大直沽的老百姓痛打了一顿,才作罢。

美商德士古火油公司早在 1919 年就在天津设立了分公司,1929 年看中和记洋行对面的沿河地段,通过靳云波向比利时地产公司购买一百多亩空地,成立德士古油栈,准备建立油罐区,垫土两万方。德士古油栈位于大直沽河沿,东接中纺一厂(后来的棉纺一厂),西临和记洋行,北连大直沽村,南靠海河。由于油罐距离大直沽太近,加之 1926 年位于河东旧俄租界内的美孚石油罐区曾发生过火灾事故,大直沽村民群起抗议。初始,天津市政府以"危险建筑必须远离市十里以外才准予建立"为由,拒绝了美国人的计划。在政府碰壁后,美方又以重金贿赂的办法,分化、收买大直沽的头面人物,也未得逞。接着,美国人又以"给大直沽先修三条大马路,然后安装电灯,建游园,开图书馆,设官医院,开办贫民学校,所有各项经费都由德士古负担。将来石油库的职员、工人都任用大直沽人”等条件来诱惑,也没有效果。最后,美国人还是通过南京国民政府的关系,获得了建立油库的执照。前后延误了两年多时间,最终在军警的护卫下,德士古油罐区在1932年春建成了。

靳云波是比利时租界的一号“能人”。“二战”前中国政府一直不允许外国人持有中国土地的所有权，但靳云波代表比利时当局将大直沽沿海河的一块二百亩土地卖给了日本人，建造了裕丰纱厂(后来棉纺一厂)。比利时当局获得土地款五十万元,靳云波得好处费二万五千元。1930年,德士古石油公司购买比租界的地皮,用的也是靳云波的名义。后来,靳云波就在裕丰纱厂对过、大直沽前街和六纬路交界转角处,建造了一座豪华的“四合套”,住宅后面是他的私人花园,还在花园里建造了一处私人戏院。

抗战爆发后至太平洋战争前，总有美国兵在银灰色巨大的圆形储油罐上荷枪放哨。德士古储油罐区的大罐上、嘹望塔上,悬着美利坚合众国的国旗。厂区的水泥围墙上,画着巨幅的德士古公司的五角形徽记。日本投降以后,两艘美国太平洋舰队的登陆舰沿塘沽新港，溯海河，在沿岸天津百姓的欢呼声中直抵市区万国桥一带。那时候在德士古油库附近,经常能够看见草绿色的美国军用吉普车呼啸驶过。听老人讲,那时候大直沽、东局子、小白楼一带有很多夜市,在煤气灯、电石灯的光亮里,时常可以用很低廉的价钱买到美国的绿呢子军裤、夹克、军毯以及压缩饼干、牛肉泥罐头乃至整箱的啤酒、骆驼牌香烟等美国军用物品。

平津战役时天津被围，德士古公司的职员仍然每天坐着班车上下班。车上贴着警备司令部特发的通行证，上面是一个国民党徽。1949年后,美国对中国实行封锁,留在天津的美孚、德士古和亚细亚营业一时陷于停顿。经工会与美方交涉,德士古每月向国营的华北石油公司出售库存的石油一次，用于发放职工工资，1950 年 10 月新中国实行石油统销后停业。随着朝鲜战争爆发，中国政府冻结了美国在华的资金和所有企业，德士古等美资石油公司皆被国营华北石油公司没收。原租界内的美国人、英国人都走了，俄国贵族魏尔索夫伯爵一家去了澳大利亚，另一个俄国流亡者达瓦斯一家人响应斯大林的特赦令，作为合法侨民回国参加了集体农庄。曾任德士古石油公司技术人员的翁开庆经手办理向华北石油公司售油事项，后辞职转入天津建筑设计院任设计师。1969 年初翁开庆被隔离审查了半年之久，被指定学习《毛泽东选集》中《劝杜聿明投降书》，限期交代问题。据翁开庆多年后写的《八十自述》中回忆，后来才得知是要交待十八年前在德士古经手售油事项。翁开庆最终被宣布为“现行反革命”，送往北仓建筑工地劳动改造。

四 浮桥边的河东风月

自大光明而下，辛田庄摆渡口和小刘庄摆渡口都是完全意义的驾船摇着摆着渡向对岸的。海河在大连码头的河面渐宽，潮涨潮落的落差总有一米五至两米，所以到了小刘庄摆渡口，加上护堤的高度，落潮时从岸头登渡船要走两段颤颤的跳板。

——周绍昌著《苇莒集》

周绍昌的家在紧邻比租界的大直沽，是元代海运兴盛时期海津镇所在。大直沽以元代建立的娘娘宫为中心，村内有三条东西横贯的长街，宫前还有两条小横街，两边都是各行店铺和摊贩，热闹非常。

上世纪80年代,大直沽尚未拆迁。街区依然保持旧时的格局,由前、中、后三台组成,纵横交错着二十二条街道,一百零一条里巷,大多为青砖瓦房。大直沽的街巷不仅十分狭窄,还在蜿蜒曲折之外常有坡度的变化。在天津这样的低洼平原城市,是不多见的。大直沽最热闹的时候是进腊月以后,推着自行车在年货市场里转,没一个多小时出不去。

大直沽的对岸为河西小刘庄, 在一河两岸之间有老天津人皆知的刘庄浮桥。而在浮桥没有兴建以前,这里有连接大直沽和小刘庄之间的小刘庄渡口。1923年到"文革"以前,大直沽对岸河西刘庄大街东街的街口立着一个牌坊,上边刻着"刘庄大街"四个大字。题写牌坊的人,正是河东大直沽著名的书法家李学曾。虽然前些年刘庄浮桥改成了斜拉桥,名字也改为刘庄桥,但老天津人还是习惯将其称为刘庄浮桥。这种习惯和现今很多老天津人将金汤桥称为"东浮桥"、解放桥称为"法国桥"是一样的。

1900年以前,从大沽海口到老龙头火车站,海河上没有一座桥梁。1900年八国联军入侵时,曾在今大光明桥附近临时架设了一座俄国浮桥,1945年后改称建国花园渡口,1949年后改称大光明渡口。

1900年以后,随着河东河西两岸租界的开辟、工厂的建设,渡口逐渐增多。今河东区彼时有:英商亚细亚油行在四经路设立的亚细亚渡口,开滦矿物局在五经路设立的开滦渡口,颐中烟草公司在六经路设立的颐中渡口、十经路临时渡口,俄国驻津领事馆在馆舍临河处设立的花园渡口,太古洋行在今十一经路设立的太古渡口,美孚油行在十三经路设立的美孚油行专用渡口。这些渡口多为"专渡",仅限本洋行中外员工和物资过渡,不摆市民。也有些渡口,由洋行给船主补贴，本洋行职工免费，但可摆渡一般乘客。

刘庄浮桥的前身为刘庄渡口，1950年孙犁曾写过一篇《小刘庄》的散文，讲到当年刘庄渡口的情形：“昔日，这里是一个摆渡口。过渡的主要是上下班时的工人，上班，回家，路上顺便买些便宜的蔬菜、鱼鲜之类。”

奇怪的是，既然一桥通两岸，刘庄浮桥为何不称“大直沽浮桥”，又为何称刘庄渡口而不称大直沽渡口呢？其实，刘庄渡口的前身即为大直沽渡口。明代万历年间天津八个官渡中有大直沽渡口，那时的小刘庄还归大直沽管辖。三十年河东，三十年河西。随着大直沽日渐衰落，而刘庄的名声也和小刘庄的青萝卜一样压倒了大直沽。1954年，刘庄渡口改为国营。是时，渡口收费单人4分，单人带自行车6分。1956年，河东境内的小孙庄、杨庄子渡口也收归国有。1957年开始，天津市发售渡口月票，每张四角五分，学生月票两角五分。到1959年的时候，海河上的摆渡船多改为机动船。同年，对渡口坡岸进行改造，并开始发售本票，背面印有“预售乘船券每本10张，售价一角整”等字样。而后来我所见到的渡口船票(含预售乘船票)为1分和2分两种。也是在1959年，刘庄浮桥正式建成，是开启式木结构浮桥，由8只木船编组而成，其中4只可以开启。1976年改建为开启式钢丝网水泥船浮桥；1991年，在原址改建跨越海河的独塔斜拉桥。2004年，整修后又改为刘庄桥。

直到十年前，刘庄浮桥的桥边总还有些贩卖萝卜、鱼鲜、田螺的商贩，这是早年间“桥市”留下来的传统。每次经过这里，笔者都要下来在这里买上几根萝卜(虽然刘庄萝卜早已绝迹，但在桥头卖萝卜的小贩却一直存在)和一包萝卜糖，也算怀念一下“最好秋宵助谈兴，刘庄萝卜正兴茶”(《丙寅天津竹枝词》)的昔日刘庄风物。

时至今日，每当盛夏时节，刘庄桥上常有使大扳网的市民在这里网鱼。那些光着膀子的天津大哥把一张大网从桥栏杆上放下去，起网时，总会吸引不少路过的行人驻足围观：“哗”一网下去，大鲤鱼，“哗”一网下去，虾，“哗”豆豉鲮鱼，油麦菜……当然，这是郭德纲单口相声里的段子。然而在河边看网鱼、看海河边“谈恋爱的”，一直是天津特有的河边保留节目之一。

1936年，日本退伍军官小岛和三郎在天津第四区小孙庄海河边靠近周公祠的盐坨地老闸口划线钉桩，圈起二百余亩地，盖起了四五间大顶脊细长条形厂房，装备了百余台新旧参差的日本机器，又从附近的小孙庄、大直沽等地招募了200余名工人，挂起了“昌和工厂”的牌子，生产自行车车架、前叉、车圈、曲柄、链轮、泥板、三套轴等主要零部件，组装“铁锚”牌自行车。“铁锚”牌自行车由此成为中国历史上第一个自行车品牌，该工厂就是后来的天津自行车厂。1944年，昌和钢厂改名日高株式会社庆昌和制造所，职工增至800余人，生产铁锚牌自行车和带刺刀的三八步枪。

1937年，日寇为了侵华战争的需要，便在天津海河东岸划地为界，强占了三个自然村(小孙庄、郑庄子、娄庄子)，圈地426万平方米，历经5年的时间，于1942年建成一座亚洲最大的军用仓库，名为“北支那野战军货物厂本部”(俗称新仓库)，军事编号“1820”。

上世纪50年代，又在原比租界的东侧陆续建起了二宫和中山门工人新村。直到上世纪80年代初期，昔日比租界附近的那些日本时期留下的工厂很多仍然使用着日本时期的设备，工人上班三班倒。新仓库附近郑庄子的棉纺厂宿舍，虽然越来越破烂，各家在门前搭的小屋和煤球炉子越来越拥挤，但这些天生乐呵的工人师傅照样娶媳妇过年。有句老说说“三十年河东，三十年河西”，但在几十年的时间里,这里跟对岸的河西永远是两个不同的世界,一直背负着“穷河东、富河西”的历史绰号。如果一个家族里的几代人都没有走出河东，按那个年代的说法就是只能继续在工厂里当工人了。

20世纪50年代初期,靳云波的戏院先改为新民戏院,后改为大直沽影院,又几经改造。上世纪80年代中后期,单位经常组织在这里看电影。十多年前,冯巩的电影《别拿自己不当干部》,就在棉纺一厂拍摄的。

以昔日俄国和比国租界为主体的河东,相当于上海的浦东、武汉的武昌。按照民国年间吴霭辰在《华北国际五大问题》中的说法:“天津河东俄比两国租界,占海河河岸甚长,且可与平奉铁路线连接,地势之便利,实远在海河西岸英法各租界之上。”1930年,梁思成和张锐在《天津特别市物质建设方案》中曾提出在海河东路建设林荫大道。日本占据天津期间,试图以今十一经路为中心规划大天津新的市中心。吴霭辰更是在八十年前预言:“河东工厂商务,如能日见繁盛,再建一座铁桥,直达河之两岸,则比租界及旧俄租界之大空场,均可建筑市场及市民住所,其发达之程度,更可与英法各租界并驾齐驱矣。”这些未得实施的城市规划设想,均基于对天津俄、比租界独特的地缘优势的认识及以海河为中心布局的城市布局的美好期盼。

如今,海河东岸的河东地区已完成城市地块升级,但由于历史的变迁及规划的反复调整，一直缺乏对海河东岸系统的整合和规划,留下了遗憾。

“团购”来的比利时租界

新报记者 任 悦 李海燕

已经是深冬了，在这样的季节里，要是能宅在家里，品一杯香茶，看一部怀旧的老电影，应该是件很惬意的事。在老电影里，总有那种响着清脆铃声，笨重却装满故事的有轨电车的影像。今天，我们请来专家讲讲天津老电车的故事。《问津讲坛》推出的“天津九国租界”的系列介绍，在2016年的最后一个月，也要推出最后一期，专家会给您说说当年不起眼的比利时租界，以及比利时人当时在天津经营的大名鼎鼎、给城市发展添上重要一笔的有轨电车。

这次走上讲坛的是城市作家、天津师范大学客座教授徐凤文先生。其长期致力于民国家庭史、生活史及城市史的研究和写作，著有《中国陋俗》《天津旧影》《黔东南意象》《民国风物志》《寄往童年的风筝》等图书。徐凤文从小就生活在天津的河东区，旧时的比利时租界，当年的老河东，他娓娓道来，很是亲切。

比利时“团购”来一个租界

出了天津站，沿着平行于海河的河东六纬路，过了旧时俄租界，到大直沽和刘庄浮桥附近，就是昔日的比利时租界了。由于比利时国力一般，当时的比租界又处于海河左岸的偏僻地区，它就成了天津各国租界中开发程度最差、最不知名的一处租界地。如果不是刻意提及，很少有人能够想到，天津九国租界中竟然还曾存在过一个比利时租界。不只现在很多人对比利时租界不甚了解，就是当年这个租界存在时，也没有多少人知道。

1900年的秋天，比利时人一直紧随俄国人的脚步：当俄国人在海河左岸的空地插牌子圈地时，比利时人找到俄国领事，说比利时商行计划在俄国人要据为租界的地方建立工厂，俄国领事建议比利时人在武备学堂以下的地段建厂。果然，等到俄租界沿海河往下的界线一划定，比利时人就在俄租界的旁边钉起了木桩子。也就是说，比利时跟着俄国，一起“团购”了一个租界，只是这个“团购”很有厚着脸皮强要的意思。

1902年2月6日，比利时全权大臣姚士登与清政府天津河间道张莲芬、天津海关道唐绍仪等人签订了中比租地协定，划定现河东区大直沽、小孙庄、田庄一带740余亩土地为比国租界，并将租界以东到铁路之间的数百亩土地划为预备租界。相比于其他各国租界，比利时租界的地理位置是最不理想的。比租界所在的大直沽一带虽有良好的航运条件，但由于距离天津老城有些偏远，加之比利时国力孱弱，比租界水运交通的地理优势一时并未发挥出来。

电车围城转日进斗金

比租界当局没有多少市政建设,倒卖土地征集捐税(码头捐、车捐、土地捐、浮房捐、烧酒捐)是比租界的主要收入来源,当时,生产玫瑰露、五加皮和高粱酒的义聚永烧锅即在比国租界内。比租界划定之后,仍准许原中国业主继续居住,但需按房产估值的百分之四缴纳房租,地亩则按每亩每年五角缴纳,但这方面的收入实在有限,每年大直沽一带房租收入不过千余两,维持租界当局日常开支都捉襟见肘,不得不搞些"副业"以增加营收。曾有人建议比租界当局将比租界建成北方的澳门,以此增加收益,但被比利时人回绝了。

比利时租界在天津虽然不太知名，但比利时人在天津开办的比国电车公司却是大名鼎鼎，对近代天津城市的发展影响极为深刻。1904年比国通用银行财团取得了在天津设立电车电灯公司的专利权，转年在河北金家窑建成发电厂,1906年围城电车通车,以后陆续扩充到六条线路。比国财团垄断天津的电力及交通事业,获取了丰厚的利润。各路电车每日收到几十万枚铜元,据说比利时全国的教育经费完全由天津电车电灯公司负担。虽然比利时租界籍籍无名，但比利时人经营的电车公司深刻地改变了天津城市的近代化进程,有轨电车沿着北大关经北马路、东马路到今日和平路以及滨江道的商业街,带动了周边商业的繁荣及城市空间的变迁。

虽然天津的有轨电车就是比利时人经营的，但河东这一带终究太荒僻了，比国人甚至都没有在自己的租界地开通电车的规划和设想。所以,比利时租界里,居然一直没有大名鼎鼎、"时髦"的比利时电车。

工厂林立的比租界

比利时租界标志的风景，是海河上的轮船和邻近的铁路。比租界因毗邻铁路干线，又有大片沿河地带，加之地势较高，成为开办工厂和商业货栈的最佳地点。在其他各国海河沿岸用地紧张的情况下，比租界成为一块闲置的“价值洼地”。随着比租界的开发，河边陆续建了许多日、英、美的纺纱厂、汽油行、打蛋厂，镇上来往着洋行职员、掌柜小贩、工厂工人、警察、道士等形形色色的人物，成了这个区域独特的风景。

英国著名的“威斯蒂帝国”旗下的和记洋行是最先在比租界建厂的企业。1922 年 7 月，英国垄断资本联合国际有限公司先后两次通过比利时工部局华籍文案靳云波购买比利时地产公司地块两处，总计 180 亩，兴建了天津英商和记洋行(即后来的食品一厂)，从事冷藏和蛋禽加工产业，仅此项交易比租界当局即获利 54 万元。和记洋行是当时华北最大的蛋品加工厂，仅在华北设立的收购站(支庄)就有 130 多个，几乎垄断华北蛋品市场。

天津比国租界原定租期 25 年，本应在 1926 年归还，但直到 1929 年 8 月 31 日，中比两国才签订交还天津比租界的约章。此后，又拖延了近两年时间，中比两国于 1931 年 1 月 15 日举行接收暨换旗仪式，比租界改为天津特别四区。

1936 年，日本退伍军官小岛和三郎，在天津第四区小孙庄海河边，靠近周公祠的盐坨地老闸口划线钉桩，圈起了 200 余亩地，盖起了四五间大顶脊细长条形厂房，装备了百余台新旧参差的日本机器，又从附近的小孙庄、大直沽等地招募了200余名工人，挂起了“昌和工厂”的牌子，生产自行车零部件，组装“铁锚”牌自行车。“铁锚”牌自行车由此成为中国历史上第一个自行车品牌，该工厂即后来生产“飞鸽”自行车的天津自行车厂。

1937年，日寇为了侵华战争的需要，在海河东岸划地为界，强占了小孙庄、郑庄子、娄庄子三个自然村，圈地426万平方米，历经5年的时间，于1942年建成了一座亚洲最大的军用仓库（俗称新仓库）。

上世纪50年代，天津市人民政府在昔日比租界的东侧陆续建起了二宫和中山门工人新村。直到上世纪80年代，昔日比租界附近日本时期留下的工厂仍然使用着日本时期的设备。新仓库附近郑庄子棉纺厂宿舍，虽然越来越破烂，各家在门前搭的小屋和煤球炉子越来越拥挤，但这些天生乐呵的工人师傅照样娶媳妇过年。

很多“老河东”，以及当年工厂里的老工人还会常常提起，在上世纪80年代，下了夜班的工人和附近的居民，在大直沽的河东饭庄喝上一碗热乎乎的高汤馄饨，还有香喷喷的拆骨肉，一边吃着，一边就着二两直沽高粱酒，和工友们高门大嗓地谈论着厂里的逸闻趣事。

这几年，河东区凭借自己的区位优势，加上历史、文化和资源禀赋，大力发展现代服务业等项目，旧日的破旧早已变成今日的繁华。当年的比租界区域已经成了热闹的中心地带，破旧的宿舍区早已经成了靓丽的居民社区或是繁荣的商圈。

（刊于2016年12月18日《每日新报》第11版“人文新刊·讲场”）

附录:荣辱论

——2016年度问津讲坛综述

周醉天

题记:租界的建立,是耻辱的印迹;租界的存续,是文明的跳板。

一 荣辱之争

2014年10月,九集大型人文电视纪录片《五大道》在央视播出,这部纪录片“通过解读一个独特的历史街区,破解一座城市的人文密码,翻检一段苦难辉煌的近代岁月”。随着该纪录片的播出,在全国范围内掀起一股“租界热”,租界的昔日辉煌引起了人们美妙遐想,自然也有人认为这是美化侵略。

其实,对于租界,对于天津小洋楼,从来都不缺乏截然对立的观点,不论是过去,还是现在。据闻,天津讨论把租界洋房作为风景区的提案时,南开大学就有几位教授坚称,租界洋房是帝国主义带给天津的耻辱,是疮疤,不能用来炫耀。这种观点,现如今也有人主张。某次问津沙龙时,有位杨老师就说:“当电视纪录片《五大道》播出的时候,我就说有点过了……”

租界这个话题,是一个有争议的话题。大家都知道这些洋楼是怎么出现的,又都觉得这些洋楼漂亮,都在为保护利用洋楼而绞尽脑汁。而怎么做,估计意见就不统一了。这也说明租界问题的特殊性和复杂性。租界于天津的历史而言,太重要了。我们将以怎样的语境来描述租界,是一个问题,是一个很大的不能回避问题。

在酝酿有关租界书稿的时候,笔者曾确定一个主题,即本篇开头那句话:租界的建立,是耻辱的印迹;租界的存续,是文明的跳板。笔者以为,2016 年度问津讲坛关于租界的主题讲座,有关其综述的思路和主题,也应该离不开这两句话。如此,笔者就从荣辱两方面入手,谈谈租界问题以及对 2016 年度问津讲坛的内容认识。

二 耻辱的印迹

第一讲是尚克强老师,讲座的主要内容是天津租界的概况。正值《五大道》热播,尚克强老师作为这部片子的三位史学顾问之一,也随之热度上升,知名度大增。尚老师在问津讲坛做年度开场,无疑是非常适宜的。而尚老师讲座的主题,显然与题记是不谋而合的。他讲的题目是《九国租界与天津城市发展》。

尚老师对于耻辱的表述是这样说的:列强每次掀起强占租界的狂潮,无不是借助于侵华战争的余威。首先是第二次鸦片战争和英、法、美租界的划定。然后是甲午中日战争之后,德、日租界开始划定,而英租界借机大扩张。1900 年八国联军入侵津京,7 月 14 日天津城陷落后,八国联军对天津城及附近地区实行分区军事占领,实现了完全的殖民统治，这也为各国疯狂强占租界提供了最直接的条件，于是俄国以胜利者的姿态宣布对它占领的海河东岸大片土地“保留绝对主权”，并终成租界。意大利、奥匈帝国也是先实行军事占领，然后转为租界。连根本没有参加八国联军的比利时也乘机在大直沽一带划分了租界。

租界开辟国除了每年按亩数向清政府交极少量的租金外，他们在这块“永租”的土地上享有完全独立于中国主权之外的行政管理权。在这里，不仅中国的军队和警察不准进入，列强还拥有司法、警务、税收等各方面的特权，形成了名副其实的“国中之国”。根据《辛丑条约》，天津租界还设有英、法、美、德、日、意、奥、俄八国兵营，这一切都给天津人民带来了极大的屈辱。租界制度完全是一种殖民制度。

天津社科院历史研究所副研究员万鲁建博士是研究中日关系史的，对天津日租界有多年深入的考察，他的讲座题目是《日租界的社会生活》。万博士在讲述日租界时说：大部分中国人还都是为了生存而来到日租界。他们或者在日本人开设的工厂、洋行工作，或者受雇于日本人家庭，担任保姆、伙计和车夫。他们在近代中日关系的大背景下，无力抗拒日本人的盘剥，有时候不得不委曲求全，以维持最基本的生活。从他们在日租界的艰辛生活，我们能够清晰认识租界的本质，以及给中国人民所带来的伤痛。

刘海岩，天津社科院历史研究所研究员，他和尚克强老师一样也是纪录片《五大道》的历史顾问之一，他主讲的题目是《英租界的划分于形成》，讲座中刘海岩老师指出：天津租界的划分与上海不同，天津的租界，是战争的直接产物。

1858 年英法联军占领天津，签署了中英《天津条约》中，开放长江沿岸的汉口、九江、镇江和渤海湾的登州、牛庄等为通商口岸。1859年英法联军在大沽口的军事失败,1860年英法联军第二次占领天津并进而占领北京后,10月24日签订的《北京条约》,天津开埠。英租界的第一次扩界是在1897年,而这一次的理由尤其彰显了耻辱的印迹。1895年中日甲午战争后,德国人和日本人先后迫使清政府同意,在英租界的南边和北边划分了各自的租界,其面积都超过了英租界。这居然成为英国人扩界的理由,耻辱是明摆着的。

曲振明,政协河东区文史委员会副主任、李叔同研究会理事、市政协口述史学会会员。他研究地方文史许多年,最大的特点就是藏书多,曾荣获"天津市十大藏书家"称号。曲振明老师主讲俄租界,题目是《俄租界旧事》,俄租界的建立,也是耻辱的明证。俄国人的财力比不上其他列强。在既无俄国臣民,又无重大商业利益的情况下,俄国人实行了野蛮的强行占领方法,即所谓"根据征服之权利"决定在天津建立俄租界。当时负责租界谈判的直隶候补道钱鑅曾记述:"职道当与珀领事辩论,贵国商务无多,何必占此大地?珀领事谓:此地系本国武官踩定,已将地图寄回本国外部,不能再改。遂与商议租地价值及拆房经费,该领事又谓:地,战争所得,不能给价。职道以居民遭此变乱、家业荡然,祇此栖身之地,而又攫而取之,恐文明之国必不出此。辩论再三,该领事始允给付价值,议定车站、货场不入租界,矿务局归公司自办,武备学堂地基及英俄争执之地提出另议。"

王勇则,作为政协河北区文史委员会副主任,由他来讲意租界应该说再合适不过了,他讲座的题目是《意租界的前世今生》。王勇则用很大的篇幅讲了研究方法,然后向听众介绍了三件档案事件。

虽然是微观事件，但作为租界管理方欺负中国居民的实例，其耻辱也是显而易见的。

周利成，天津档案馆副研究员，具有得天独厚的资料优势。他讲座的题目是《德租界与德国人》。周利成讲到，德国方面在与中国政府签定租界协议之后，在征收中国居民房屋时，每亩只出 75 两白银，中国居民不同意，清政府委曲求全掏钱补贴，一共贴进去 12 万两，这还不屈辱吗？

总之，租界作为一段历史的见证，其屈辱是肯定的。因为清政府战败了，这是战败的结果。屈辱的印迹，将永远铭刻在国人的心中。

三 文明的跳板

尚克强老师谈过租界的屈辱之后，话锋一转地说：历史的发展往往不是沿着一条直线，而是迂回和曲折的。在一定条件下，事物是可能走向它的反面。列强在开辟租界之初，是要建立独立于中国主权之外，也独立于天津旧城区之外由洋人居住的西方城区。随着大量移民的到来，他们的官员和商人要居住，他们的传教士要布道，他们的洋行、银行要经营……于是先有洋房、碴石路的出现，接着自来水、电灯、电车、开启桥、体育场、跑马场陆续出现了。租界最初的建设者无形中把西方近代城市建设的理念和成果引进了天津。

租界给我们带来了多少现代文明呢？尚老师讲述时简单列举：现解放北路是天津租界最早形成的街区，最终形成了我国北方最大的金融和外贸中心；原美租界建成了洋味十足的自由商业区——“小白楼”商圈；意大利租界建成了其本土之外最大的一处地中海式建筑群——马可?波罗广场，完全引入了意大利城市广场的理念；在法租界，在原粪场、洼地、荒地之中建起了以劝业场为代表的新兴城市商业娱乐中心，促使其建成的，是有轨电车的通行。

英租界给我们带来了西医、银行、体育场、跑马场等，而它一而再再而三的扩界，也带来一个现在很著名的“五大道”。在距今整整 100 年以前，一位英国建筑师安德森向纳税人会议提交了“推广界”的规划和方案，方案最核心的内容是如何创造一个有利于健康的居住环境，满足人们对空气、阳光和娱乐的需要。在距今 100 年前，在人们提出“生态环境”理念的 70 年前，提出营造一个健康的居住环境，这无疑是非常先进的思路。在这一带的规划中，提出了许多要求与措施，不仅对林荫道的走向作了规定，对建筑类型、建筑材料，乃至屋顶、房檐都有明确要求。同时，规划中要求设立强制性的卫生设施，建立地下排水、排污系统，彻底结束旱厕、粪车时代。

日租界也是这样。当局将本国建设经验直接移植过来，经过二十年的经营，其界繁荣的程度甚至超过日本本土的中等城市。万鲁建讲到：租界里的日本人的文化生活以阅读日文图书、期刊为主，为此他们在天津建立了自己的图书馆；日本人还在天津创办了不少日文报刊和杂志，以丰富自己的文化生活，宣传日本在津及在华活动情况等；日本人还在日租界内开设了多所学校和医院，设立了从幼儿园到小学、中学的各级学校。这些学校无论是硬件设施，还是师资力量都比较完备；日本人还设立了各种专科医院，1917 年日租界内除了北支那驻屯军医院外，还有共立医院、井上医院、天津医院、千秋医院、同仁医院、高桥医院、东亚医院等私立医院,“其数量与侨民的人口相比甚至感到过多”。截至1936年,各种专科医院和综合医院达到27家。现今天津最大的医院,最初也是那时候日租界里的日本人创办的。

俄租界地广人稀,财力匮乏,鲜有繁荣可言。但是,它的特点是经营地皮,凭借地广人稀终于把地皮炒火了。在毗邻铁路、海河的地块,有许多大工业和洋行,形成了这一带“脚行多、大车多、货栈多”的局面。而且更主要的,是大工业在俄租界的落脚,在那个时期起到引领作用,比如大英烟草公司的建立。英美烟草托拉斯在天津的经济活动始于1903年,最初办事机构设在英租界大沽路的高林洋行。此后看中俄租界,1912年在尼古拉路(紧邻老龙头车站东货场)正式建立驻华英美烟公司天津办事处。公司设有办公楼与库房,修筑了由老龙头火车站到库前的铁路专用线。1919年,又购买了俄租界六经路靠海河一带的45亩地,投资500万元,建起占地面积2.18万平方米、建筑面积1.127平方米、以四层厂房为主要车间的大英烟公司。天津大英烟公司的创办,使天津卷烟工业发生了巨大的变化,其规模之大,产量之高,是其他烟厂不能比拟的。在天津卷烟工业中占具垄断地位。这个工厂1949后被收归国有,其生产的大前门、战斗、永红、大港、海河、郁金香等品牌的香烟,成为天津人的文化记忆。讲起这些个故事,曲振明老师如数家珍,因为曲老师原先就在天津卷烟厂工作,而且在这里工作了一辈子。

法租界给我们带来了更多的现代文明,主讲人张翔是民间学者。他1974年出生,是天津记忆文化遗产保护志愿者团队的主要成员,《天津记忆》主编之一。张翔长期致力于天津历史,尤其是租界建筑及北洋人物资料的挖掘整理，痴迷于老照片的收集与考证，最近数年来成果斐然。张翔的讲座，老照片展示是一大特色。他从老照片入手引出故事，直观效果非常好。比如1914年法租界中街（今解放北路与滨江道交口），从DD饭店上向南拍摄。右侧二层建筑山墙上可见百代公司广告，天津最早的电影院就在这后面建立，即1906年建成的权仙电戏园。1912年该影院搬到南市地区，改名上权仙，就是后来的淮海影院。

1900年2月，英国基督教伦敦会利用庚子赔款的资助创办新学书院，其前身为同治三年（1864）英国基督教伦敦会创建的圣经学堂（又称养正学堂）。据说新学书院的建筑是仿照英国牛津大学建造的，为青灰色古城堡式建筑。新学书院培养了大批人才，知名毕业生如物理学家袁家骝、翻译家杨宪益、戏剧艺术家黄佐临、教育家罗光道、医学家刘瑞恒与朱宪彝、遗传学家和生物统计学家李景均等。

张翔讲到紫竹林的变迁。紫竹林在天津很有知名度，他是早期租界的代表地段，是最先繁荣起来的租界区，是法租界最早的聚落地。这个地段现在表现得很一般，但通过张翔的讲述，我们在脑海里一点点构建起这里曾经的繁华。张翔讲了紫竹林几条街道的变迁，话题非常有意思。在笔者的记忆中，紫竹林这儿住着几个名人。笔者想到的首先就是严复，中国近代启蒙思想家和翻译家，是中国近代史上向西方国家寻找真理的“先进的中国人”之一。严复系统地将西方的社会学、政治学、政治经济学、哲学和自然科学介绍到中国，他翻译了《天演论》《原富》《群学肄言》《群己权界论》等西方著作，成为20世纪中国最重要的启蒙译著。还有谁住在紫竹林呢？吕增祥，也叫吕凤祥，字秋樵，号太微。别号君止、临城、开州，安徽滁州人，光绪间举人，李鸿章幕僚中三循吏之一。他国学功底深厚，曾助严复译《天演论》，其子吕彦直则为近代杰出建筑师。写到吕彦直，这位紫竹林的小字辈，就其父亲以及严复诸位前辈而言的小字辈，他的成就从某种意义上说并不在严复之下，而相比较他的父亲，那就高出太多太多了。吕彦直是因为设计中山陵儿名播海内，他的故事也非常感人。2016 年 11 月，我与家人去广州躲雾霾，特意前往越秀公园去看也是吕彦直设计的中山堂，当时我完全被这座建筑震撼了，蓝顶白墙，气度非凡，中西合璧，而民族特色凸显。

英法租界由于时间长、规模大、经营好，讲起来内容非常丰富，而有的租界则不行，比如周利成讲的德租界。尽管著名歌剧《图兰朵》百年以前在中国首演就在德租界，但是利成老师还是避开了这些，而是讲起德璀琳汉纳根——两个德国人。而这两个人来中国的时候，还没有德租界呢。但这两个人确实做了许多事情。

德璀琳，1882 年主持铺设英租界道路和造林绿化，在英租界内建成了天津的第一条沙石路，使夏季马路上覆盖着清凉的枝叶、茂密的绿荫。1892 年，主持修建津京大道。1886 年建造赛马场。1997 年建造维多利亚公园。1892 年夏，他与工程师林德等骑马考察海河之后，提出对天津城市影响颇大的对海河河道进行“裁弯取直”的建议，为此 1896 年成立了海河工程局。1878 年受清政府海关总税务司赫德的指派，在天津试办中国邮政，发行中国第一枚邮票。1886 年 11 月 6 日，德璀琳还在津创办了第一家在华英文报纸《中国时报》，并联合怡和洋行大班组建了天津印刷公司，负责报纸的印刷与发行。

汉纳根是个炮兵上尉，1879 年来到中国的时候只有 24 岁。他来是应李鸿章邀请修建旅顺的炮台，还参加了中日甲午海战，然后又力促清政府开始编练新军，并在初期按照德国方式进行。汉纳根之于中国陆军近代化还是有贡献的。

此外，德国人开办的起士林餐厅，一家很正宗的西餐厅。它一直绵延至今，影响了无数名人的味觉，比如张爱玲。

至于徐凤文讲述的电车，则更是与租界结伴而来的现代文明，也许我们不欢迎它通过租界来介入，但是我们对文明却无法拒绝。

租界这块跳板，走过了多少现代文明，恐怕是不胜枚举，实际也无须一一列出。

四 荣辱之外

2016 年度的十期讲座，讲得最文不对题的就是奥租界。作为主讲人的笔者，显然对奥租界没有深入的研究，没有关于奥租界基本情况的贮备，就只好摘熟悉的谈了，于是就讲了袁世凯，讲了冯国璋，也讲了曹锟，因为在奥租界恰好有他们的房产，并且还都是别具一格的建筑。通过建筑讲人，讲袁世凯，不求新意，但求大家能听进去，我们无意给谁翻案，但那确实是与众不同的袁世凯；冯国璋则没怎么涉及，而是讲了他的孙女冯容——冯巩的姑姑，一个颇有风度的小老太太。想当年，她不畏副市长的决策而锐意进言，使民园体育场得以保留。当然，她护佑的是原来的那个真正的民园体育场，而不是现在这个商业旅游中心。这一期讲座的重点或说主角是曹锟，因为近些年来，研究袁世凯已经有很多成果了，但是曹锟不然。关注曹锟研究的学者太少，以至于对他贿选总统、颁布双十宪法等的研究成果都很少。还是那句话，无意给谁翻案，只是介绍一些学界新成果。2017 年 9 月 23 至 24 日，笔者随曹锟的孙女曹继丹女士，前往保定来了一趟“回家之旅”，所到之处受到热烈欢迎。当年曹锟在保定施行的政策，保定人至今没有忘记。

最具观赏性的讲座是张翔《法租界的历史建筑》，因为他是拿着图片说话，看着那些一百年前的影像，亲切感油然而生，这或许是因为我们是天津人的缘故吧。有建筑就有家，有家就有梦，那些一百年前的旧影，就像梦一样，笼罩在学海堂的顶棚下和屏幕前。

笔者最欣赏的讲座是徐凤文先生的，他主讲的题目是《仓库、电车与工厂：比租界的历史演变》。徐凤文先生的讲座，是没有讲稿的，所讲都是他所熟悉的，所长期钻研的，因此娓娓道来如数家珍，而且有自己的思想。徐先生讲的比利时租界，相比较而言是比较难讲的。但徐凤文先生从电车、仓库两条线索入手，带领听众在天津城和各国租借里穿梭，告诉我们天津的第一条电车路线为什么是这样的走法，为什么比利时修建的电车没有驶进比利时的租界地区。而与其毗邻的俄租界沿河一带鳞次栉比的大仓库，说明了这是个庞大的工厂群，是几十年之前的工业区，并且从这个现象引出早期天津的城市规划——与梁思成有关的那个城市规划，直到今天还在或多或少地影响我们的那份杰出沙盘。

徐凤文先生讲到：比利时租界在天津虽然不太知名，但比利时人在天津开办的比国电车公司却在天津鼎鼎大名，并对近代天津城市的发展产生了深刻影响。1904 年，比国通用银行财团取得在天津设立电车电灯公司的专利权，转年在河北金家窑建成发电厂，1906 年围城电车通车，之后陆继发展扩充到六条线路。比国财团垄断天津的电力及交通事业，获取了丰厚的利润，各路电车每日能收到几十万枚铜元——据说比利时全国的教育经费，完全由天津电车电灯公司负担。

天津租界最特殊的是美租界。甚至有说法认为，天津没有美租界，或天津美租界没有形成。事实上我们听耿科研老师的讲座，也发现这个租界很特别。

耿科研，南开大学历史学博士，现任天津财经大学人文学院讲师，主要从事中国近现代史教学研究，研究方向为近代天津城市史和租界史，主讲的题目是《美租界和美侨》。美租界确实泛善可陈，美国侨民才是重点。耿老师讲了侨民的群体规模、职业构成、空间分布，以及美商的商业性团体、美侨的学校、社会组织。空间分布显示了美侨大多并不在所谓美租界，而是分布在其他八国租界之中居住生活。讲座介绍了美租界和美国侨民基本情况，可谓是无涉荣辱，甚至在提到美军驻军时，都表示了一种耐人寻味的态度，耿老师最后说：毫无疑问，作为近代中国屈辱历史的特殊产物，外国驻军以其鲜明的政治性、军事性，成为列强对华侵略活动最显性的表征。因此，被侵略的一方在其“外侨研究”中剥离“侵略者”(外国驻军)的成分，不将其看作侨民群体的一部分，似乎也在情理之中。这种“剥离”是被侵略民族文化创伤和集体认同的自然反应之一。然而，如果以近代来华外侨群体本身为出发点，借助社区研究、族群研究或共同体研究的方法和视角来考察其群体构成、社会网络、互动模式，并剖析其文化特征与民族性时，无论其为军为商，都是研究者无法回避的对象。由耿老师的讲座，可知在某些研究领域，有纯学术的客观的审视视角。

五 荣辱之悖论

如今，人们悠闲自得地漫步在五大道、穿梭于小洋楼之间；政府投入巨资打造了一个个诸如意风区、民园街区、先农大院那样的休闲娱乐街区，有摇滚在酒吧里嘶吼，有小乐队在街区里露演，有居民来听，这于食客是不错的选择。各国风味在意风区、民园街区、先农大院里各显神通地吸引着食客，尤其春夏秋三季，每当夜幕降临，一派灯红酒绿的景象。从物质丰富的角度说，今天算是和平盛世了，那么谁又能刻意去这里寻求曾经的耻辱呢？我们如何要求那些流连于歌台酒肆的俊男靓女，走在各种西式风情之中还能记挂历史上的惨痛呢？不能。灯红酒绿难道不是我们所追求的和平景象吗？所有今天的一切，都是我们应该享有的舒适与幸福，那些精美绝伦的小洋楼，理应为我们的灯红酒绿做陪衬，为我们的歌舞升平搭台。

然而，作为文史工作者的我们，在欣赏小洋楼风景与风情的时候，也有义务在适当的时候宣讲历史，铭刻历史。

在人们印象中，似乎俄租界是没有遗存的，没有一丁点印象，但是在曲振明老师的讲座中，老照片显示的是如同花园一般的街区，可以和英法租界媲美的洋楼，但是它如今何在呢？那些建筑哪去了呢？

张翔的法租界讲座也讲到类似情况，著名的 DD 饭店，原位于解放北路与滨江道交口，建于 20 世纪之初，为四层建筑红砖清水墙，建筑面积 3100 平方米，比利时仪品公司房产，为商住两用楼，其精美的细节和装饰在天津老建筑中独树一帜，历史上曾以意大利面闻名天津。这里原为和平区文物保护单位及重点保护等级天津市历史风貌建筑。张翔展示了一张摄于 2009 年 9 月 22 日下午的照片，这是完整 DD 饭店留在世间的最后影像。2009 年 9 月 23 日凌晨 5 时 30 分左右，由于天津地铁三号线施工时发生透水事故，DD 饭店从西北侧开裂。有关部门对周边实施交通管制，疏散所有住户并对该楼实行拆除，24 小时后夷为平地，48 小时后布置为绿地。

张翔讲到的法租界的建筑太多了，有一百多个，每一栋建筑都承载了一段现代文明登陆的履痕：赤峰道上的电报总局大楼还在，中心公园的圣女像在 20 世纪 40 年代被日本人拆除了，精美的八角凉亭也于 80 年代被拆除；大陆银行总行大楼、大清邮局大楼还在，中法储蓄银行大楼却没有了；法租界公议局大楼还在，圣母玛利亚大楼没了……太多了。有一个法租界历史街区张翔没有讲，应该是时间的关系。这个街区笔者还是要提一下的，那就是兆丰路地区，到现在它还存在。兆丰路上，有哪些建筑，有哪些故事，有谁在什么时候能为我们呈现呢？

笔者注意到一个现象：以五大道为代表的原租界地区的建筑，虽然被拆除了很多，但是整体上看保护得还是不错的，以至于现在已经建成若干文化旅游景观，真是值得欣慰。可是租界以外呢？按照老话说，华界呢？天津不仅仅只有租界，也不仅仅只有租界里才有建筑。天津有六百多年历史，而租界到现在也才一百五十多年。

城市建设和发展，这本不属于问津讲坛的话题，今天在这个学术综述里顺便提及一下，因为注定在城市发展的过程中，有很多应该保留保护的建筑，因为各种原因不断消逝了。

尾声

关于租界的讲座,建筑一定是重点。建筑属于不动产,不动的是建筑,而动的呢?是建成前与后的故事,是建筑里进出的形形色色的人。有建筑就有家,有家就有梦想,就让我们怀揣着同样的梦想,每月一次相会在问津书院的学海堂。电车的轨道是不动的,在轨道上反反复复的,是电车,运送的是乘客,带走带来的也是乘车者的故事。这些故事穿过百年时空,走上问津讲坛,带给我们多少当年弥漫在租界里的芬芳馥郁的香水味道。

2017 年 10 月 17 日于北辰万科新城

不欲风华成往迹　一从文字认前身

——租界与天津

孙爱霞

今日之天津已是闻名于世的现代化大都市，尤其是全运会的成功召开,更向世界展示了天津的历史文化与都市形象。而慕名来津之客,都会游览海河,以及以五大道为代表的历史风貌街区,每每震撼于海河夜晚的流光溢彩，心悦于那幢幢栋栋美丽而有风情的“小洋楼”。这些曾得到毛泽东称赏的“小洋楼”,实则是天津“九国租界”历史之遗迹,它们不但见证了近代中国的屈辱,也记录了天津城市近代化的进程,承载了那个历史时期人类的文明。

2016年问津书院请来十位文史学者走进问津讲坛,这十位学者以各自独特的视角,用丰富详实可靠的文献资料,为广大市民再现了“九国租界”的发展历程,以及“小洋楼”背后的历史掌故。囿于俗务,笔者未能现场聆听讲座,甚是遗憾。所幸运的是,王振良先生允许笔者继续编辑该年度《三津谭往》书稿,从而使笔者有机会拜读十位文史学者的文稿,于文字间领略诸位学者的人文素养,得窥天津近现代化进程中的城市风华。

在这十篇问津讲座文稿中,《九国租界与天津城市的发展》被安排在2016年度第一讲是非常有道理的:该文是对天津“九国租界”历史沿革的整体把握,讲述了天津租界划分的历史,以及租界划分带给天津城市建设方面的特点。该文似2016年度问津讲坛的总纲领,其后九篇文稿则分述天津历史上出现过的美、德、意、奥、日、英、法、俄、比等九国租界。

其余九篇文稿中,《法租界的历史建筑》有别于其他文稿,具有非常鲜明的个性特点。这篇文稿几乎是用图片去演绎、复原法租界的样貌,文字所占比重较少。如此,便可使广大读者在欣赏图片的过程中对法租界产生一种直观而深刻的印象。据笔者观察,作者所引用图片,即有中外历史档案资料中的照片,也有盖有邮戳的外文明信片、信封等等。在每一幅图片下面,作者都做了详细的文字说明,而为了展示不同历史时期的同一条街道、建筑的变迁,作者则把两张图片置于一处,做了对比。如此,使读者对于法租界的街道、建筑物,及其前后的变迁,都能了然于心。因此,《法租界的历史建筑》文稿是自问津讲坛开办以来最有特点的一篇文稿。《意租界的前世今生》长达两万多字,是本年度问津讲座文稿里最长的。在行文上,该文稿体现出作者字斟句酌,极为严谨的写作态度。同时,该文稿也体现出作者较高的学术素养, 即其在学术前沿动态的把握上做到几近竭泽而渔的境地。各种学术期刊数据库、各种网络资源,作者都能有效地利用,并且有自己的方法。古人读书讲求“两耳不闻窗外事”,而学术研究则需要掌握该领域的学术动态,如此方能出新。

五大道,是如今天津城市旅游的重点区域,尤其是随着纪录片《五大道》在中央电视台的播出,其在外省游客中的声名愈显,乃至成为天津城市旅游的一个重要文化地标。每当游客徜徉于异域风情的建筑群时,或许很少人会了解到五大道的“前世”是怎样的,即便有所了解也应当是局限的,或者是不深刻的。如果外省游客有幸能够读到2016年度《三津谭往》一书,那其对“五大道”之“前世”会有一个非常详细而深刻的认知。因为本年度所收《英租界的划分与形成》一文就为广大读者讲述了天津历史上英租界的出现、形成与发展历程,是对今日五大道区域“前生”的回顾。读罢该文,就能了解闻名于世的“五大道”出现的历史机缘了。

《德租界与德国人》《俄租界旧事》《美租界和美侨》《日租界的社会生活》《仓库、电车与工厂:比租界的历史演变》《奥租界的烟云过往》等几篇文稿,也都以自己鲜明的写作风格而为读者讲述了德、俄、美、日、比、奥等租界的历史与故事,这些文稿或幽默风趣,或逻辑严密,或晓畅平实,或富有情怀,读来令人如临现场。

总之,从本年度《三津谭往》所收十篇文稿来看,2016年问津讲坛具有明显的整体性与紧密性,甚至在讲座布局上,也具有一种内在逻辑结构的合理性,这是之前的问津讲坛所不具备的特点。另外,从这十篇文稿也可以看出问津书院所请文史学者的学术素养较高。无论是学院派,还是民间派,均是如此。这些文史学者从档案资料中探寻城市历史,用一则则客观详实的文史资料,用一篇篇图文并茂的文稿,向广大市民、读者讲述了近现代化进程中租界与天津城市发展的关系,再现了天津城市化进程中出现过的繁华风貌。而且从他们一篇篇认真而真诚的讲述文稿中,可以看出这些文史学者对天津城市历史文化研究的兴趣与热爱,看出其对于发掘天津文化底蕴、提升天津都市魅力的一种自觉与担当。

不欲风华成往迹,一从文字认前身。十次问津讲坛,十位文史学者,十篇讲座文稿,成此一本年度结集。而这本《三津谭往.2016》将会带着文字里的天津历史风华,带着历史风貌建筑里的故事,走进你我的城市生活,镌刻进市民的城市记忆……

2017 年 10 月 10 日

《问津文库》已出书目

（总计 65+3 种）

◎**天津记忆**

沽帆远影　刘景周著	59.00 元
荏苒芳华：洋楼背后的故事　王振良著	49.00 元
津门书肆记　雷梦辰原著/曹式哲整理	49.00 元
故纸温暖：老天津的广告　由国庆著	28.00 元
沽上文谭　章用秀著	38.00 元
百年留踪：解放桥的前世今生　方博著	39.00 元
南市沧桑　林学奇著	79.00 元
津沽漫记：日本人笔下的天津　万鲁建编译	39.00 元
忆弢盦：来新夏先生纪念文集　焦静宜编	92.00 元
与山河同在：天津抗日杀奸团回忆录　阎伯群编	38.00 元
楮墨留芳：天津文化名人档案　周利成著	30.00 元
布衣大师：允文允武的艺术名家阎道生　阎伯群著	30.00 元
口述津沽：民间语境下的堤头与铃铛阁　张建著	28.00 元
大地史书：地质史上的天津　侯福志著	29.00 元

丹青碎影:严智开与天津市立美术馆　齐珏著　28.00元
立宪领袖:孙洪伊其人其事　葛培林著　30.00元
津门开岁:徐天瑞日记解读　王勇则著　58.00元
水产教育家张元第　张绍祖编著　36.00元
八年梦魇:抗战时期天津人的生活　郭文杰著　28.00元
沽文化诠真　尹树鹏著　48.00元
圈外谈艺录　姜维群著　38.00元
记忆的碎片:津沽文化研究的杂述与琐思　王振良著　38.00元
水产教育家张元第集　张绍祖编　58.00元
应得的荣誉：女医生里昂罗拉·霍华德·金的故事
[加]玛格丽特著/胡妍译　38.00元

◎通俗文学研究集刊

望云谈屑　张元卿著　39.00元
还珠楼主前传　倪斯霆著　38.00元
品报学丛.第一辑　张元卿、顾臻编　38.00元
云云编：刘云若研究论丛　张元卿编　38.00元
品报学丛.第二辑　张元卿、顾臻编　32.00元
刘云若评传　张元卿著　32.00元
郑证因小说经眼录　胡立生著　78.00元
品报学丛.第三辑　张元卿、顾臻编　48.00元
刘云若传论　管淑珍著　48.00元

◎三津谭往

三津谭往.2013　王振良主编　39.00元

三津谭往.2014　万鲁建编　39.00元

三津谭往.2015　孙爱霞编　48.00元

三津谭往.2016　孙爱霞编　58.00元

◎**九河寻真**

九河寻真.2013　王振良主编　59.00元

九河寻真.2014　万鲁建编　59.00元

九河寻真.2015　万鲁建编　88.00元

◎**津沽文化研究集刊**

《雷雨》八十年　耿发起等编　55.00元

陈诵洛年谱　张元卿著　48.00元

碧血英魂:天津市忠烈祠抗日烈士研究　王勇则著　98.00元

都市镜像:近代日本文学的天津书写　李炜著　38.00元

天津楹联述略　李志刚著　36.00元

口述津沽:民间语境下的西沽　张建著　56.00元

口述津沽:民间语境下的西于庄　张建著　108.00元

紫芥掇实:水西庄查氏家族文化研究　叶修成著　58.00元

芦砂雅韵:长芦盐业与天津文化　高鹏著　58.00元

王南村年谱　宋健著　78.00元

◎**津沽名家诗文丛刊**

王南村集　王煐原著/宋健整理　68.00元

严范孙先生古近体诗存稿　严修原著/杨传庆整理　48.00元

星桥诗存　苏之鋆原著/曲振明整理　58.00元

退思斋诗文存　陈宝泉原著/郑伟整理　88.00 元
待起楼诗稿　刘云若原著/张元卿辑注　42.00 元
刘大同诗集　刘建封原著/刘自力、曲振明整理　88.00 元
碧琅玕馆诗钞　杨光仪原著/赵键整理　58.00 元
石雪斋诗稿(附遂园印稿)　徐宗浩原著/张金声整理　68.00 元

◎津沽笔记史料丛刊

严修日记(1876—1894)　严修原著/陈鑫整理　138.00元
桑梓纪闻　马鸿翱原著/侯福志整理　42.00元
天津县乡土志辑略　郭登浩编　98.00元
严修日记(1894—1898)　严修原著/陈鑫整理　128.00元
周武壮公遗书　周盛传原著/刘景周整理　128.00元
天后宫行会图校注　高惠军、陈克整理　128.00元

◎名人与天津

李叔同与天津　金梅编　68.00元

◎随艺生活

方寸芸香:藏书票里的书故事　李云飞编　98.00元
问津书韵:第十三届全国读书年会文集　杜鱼编　78.00元
开卷二〇〇期　董宁文、董国和、周建新编　168.00 元